我國資訊教育發展

作者：吳鐵雄
著作財產權人：嘉南藥理科技大學

目錄　圖目錄　表目錄　光碟目錄

目錄

我國資訊教育發展

目
錄

目錄　　**圖目錄**　　表目錄　　光碟目錄

我國資訊教育發展

我國資訊教育發展

我國資訊教育發展

作者簡歷

吳鐵雄

⋯➜ 學歷

> 美國紐約州立大學水牛城分校博士
>
> 美國羅徹斯特大學碩士
>
> 國立台灣師範大學學士

⋯➜ 現任

> 嘉南藥理科技大學講座教授
>
> 台南大學榮譽教授

⋯➜ 曾任

> 教育部常務次長
>
> 國立台南師範學院校長
>
> 國立台灣師範大學資訊教育系教授
>
> 國立台灣師範大學資訊教育系教授兼系主任
>
> 國立台灣師範大學教育心理系副教授、教授
>
> 國立高雄師範大學教育系客座副教授
>
> 美國紐約州立大學水牛城分校副研究員

⋯➜ 專長

> 教育統計
>
> 心理測驗與評量
>
> 電腦輔助教學
>
> 資訊教育

序

　　因熱愛而參與；因關心而承擔。

　　民國六十八年，我在美國的學業與工作告一段落，攜家帶眷回高雄師範學院（現在的高雄師範大學）服務。隔年，因緣際會受當時國立台灣師範大學教育心理與輔導學系陳榮華主任之邀回母校服務，並奉郭校長為藩之命規劃籌設電子計算機中心，而後擔任主任七年之久。繼之在民國七十四年又奉命籌設資訊教育學系，並擔任創系系主任。民國七十一年，教育部決定在高中實驗電腦教學，我國資訊教育開始起步，我因工作的關係而有機會參與各項資訊教育的工作，更進而改變教學研究領域，對我的學術生涯影響深遠。歷經四分之一世紀歲月的實際參與，親身見證我國中小學資訊教育的發展，對這項工作有一份難以割捨之情。

　　民國七十一年高中的「電子計算機」實驗教學，開啟我國中等以下學校資訊教育之門。隔年台灣省政府教育廳洞察資訊科技發展將對企業產生重大影響，決定在高商實施「商業資訊」教學，並隨之逐漸擴大至高職六大類科。我國中小學資訊教育也就在教育部與省市廳局的共同推動下，由高中職校慢慢向下延伸至國中，再延伸到國小，甚至幼稚園。同時並由資訊教學擴大範圍到電腦輔助教學，以及學校行政電腦化，並由國科會啟動有關資訊教育的學術研究，以作為資訊教育各項工作推動之基礎。由於各級行政單位的攜手規劃與推動，以及各級學校的努力配合，我國中小學資訊教育歷經二十幾年的耕耘，終於開花結果，各項工作推動的速度與普及率，深受世界各先進國家所推崇。

　　在推動過程中，各級政府累積了為數頗多的資料與經驗，但這些寶貴的歷史資料散處各單位，無人做有系統的整理與保管，殊為可惜。過去常有留學國外的研究生，因為學位論文研究的需要回國蒐集相關資料，經人介紹而找我查詢，但都因手邊無完整資料而愛莫能助，僅能根據記憶所及，

提供零星資訊。我極不希望過去走過的痕跡消失於無形，因此過去多年一直有整理我國推動資訊教育歷史資料的使命感。感謝行政院國家科學委員會（國科會）的支持，不僅本研究計畫得以開展，也一償多年心願。

本計畫擬整理民國七十一年開始實施高中電腦教學，至九十六年第一期「數位學習國家型科技計畫」結束的資料。研究進行中，首先必須蒐集各相關單位的原始計畫與檔案，再經分析判斷加以有系統整理，並計畫訪問當年負責規劃、推動或執行的相關人員，以及實際參與各項工作與研究的學者，以求資料盡可能完整與正確。然因時間久遠，各單位因人員變動、辦公場所遷移，或檔案保存期限已過而銷毀，很多資料已無法取得，即使取得的資料也頗多殘缺不全，以致本計畫的進行困難重重。而當年實際參與工作的人員，也因年代久遠，很多當年推動工作的細節早已淡忘，訪問的可用資料不多，因此最後只好減少訪問人數，未能依原計畫訪問原擬訪問的相關人員，乃不得已的選擇。

本計畫能順利進行，整理我國中小學資訊教育的資料，首先要感謝國科會的支持，同時要特別感謝國科會科學教育處郭允文研究員和王瓊德副研究員熱心地提供相關資料，使本計畫有關「學術研究」部分得以順利進行。教育部電算中心前副主任劉金和先生、韓善民高級分析師和楊月華秘書，協助調閱相關檔案資料，以及提供教育部推動資訊教育的原始計畫資料。彰化高級商業職業學校施主任碧珍熱心提供台灣省政府教育廳推動「電腦應用教學計畫」相關資料，台北市政府教育局鄭麗雪專員的熱心提供台北市資料，對於他們的熱心協助，本人深表感激。好友何榮桂院長、張國恩副校長、邱貴發教授、邱瓊慧所長、吳正己教授、李進寶所長、李建億教授、江文雄教授和郭允文研究員協助審閱本書各章內容，提供寶貴意見，使疏漏可以減少，更是感激。也要感謝國立台南大學提供我一個安靜舒適的空間，可以專心工作。本計畫的研究助理蘇建元先生是一位認真負責而難得的好幫手，主動規劃各項資料的蒐集、歸類、研判，及整理建檔，使計畫得以如期完成，實功不可沒。原省立台中家商負責《資訊與教育雜誌》編輯的陳秀慧老師協助整理部分資料，也一併致謝。最後要感謝內人蔡麗

麗老師，在我全心參與我國資訊教育推動工作時，她無怨無悔的支持與付
出，作我最大的精神支柱，使我無後顧之憂。在撰寫本書時，由於她的體
諒與照顧，讓我天天以研究室為家而毫無怨言，使得本書終於能順利完成。
全書的電腦打字都由我自己一字一字打出來，本書的完成使我注音符號輸
入的速度大為提升，這是一項額外收穫。

　　如今計畫完成，能為我國推動中小學資訊教育工作再盡一份棉薄之力，
整理出可供參考的資料，我心懷感激，感謝所有支持、協助與鼓勵的朋友。
我國過去二十幾年資訊教育工作經緯萬端，加以年代已久，資料蒐集彙整
不易，雖然已盡量設法搜尋以求資料之完整，但由於我能力有限，疏漏錯
誤之處仍在所難免，還請各位先進學者多加指正。

　　僅以此書獻給生我育我的九十四歲母親。

吳鐵雄　謹識

98 年 9 月 28 日

CHAPTER 1
Enter ↵

緒論

　　「鑑往知來」，在歷史的長河中，一切事物常遵循著固定的軌跡進行。政府單位政策的規劃與執行，也大多要建立在過去的經驗之上，才能避免重蹈覆轍，收事半功倍之效。

　　我國自民國五〇年代末期之後開始引進電腦，但由於電腦設備價格昂貴，電腦教學都僅限於大學校院。一直到個人電腦（personal computer）發明之後，中等學校才有推動資訊教育的可能。民國七十年以前，雖然少數中等學校由於特殊情形，而有購置電腦的現象，但是政府有計畫地在高級中等學校實驗電腦教學則要到民國七十一學年度才開始。是年，教育部中等教育司選擇 12 所高級中等學校，由教育部補助每校 12 部八位元微電腦，開始試辦「電子計算機簡介」的教學，才正式開啟我國中等學校實施資訊教育之門。

　　Taylor（1980）曾將電腦在教育上的應用歸納為三個 "T"，即 tutor（導師）、tool（工具）和 tutee（導生）。Tutor 指的是電腦作為教學者的功能，可以用於幫助教師教學，協助學生進行學習，也就是國內過去所盛行的電腦輔助教學（computer assisted instruction，簡稱CAI）。Tool 是指電腦作為工具幫助使用者處理事務的功能，也就是國內所稱的學校行政電腦化。Tutee 則是指電腦作為被教導的對象，由使用者指揮它來協助解決問題，也就是一般所稱的電腦教學，教學生學習有關電腦的知識技能。我國

過去在高級中等以下學校所推動的資訊教育，大致上都分為這三大部分。

首先，在電腦教學方面，教育部中等教育司於民國七十一學年度選擇12所高中試辦電腦教學，肇始我國中等以下學校之電腦教學。台灣省教育廳除自七十一學年度開始，配合教育部在高級中學進行電腦教學實驗外，並於七十二學年度在高級商業職業學校實驗資訊教學，自全省選擇16所公私立學校，進行「商業資訊」教學，於高級商業職業學校二年級開授「電子計算機概論」，及在三年級實施「電腦在商業上的應用」課程。並同時提出台灣省中等學校資訊教育三年計畫（台灣省政府教育廳，民72），此計畫並對國民教育階段實行試探性資訊教育。台北市方面，也在民國七十年開始有一、二所高職購置電腦，從事學校行政電腦化與電腦教學，並於七十四年提出「台北市各級學校資訊教育六年計畫」（台北市政府教育局，民74）。自此以還，台灣地區高級中等學校之資訊教育才漸受重視。

為使各級學校在推動資訊教育時有所遵循，行政院資訊發展推動小組的人才培訓組於民國七十一年十一月成立「資訊課程及設備標準委員會」，並於翌年八月提出「各級學校資訊教育課程及設備暫行標準」，對各級學校資訊教育之教學大綱及設備都有相當明確的規定。教育部為使各高級中等學校資訊教育能有較健全的發展環境，自民國七十五會計年度起，每年編列預算補助高中、高職購置電腦設備，協助台灣省各公私立學校以三對等方式每校購置30部微電腦，成立一間電腦教室。此項補助計畫並自七十七會計年度開始，補助台灣省各國民中學至少 10 部微電腦，以落實國中「工藝」和「實用數學」課程中之資訊教學。至此，我國資訊教育遂有往下延伸之勢。

在資訊教學課程設計方面，民國七十二學年度新頒高級中學課程標準，正式規定高級中學在二年級或三年級開始設「電子計算機」選修課程，修習一年。至於高職方面，則自民國七十五年開始也陸續公布新課程標準，規定在二年級開授一年「電子計算機概論」；於三年級開授一年之電子計算機在各專業上之應用。除此之外，從七十五學年度開始，各公私立高級工業職業學校紛紛設立資訊科，而高級商業職業學校則設立資料處理科，

開始在高級職業學校培育中低級資訊專業人才（教育部電子計算機中心，民87）。資訊科和資料處理科的設立漸受各工、商職業學校之歡迎與重視。

在資訊教學師資培育方面，由於我國師資培育制度特殊，各級學校之師資培育大多由師範院校負責。過去全國各師範院校都未成立資訊相關系所以培育資訊教育師資，因而自七十一學年度開始高級中等學校電腦教學實驗以來，所有中等學校之資訊師資均仰賴短期密集式訓練。教育部並於民國七十二年頒布「高級中等學校資訊教師登記辦法」，而有資訊教師登記21學分之規定。同年，政府為提升人力，訂定「資訊人才推廣教育五年計畫」，並於七十三年七月正式實施，其中在教育部門部分，開始訓練高中、高職在職教師，給予六個月密集訓練，修習22個電腦學分。至於正規長期之資訊師資培育，則要等到民國七十四學年度，國立台灣師範大學成立「資訊教育學系」才開始。而國小資訊師資的正式培育則於民國八十五年國立台南師範學院成立「資訊教育研究所」。

其次，我國在電腦輔助教學的發展，也像美國一樣自大學開始。民國六十五年淡江大學首先引進電腦輔助教學的觀念，並引進美國伊利諾大學的 PLATO 系統（吳鐵雄，民71，民75）。到民國七十一年，國立中興大學與國立台灣師範大學也開始電腦輔助教學的研發。在中等學校方面，台中縣私立明道高中與高雄市私立大榮高工也開始嘗試課程軟體的開發工作（吳鐵雄，民75；曾錦達，民73）。在政府部門也有電信訓練所與資訊工業策進會利用微電腦嘗試課程軟體的設計（教育部電子計算機中心，民77）。國科會居於學術研究的引導，除了補助大學教授進行電腦輔助教學的基礎研究外，為了導正國內 CAI 的發展，也於民國七十一年發展若干國中科學教育方面的課程軟體，並進行教學成效評估（吳鐵雄，民80）。惟在此時期，國內電腦輔助教學只屬於零星的研究與嘗試。到民國七十二年，我國電腦輔助教學發展才進入一個嶄新的境界。是年七月政府召開一次「科技國建會」，會中「資訊教學組」與會人員向政府建議開始實驗電腦輔助教學在我國推動的可行性。行政院將此項建議案交由教育部與國家科學委員會（以下簡稱國科會）共同執行。翌年始由教育部與國科會共同主持了

政府的電腦輔助教學實驗研究計畫，此計畫分人才培訓、軟體開發，與實驗評估三個階段（吳鐵雄，民 80）。接著，教育部於民國七十四年進行「高職電腦輔助教學五年研究發展計畫」，並於民國七十五年結合國科會、台北市教育局、台灣省教育廳與高雄市教育局共同進行課程軟體開發工作。另外，台灣省教育廳也自民國七十五年進行「電腦應用教學計畫」，並且也同時進行國中和國小課程軟體的發展。自此，國內電腦輔助教學便如雨後春筍般地蓬勃發展。

為了配合電腦輔助教學軟體開發與應用的需要，國內需要大量這方面的師資。雖然自民國七十二年開始，各師範院校紛紛開授電腦輔助教學相關課程，但為了更積極培養電腦輔助教學的師資，教育部自民國七十四年開始，乃委託國立台灣師範大學、國立中興大學、國立高雄師範大學，和淡江大學培訓高中職與國中小學在職教師，提供我國電腦輔助教學課程軟體設計的龐大人力資源。同時，也為了提供電腦輔助教學更理想的發展環境，教育部也委託開發中文編輯系統，並每年舉辦電腦輔助教學研討會，溝通中小學老師有關電腦輔助教學的觀念（吳鐵雄，民 80）。

第三，在行政電腦化方面，因事關各校權責與相關條件，在學校本身還沒有具體觀念與需求下，此項工作的發展比上述兩項工作遲緩。台灣省教育廳於民國七十三年委託台中縣私立明道中學研究開發常用之行政電腦化的軟體，完成之後並於民國七十五年辦理研習會，調訓各校行政人員（羅秀芬，民 76）。惟受八位元電腦機種功能之限制，以及學校尚無多大概念與迫切需要，成效不佳。台北市教育局也於民國七十六年委託大安高工訂定「學籍管理系統作業規範建議書」。又於民國七十八年召開「校務行政電腦化之整體規劃研究」，並委託台北市內湖高工及台北市士林高商開發個人電腦用之行政軟體（鄭麗雪，民 80）。另外，台灣省教育廳為推動國民中學校務行政電腦化工作，自民國七十八學年度起分三年補助全省各國中，購置由財團法人資訊工業策進會協助規劃的電腦化基本的有關設備（吳宗立，民 85）。教育部國教司有鑑於各國民中學對校務行政電腦化的需要，且省市廳局的做法又都不一致，於是在民國七十八年委託國立台灣師

範大學資訊教育系開發一套完整的國民中學校務行政電腦化系統，免費提供給全國國民中學使用。經過各省市教育廳局幾年的嘗試，統一開發的一套軟體，因無法適應各校的個別需求，使用成效不彰。幾經討論，大家一致認為各校的行政作業程序不盡相同，規定也不完全一樣，要大家使用同一套軟體實不可行，也不切實際，只要輸出入規格與表格統一，能夠做到資訊可以交換就行。因此，教育部中教司於民國七十九年委託國立台灣師範大學資訊教育系分年規劃校務行政電腦化各主要系統資料規格與輸出入表格格式，作為各校發展軟體之依據。

我國在推動中小學的資訊教育，一直都採用由上而下（top down）的做法，由教育部或省市廳局決定政策，再由各校統一進行，由於步調一致，很容易做到各校均衡發展。而資訊教育政策的推動，設備是一個重要因素。行政部門為了推動資訊教育，經常編列經費，補助各級學校購置電腦設備，如教育部於七十一學年度補助高中購置電腦設備進行電腦教學實驗、台灣省教育廳於七十二年補助高商購置電腦設備。教育部也於民國七十五會計年度以三對等方式補助台灣省各公私立高中職學校購置 30 部個人電腦設備，並於民國七十七會計年度補助國民中學採購至少 10 部工藝教學用電腦。更於民國八十七年配合行政院擴大內需政策，一次投入 76 億經費，補助全國各中等以下學校購置電腦設備，並架設網路，至此我國所有中小學已百分之百至少有一間電腦教室的設備，大大提升中小學資訊教育的成效。惟設備購置之後，這些設備的保管使用與維修等問題，一直困擾著學校，至今仍未獲得充分解決。

資訊教育的推動，除了相關行政部門的政策決定與執行，學術研究的倡導與支持也扮演著重要角色。國科會是我國科學研究的主要政策決定者與執行者，過去多年來積極引導與支助資訊教育的相關研究，成果可觀。國科會在我國電腦輔助教學還未普遍受到重視之前，就由科學教育處（以下簡稱科教處）帶動研發國中數學、物理、化學及生物四科的電腦輔助教學課程軟體，並委託進行實驗評估其效果。另外，民國七十四年推動「電腦與數學實驗」，探討如何利用電腦進行數學實驗（郭允文，民 76）。民

國七十一至八十二年之間，國科會科學教育處每年大約補助 20 個有關電腦輔助教學課程軟體研發計畫。民國八十二年之後，由於有關教育工學的回國學者增多了，科教處於是進行了大型的「電腦輔助學習研究」的研究計畫規劃，共分三個主題進行研究計畫補助（王瓊德、郭允文，民 90），支助學術界研究電腦輔助學習的相關理論與系統開發，成果頗為豐碩。為了推動電腦輔助教學觀念，使其在中小學落實紮根，教育部結合國科會資訊工業策進會（以下簡稱資策會）、台灣省政府教育廳、台北市政府教育局與高雄市政府教育局，為中小學教師每年共同舉辦「中華民國電腦輔助教學研討會」，以探討並溝通中小學教師有關電腦輔助教學的觀念與實務。

中小學資訊教育的推動，電腦軟硬體設備、課程及師資固然重要，但是要能讓資訊教育在中小學落實，相關的配套措施同樣重要。教育部為統籌規劃與執行資訊教育，特別成立「資訊教育推動委員會」，台灣省政府教育廳於民國七十一年也成立「台灣省資訊教育推動指導委員會」，並在指導委員會下成立推動小組，實際負責資訊教育的執行工作。民國八十三年教育部為能切實落實中小學資訊教育推動，特別執行「改善各級學校資訊教學計畫」，又於民國八十六年提出「資訊教育基礎建設計畫」；另外，教育部為迎接知識經濟時代的來臨，更於九十年規劃「中小學資訊教育總藍圖」作為推動資訊教育指針。台北市政府教育局與高雄市政府教育局為有計畫推動各該市中小學資訊教育，也各規劃兩期資訊教育白皮書。為有效深耕與溝通中小學教師資訊教育相關知能與技術，教育部、國科會與資策會結合省市教育廳局，於民國七十六年十月共同發行《資訊與教育雜誌》，免費提供國內各中小學。

我國中小學資訊教育之推動，在中央與地方政府通力合作下，從政策的決定到環境的建構、教材的編輯、課程軟體的開發，與師資的培訓等，過去二十幾年來由上而下全面同步進行，成效頗為可觀。但是我們也走過一段艱辛的歷程，有過不少正確的決策，也難免有一些錯誤的經驗，這些歷史資料確實彌足珍貴，可供參考借鏡。可惜，這些寶貴的經驗與資料都散布在各級政府或各個學校的檔案裡，甚至深藏在過去參與此項工作的決

策者和參與者心中，而無法提供給各界參考，殊為可惜。這些寶貴的歷史資料，現在若不立即加以蒐集整理，再過一段時日，恐將淹沒在荒煙蔓草之中，永遠無法保存。因此，作者在國科會支持之下，進行此項中小學資訊教育史料整理計畫，全面蒐集我國中小學資訊教育政策的決定與執行情形的資料，分門別類加以整理。本書為此計畫的期末報告，期對我國過去四分之一世紀所進行的資訊教育資料做有系統，且盡可能完整與客觀的介紹。所蒐集的資料主要包括下列幾項：

1. 中央與地方各級政府有關中小學資訊教育政策的訂定、推動的組織、經費的編列與執行。
2. 中小學資訊教學推動情形，包括課程規劃、教材編輯，與師資培育等。
3. 中小學電腦輔助教學推動情形，包括課程軟體（courseware）研發、人才培訓、中文編輯系統、課程軟體評估等。
4. 中小學學校行政電腦化的政策、校務行政電腦化軟體系統開發、人力訓練等的執行情形。
5. 有關資訊教育相關理論與策略的學術研究。
6. 有關資訊教育的環境建置，包括教育部各項大型計畫、網路建設，與省市教育廳局的資訊教育白皮書等。

→ 第一節　資訊教學概述

　　資訊科技的發明與發展深遠地影響人類的文明，也大大改變了教育的面貌，傳統的教育因為資訊科技的應用，注入了一股活水，提供教育發展無限的可能。

　　在我國，資訊科技引入中小學教育一直到民國七十一年才開始。是年教育部選擇 12 所高中開始實驗「電子計算機簡介」之教學，並於第二年再增加 12 所學校參與實驗，同時委託國立台灣師範大學科學教育中心編輯實驗教材，高中的資訊教育總算展開序幕。七十一年十一月，行政院資訊發

展小組之人才培訓組成立「資訊課程與設備標準委員會」，並於翌年八月間提出「各級學校資訊教育課程及設備暫行標準」，作為推展資訊教育之依據（吳鐵雄，民77）。自此，中小學之資訊教育在各級政府大力推動之下，全面展開。

高職資訊教學則由台灣省首先試辦。台灣省政府教育廳鑑於國內資訊教育課程、師資、教材及設備等尚無統一標準可循，乃於七十二年四月研訂「台灣省高級職業學校實施電腦教學計畫」，於七十二學年度起選擇16所公私立高級商業職業學校二、三年級試辦兩年的「商業資訊」教學，並自七十三學年度起高級商業職業學校全面實施。七十五學年度起另試辦工業、農業、家事、海事，及護理等五類職業學校資訊教育（吳鐵雄，民81）。相較於高中高職的資訊教育，國民中小學的資訊教育發展較晚，台灣省教育廳曾於七十二學年度補助板橋國小教師研習會購置電腦設備，發展軟體，亦於同學年度撥款補助屏東師專附小進行實驗研究；七十三學年度則補助新竹師專附小進行電腦教學實驗，同時台北市敦化國小也與宏碁電腦公司合作試辦電腦教學實驗。國中方面，台北市西松國中曾以簡陋的設備實驗過英文科電腦輔助教學（邱貴發，民75）。此外，民國七十三年教育廳亦提出「台灣省國民中小學實施電腦教學計畫」（吳鐵雄，民76）。台北市政府並自七十六學年度始補助國民中學，預定三年內所有國民中學每校至少有15部微電腦設備。

而民國七十三年公布實施之國民中學新課程標準，將資訊教材融入「工藝」和「實用數學」兩科之課程內容，教育部並立即調訓國中工藝科及數學科在職合格教師，進行短期密集訓練，以因應新課程標準之需要。惟因當年國中並未普遍有電腦設備，只依賴少數學校自籌經費，資訊教育之成效並不彰。在電腦教學課程方面，當年高中電腦教學的主要目的，是讓學生了解計算機之基本原理，及培養學生設計程式的基本技能，作為進一步奠定研習的基礎。所實施的高中新課程標準，則開授計算機概論之選修課程（余政光，民75）。另方面，台灣省政府教育廳為推動高職資訊教育，特別於民國七十二年成立「高職資訊教育研究推動小組」，職掌研究、規

劃、推動及評鑑等事宜。各高職校內亦成立「實驗推動執行小組」，職掌實驗工作之執行與檢討。有關課程方面，除在高商開授「商業資訊」外，其餘各類職業學校在課程規劃中僅列「計算機概論」一科（吳鐵雄，民81）。

　　至於國民中學階段，在開始時並未單獨開設電腦課程，先是台灣省政府教育廳於民國七十五年開始建立國中資訊教育推行網，於每一縣市選定一所中心學校，負責輔導各該縣市其他國中之資訊教育，並編輯國中「電腦入門」教材，供各學校利用聯課活動時間開授電腦課之實驗教材。台北市政府教育局於民國七十六及七十七學年度間補助所有國民中學購置電腦，讓各校嘗試電腦教學，並於八十學年度編輯教材大綱，供各校參考（吳鐵雄，民81）。

　　師資是各級學校推動資訊教學成效的一個重要關鍵，當年國內各師資培育大學校院都未設立資訊相關系所，以培育資訊教學師資。因此，教育部於民國七十一學年度實驗高中資訊教學時，各校並無電腦老師。為了配合教學，特別委託台北工專與高雄工專於七十一年暑期以密集訓練方式調訓12所參與實驗的高中數學、物理或化學老師，為期兩週。第二年開始教育部以「資訊人才推廣教育五年計畫」，委託資訊工業策進會以四個暑期時間訓練在職教師，每年調訓大約700位高中職教師。台灣省政府教育廳（民72）在其資訊教育三年計畫中，有關師資部分，也基於當時實際情況之考慮，以短期密集方式調訓在職教師為主。這種應急方式的師資訓練自然無法滿足健全資訊教育之需求，教育部委託資策會進行之資訊人才培育調查研究報告便指出：「高中高職資訊教育最困難的部分，仍是師資問題，教師幾乎完全沒有受過資訊教育，難以指導學生。」（吳鐵雄，民78）。

　　試辦資訊教育初期，因資訊師資缺乏，由教育廳遴調將擔任實驗教學之教師，參加學術機構辦理之「電腦基本概論研習班」。此外，各校可依「高級中等學校電子計算機簡介教師登記及檢定辦法」，遴聘合格資訊教師，或推薦教師參加進修（吳鐵雄，民81）。

　　在這樣的師資結構上，中小學資訊教學的成效自然深受影響。因此，

國立台灣師範大學於民國七十四年奉准成立「資訊教育學系」，以便長期正規培育的中學資訊師資，此為我國成立的第一所資訊教育系，從此資訊教育的師資才步上我國師資培育的正軌。民國八十五年，國立台南師範學院也成立第一所培育國小資訊師資的「資訊教育研究所」。此後各個師資培育大學也紛紛設立資訊相關學系或研究所，我國中小學資訊師資培育才慢慢步入正式穩定的階段。

▶ 第二節　電腦輔助教學概述

　　我國電腦輔助教學（CAI）的發展大致可分成兩個時期：第一個階段在民國七十二年以前，是電腦輔助教學的萌芽時期；第二個階段是在民國七十二年以後，則為我國電腦輔助教學蓬勃發展的時期。在民國八〇年代末期，我國網路應用日漸普及之後，電腦輔助教學便逐漸轉為數位學習。

　　民國六十五年淡江大學首先引進電腦輔助教學，並利用 IBM370 電腦系統發展大一英文的電腦輔助教學教材軟體（Wu, 1987）。歷經兩年的實驗發展，成效不佳，主要是電腦硬體設備及軟體技術尚無法配合教學軟體設計所需的問題。因此，在民國七十一年該校又購置了兩套MODCOMP電腦系統，並引進 PLATO 軟體系統，並每年派人至發展 PLATO 系統的美國伊利諾大學進修CAI，以改進設計技巧。在這期間，淡江大學所發展的CAI軟體也擴展到數學、物理及商學等學科。

　　中興大學在民國七十一年也在行政院主計處的支持下，與CDC台灣分公司合作，安裝一套 CYBER170-720 電腦，預定將部分 PLATO 系統中的教材軟體中文化，以為國內各級學校使用，可惜此計畫才進行兩年，就因各種因素無法配合而告中斷。國立台灣師範大學為配合行政院「輔導國中未升學未就業畢業生」的計畫，投入人力在電腦輔助教學的研究，在民國七十一年也購置一套 MODCOMP 系統，並組織了 CAI 推動小組，在教育部及國科會的補助之下，發展了國中英文、數學和大學教育統計學等科目的教材軟體。

至於在高級中等學校方面，高雄市私立大榮高工首先於民國七十年在其校長領導下開發各科 CAI 教材軟體，並實際將所發展的軟體在教學中使用。另外，台中縣私立明道高級中學也利用 Regency 微電腦發展若干教材軟體，並進行實地的實驗研究工作，發現效果良好（曾錦達，民 73）。

除了學校機構之外，也有少數政府機構開始投入 CAI 的研究。首先電信訓練所採用 Regency 電腦開發了若干單元的教材，用在員工的訓練上，是為「電腦輔助訓練」（Computer Assisted Training，簡稱 CAT）。另外，資策會也發展一些嘗試性的軟體（教育部電子計算機中心，民 77）。國科會為了導正國內 CAI 的發展，也於民國七十一年發展國中數學、物理、化學及生物等四科的教材軟體，並創導以微電腦作為 CAI 教材軟體的發展機種，將所研發之電腦輔助教學軟體委託進行教學成效評估（吳鐵雄，民 78）。

在此階段，我國的電腦輔助教學才開始起步，大部分只是點的研究與嘗試，並未蔚為風氣，也因為八位元電腦本身功能的限制，再加上教育行政單位並未表現出應有的支持，電腦輔助教學在民國七十二年左右曾有過短暫的晦暗時期。

到了民國七十二年以後，我國電腦輔助教學邁入蓬勃發展的時期，是年七月政府召開「科技國建會」，會中「資訊教學組」學者向政府建議開始實驗電腦輔助教學在我國推動的可行性。翌年，行政院將此項建議案交由教育部與國科會共同執行。於是兩個單位乃於七十三年三月正式成立推動小組進行實驗工作，我國第一個國家 CAI 計畫於焉開始。

因為當時我國中小學教師具有教材軟體設計經驗者為數相當有限，因此，此計畫共分三個階段進行。第一階段為人才培訓，共調訓國小、國中、高中、高職在職教師約 60 人，於民國七十三年暑期進行兩個月密集式訓練，訓練結束時，自受訓者中甄選了 15 位各級學校老師，參與軟體開發工作。

第二階段為軟體開發。為了避免中文造成太多困擾，此階段選擇國小、國中和高中數學，以探討 CAI 在各級學校數學教學的效果，另再加國中英

語和高工電子學共五科作為實驗的科目。每科均成立一個研發小組，並均完成五至六個單元的教材軟體。

第三階段為實驗評估。推動小組自台北市、台灣省和高雄市各選擇一所小學、國中、高中和高職，再加上國立台灣師範大學附屬中學，共 13 所學校進行實地教學實驗，每所學校由教育部補助一間電腦教室的十六位元微電腦設備，作為實驗之用。此項評估於七十四年八月至十二月間進行。除探討 CAI 的教學效果外，同時也調查學生對使用電腦輔助教學的態度（吳鐵雄，民 80）。

此計畫之經費包括推動小組經費 138 萬，人才培訓 528 萬，軟體發展 295.6 萬，和實驗評估（包括補助 13 所學校之硬體設備經費）為 2,010.8 萬元，合計全部經費共為 2,972.4 萬元（Wu, 1987）。此計畫實驗效果良好（吳鐵雄，民 76）。因此，民國七十四年教育部另正式推動「高職電腦輔助教學五年研究發展計畫」，預計以五年時間要開發適用於高職各科教學之教材軟體 500 個單元。到民國七十五年，由於其他教育行政單位也計畫發展電腦輔助教學，因此，教育部結合國科會、台灣省教育廳、台北市教育局，及高雄市教育局，將高職 CAI 計畫擴大為各級學校 CAI 軟體發展計畫，預計到民國七十九年，以四年時間開發 2000 個單元之 CAI 教材軟體，以便建立我國 CAI 軟體銀行。惟此項計畫並未完成預期目標。

雖然自民國七十二年起，各師範大學及師範院校均紛紛開授電腦輔助教學課程，使一些未來的中小學教師對 CAI 有基本的認識，甚至可以設計 CAI 軟體，但真正有計畫地培育電腦輔助教學師資，則自民國七十四學年度開始，是年教育部為了配合高職 CAI 計畫，乃委託台灣師範大學、淡江大學、中興大學和高雄師範大學，分北、中、南三區訓練高職在職教師。到民國七十四學年度暑假，此項訓練計畫延伸到國小教師，到七十五學年度增加國中教師，但停辦高職教師班，至七十七學年增加高中教師，七十八年又再辦理高職班，七十九學年度再增加大專院校班，五年來總共調訓了約 5,640 位各級學校老師，為我國電腦輔助教學提供了雄厚的人力支援（吳鐵雄，民 80）。

經過這個師資訓練計畫所培育之部分教師，為求在 CAI 領域有進一步進修機會，一再要求教育部開辦進階班，以提升教材軟體設計能力。因此，教育部自八十年暑假辦理進階班，調訓過去曾參加過 CAI 訓練班之在職教師，對 CAI 的理論與設計做進一步的研究。

另外，台灣省政府教育廳為了提升高職專業科目的教學，在教育部的補助下，自民國七十五學年度開始推動「電腦在專業科目上的應用計畫」，開發電腦在專業科目應用教學的軟體。在高職專業科目的教學上，常涉及一些複雜或反覆的計算，本計畫的目的便是針對這些教材設計子系統，以協助學生學習。此計畫名稱在七十七學年度以後更改為「電腦應用教學計畫」。同時，因為部分類科（如家事、護理）的科目較無法發展電腦應用教學軟體，所以此計畫也擴大到電腦輔助教學教材軟體的發展。

此計畫先於民國七十五學年度進行子系統規劃，針對高職各類科各科教材，凡適合發展電腦應用教學軟體的內容，規劃子系統名稱及內容。自七十六學年度開始分年分類科委託學校負責開發軟體。每年共發展 60 個子系統，到七十九學年度已完成約 240 個子系統。已完成之子系統由教育廳分送各職業學校實際應用在教學上。

電腦輔助教學的推行，除了硬體設備的充實、教材軟體的開發之外，教師觀念的溝通也關係著成敗。有鑑於此，也為了提升中小學教師對電腦輔助教學的知識與能力，教育行政單位於民國七十六年開始辦理中華民國電腦輔助教學研討會，邀請國內高中、高職、國中及國小教師參加。集各級學校教師於一堂，共同討論電腦輔助教學問題。會中除邀請國內外學者演講，也有參加四所大學 CAI 研習班教師的優秀習作的作品觀摩發表，及 CAI 論文發表（吳鐵雄，民 80）。

第三節　校務行政電腦化概述

在中小學資訊教育推動的三項工作中，校務行政電腦化是各省市政府推動工作較為分歧的一環，且事涉各校業務的自主與規定，雖然曾有幾次

試行統一做法，但成效不甚理想。

　　首先，台灣省政府教育廳自七十三學年度起實施「資訊教育三年計畫」，以推展一般資訊教學為主，為期雖僅三年，績效卻相當良好。在此期間部分教師反映：學校要求電腦教師用教學設備來試行推展校務行政電腦化工作，一方面個人能力有限，一方面各校同時推展，大多業務內容類似而格式未能統一。為避免全省各校重複浪費投資人力、物力於開發校務行政電腦化程式，遂建議教育廳統一開發程式，提供各校使用。為此教育廳於七十三年十月委託台中縣私立明道中學研究開發學生學籍管理、成績處理、學生缺曠課管理、活動資訊管理、人事薪資管理、財務會計管理及財產管理等套裝程式。並於七十五年五月至十一月，遴調公私立高中、職有關人員參加操作研習後，將各程式提供各校參考試用（羅秀芬，民76）。

　　當時學校教學設備普遍使用八位元微電腦，為前瞻性考慮，決定針對十六位元微電腦（IBM 相容 PC/XT）開發程式，又同時考慮各校電腦化使用之廠牌不一，明道中學選擇多數學校已使用之廠牌 IBM5550、宏碁、精業與全亞的電腦機種分別設計四套程式，並將原始程式、資料流程、系統流程、檔案說明及操作說明等文件無條件公開，以備使用其他廠牌之學校可自行轉換程式（羅秀芬，民76）。

　　七十六年七月，教育廳為了解各校推展校務電腦化現況，特函請各校填報校務電腦化問卷調查，經統計結果顯示，各校仍普遍缺乏校務行政電腦化之體認與決心；大多數學校實施項目僅限於成績處理、薪資處理等系統，未能跨出學校處室各行其是之範疇。

　　由於有關行政作業的規定與做法，各校不一定相同，統一開發的校務行政電腦化軟體無法完全配合各校需要，因此，台灣省各高級中等學校仍有頗多學校自行研發所需之軟體。台灣省教育廳曾辦理各校行政電腦化軟體展售會，由教育廳補助各校一筆經費，由各校自行向他校選購合適之行政電腦化軟體。但最後發現效果不佳，因不同學校發展的軟體規格不一，學校購自不同學校的軟體在校內使用時產生困擾，也無法達到全省高級中等學校資訊相互流通的目的。

在國中階段，台灣省教育廳為推動國民中學校務行政電腦化工作，自七十八學年度起分年編列經費，補助全省各國民中學，購置由財團法人資訊工業策進會協助規劃之電腦化的基本設備（賴源聰，民80）。同時委託資策會開發設計「台灣省國民中學校務行政電腦系統」，分送各校使用（吳宗立，民85），但是，到第三期開始則改由台中市向上國中負責開發軟體。

台北市政府教育局自民國七十六年成立資訊教育輔導團，目的在提升該市高中職學校資訊教育水準。此期間各校在該局的經費補助下，逐年更新或擴充資訊教學設備，部分學校並充分利用這些教學設備，作為發展校務行政電腦化之利用，藉以提高學校行政效率。到民國七十六年十一月，有鑑於學籍管理行政業務之龐大，且各職校學籍管理工作模式大同小異，因此有必要發展一套職校通用的學籍管理系統，以節省人力，達到教育局統一管理的目的，故委託大安高工訂定「學籍管理系統作業規範建議書」。民國七十八年七月，針對高職校務行政電腦化之需求，由內湖高工召集進行「校務行政電腦化之整體規劃研究」，目的在於釐訂校務行政電腦化之工作範圍、發展順序及人力經費預估，並研訂呈報教育局之格式，作為各校發展之依據。此外，該局並委託內湖高工及士林高商開發個人電腦用之各種行政電腦化軟體，供各校選用，使規模小而無人力可以發展軟體的學校也能推動校務行政電腦化工作（鄭麗雪，民80）。

受經費限制無法全力推展行政電腦化是各校的共同問題，台北市教育局計畫逐年提撥經費予以補助。七十九學年度辦理已開發完成之行政電腦化軟體研習，研習內容包括學籍管理系統、成績管理系統、薪資管理系統和財產管理系統，對象為各校之業務承辦人員。訓練完成後，提供行政電腦化軟體給各校使用，並選定內湖高工繼續開發個人電腦用之其他各項行政電腦化軟體系統（鄭麗雪，民80）。

教育部國教司基於方便國中校務行政資料的流通，教育資訊傳遞的方便，於民國七十八年委託國立台灣師範大學資訊教育系發展一套相當完整的國中行政電腦化軟體，分送全國各國中使用，並為各校相關人員辦理研習會，訓練其使用該套軟體的能力。可惜，因各校需求不一，做法互異，

該套軟體使用成效並不理想。

由於統一校務行政電腦化軟體的經驗並不理想，行政部門遂有放棄統一開發軟體系統的想法，代之以統一規格，以便資訊流通，而由各校自行發展軟體的做法。因此，教育部中教司於民國七十九年開始，逐年委託國立台灣師範大學資訊教育系規劃校務行政電腦化的資料規格與輸出入表格，共完成有教務、學務、人事及財產等規格。再由省市廳局分送各校參考，以研發校務行政電腦化軟體。

→ 第四節　經費與環境建置概述

我國中等以下學校資訊教育之推動，自民國七十一學年度開始，其所需之教學設備大多由各級政府編列預算補助，七十一年高中實驗資訊教學時，由教育部統一採購全亞微電腦分送各實驗學校使用；而七十二年台灣省政府教育廳試辦高商資訊教學，也由省政府補助 16 所實驗學校購置微電腦設備。並自七十五年度每年編列預算補助高中、高職購置微電腦，成立電腦教室，且自七十六年度開始補助國民中學教學用的電腦設備，以三年時間補助所有國民中學每校至少有 15 部微電腦設備，逐漸將資訊教育往下延伸。而各級政府在這方面投入的資源也相當可觀。就以台灣省政府教育廳而言，在八十一年之前，約已動用了三億元經費充實各校的微電腦設備及資訊教育有關的各項措施（吳鐵雄，民 81）。

另外，教育部自民國八十二年七月起實施「改善各級學校資訊教學計畫」，補助專科、高職學校充實及汰換電腦設備及連線台灣學術網路設備，並與廳、局對等補助國中每 30 班、國小每 40 至 50 班設置一間電腦教室。至八十六年止，四年共計投入新台幣 24 億元，使國小 20%、國中以上學校百分之百擁有電腦教室；高中 50%、高職 30%學校專線連上台灣學術網路（教育部電子計算機中心，民 91）。

自八十六學年度起實施「資訊教育基礎建設計畫」，承續「改善各級學校資訊教學計畫」結合廳局補助國小電腦設備。同時重新修訂國中小與

高中職「資訊基礎設備參考標準」，請各校依據標準提升及充實資訊設備，並作為教育當局補助學校電腦設備之依據。新修訂之標準，將連接台灣學術網路之設備納入標準中，使每間電腦教室皆能連上網路，成為一教學網路環境（教育部電子計算機中心，民91）。

民國八十七年教育部配合行政院「擴大內需方案」，除教育部原編列的資訊教育經費，行政院特另撥款 64 億，共計 76 億經費，一次補助全國中小學充實資訊教育軟硬體設備，並將學校電腦教室全面架設網路。至此，我國中等以下學校已百分之百均至少擁有一間電腦教室，且國中以上學校也百分之百均可上網。對提升中小學資訊教育成效提供厚實的基礎，這在全世界各國中已無可否認地站在領先地位。

我國各級教育行政機關為使中小學資訊教育能更順利推動，在軟硬體設備補助之外，也特別推動若干相關措施以為配合。首先教育部成立「資訊教育推動委員會」，由教育部、省市教育廳局相關業務單位主管及學者專家組成，作為資訊教育政策制訂及推動的組織。在中央的資訊教育推動委員會之下，省市廳局也各自組成推動委員會或推動小組，負責各自的資訊教育相關業務。

網路建設是資訊教育普及和資訊應用的命脈，我國在民國七〇年代初期便規劃國內的網路系統，教育部電算中心首先建構 Bitnet 系統，由教育部利用專線與國際網路連線，各大學再利用中華電信的電話線與教育部連線，各大學則利用光纖建構各自的校園網路，後來教育部為使網路利用更為便捷，將 Bitnet 系統擴大為「台灣學術網路」（Taiwan Academic Network，簡稱 TANet），成為國內教育及學術上最重要的網路骨幹。教育部為使此網路能有效服務教育界與學術界，並能做好有效管理，特別成立「台灣學術網路管理委員會」，負責制訂各項使用辦法，並在各縣市成立「縣市教育網路推動小組」。另外，台灣省政府教育廳也成立「台灣省教育廳網路資源中心」，統籌規劃台灣省教育網路資源，並責成各縣市也成立教育網路中心。教育部為使全國中小學都能將網路應用在教學上，特別推動「E-mail 到中小學計畫」及「TANet 骨幹網路改善計畫」兩項重要的網路

計畫，使我國中小學無論在都市或偏遠地區都能很方便地在教學上使用網路。

我國各項政策的制訂與推動，向來採取由上而下的方式，以求全國全面實施均衡發展之效。我國中小學資訊教育的推動自不例外，所有政策大都由教育部訂定，配合省市廳局在全國中小學實施。雖然如此，由於各地教育資源的差異，中小學資訊教育的推動也就難免產生城鄉差距，教育部為有效縮短中小學城鄉數位落差，乃於民國九十一年依據行政院「挑戰2008～e 世代人才培育計畫」，開始推動「縮短中小學城鄉數位落差計畫」。此為一個五年期計畫，其計畫從五個面向著手，以期縮短偏鄉地區之數位落差。

(一)均衡資訊環境基礎建設

計畫內容包括：「校園網路環境建置與管理」、「校園網路」、「推動寬頻網路建設」和「推動學校與社區成立學習中心」四項。各校建置校園網路，於教學與行政場所建置網路接點，校園採用寬頻網路對外連線；結合中華電信公司或其他通訊業者的力量，保障偏遠學校師生能獲得學習活動所需之基本網路服務；推動學校學習中心與社區成立學習中心，運用民間團體、替代役人員、大專校院或高中職社團，協助偏遠地區學生在學習中心以網路與世界相連，突破時空限制。

(二)樹立教學平台典範

整合教育網站、個人化資訊服務、教材教案製作環境、教學素材庫、線上教學活動、教學軟體、學習軟體，及行政軟體等各項資源，建立教育資源共享的開放教育平台，以幫助教師、學生、家長及行政人員獲得所需資訊與進行教學活動。

(三)充實網路學習內容

此項工作從三方面進行，即：統整現有學習資源網站；結合專家學者、

教師團隊開發各學習領域之輔助教材；與業者協商提供免費學習資源。以豐富偏遠地區師生教學與學習的內容。

(四)加強教師資訊素養

1. 加強教師資訊能力養成教育，使教師能適時教導學生正確的資訊學習素養與學習態度，加強學生倫理道德教育，並灌輸智慧財產權及隱私權的重要性，以建立校園資訊倫理自律規範。
2. 利用遠距教學提供多元培訓管道，並配合教師個人專業進修規劃，全面培訓在職教師，讓教師有信心及持續意願運用資訊科技在他們的教學上。
3. 推動種子學校與先導學校工作，使有經驗的教師能協助培訓他校教師、分享及傳播本身經驗，帶領同一地區的學校提升資訊教育的水準。

(五)結合大專校院與民間資源

國內民間的資源相當豐富，因此教育部希望引進大專校院或學生社團力量，協助偏遠地區學校資訊服務事宜；號召民間組織及資源，投入偏遠地區從事資訊協助相關工作；並補助社教機構或民間團體，認養或辦理偏遠地區學校資訊輔導工作。期望從這三方面協助偏遠地區學校。

為了在中等以下學校落實資訊教育，各級教育行政機構除了上述幾個計畫，並配合行政院資訊月每年辦理相關資訊教育活動，也同時辦理各種資訊相關競賽與獎勵措施，鼓勵中小學教師從事資訊教育研習或創作，成效相當豐碩。另外兩項工作對中小學資訊教育的推動產生長遠的紮根作用。首先，教育部結合國科會、資訊工業策進會與省市教育廳局共同出資，委託台灣省立台中家商負責出版《資訊與教育》雜誌，作為資訊科技新知、資訊教育政策宣導及資訊教師教學心得交流的園地。此雜誌為雙月刊，於民國七十六年十月發刊，每期均免費贈送各級學校圖書館，並接受個人訂閱。此雜誌後因經費困難，於民國九十年六月發行第 83 期後停刊，前後總

共發行 15 年，對中小學資訊教育做了長期的深耕工作。其次是舉辦「中華民國電腦輔助教學研討會」，此項研討會是專為中小學老師所舉辦。過去我國所舉辦的研討會都是由大學舉辦，參加對象大多是大學教授，少有為中小學老師而舉辦的。電腦輔助教學開始在中小學推動之時，中央及省市教育行政機關為提升中小學老師的電腦輔助教學知能和教學軟體設計能力，由教育部結合國科會規劃此項研討會，由台灣省教育廳、台北市教育局和高雄市教育局以 2：1：1 的方式輪流舉辦。民國七十六年開始由省立台中家商舉辦第一屆，參加對象限中小學老師，研討會內容包括專題演講、優秀軟體發表、分組討論、軟體展示，及頒獎推動電腦輔助教學有功人員等。本研討會大約辦了 10 年，後因經費關係而停辦，殊為可惜。

我國中小學資訊教育自七十一年開始，在中央教育部的規劃推動與地方省市教育廳局的配合之下，歷經多年由上而下的推動，頗具成效。但是資訊教育在推動一段時期初具效果之後，短期的計畫，甚或是即興式的政策，實無法因應學校社會或國家的需求，為了對中小學資訊教育有一個長遠的規劃，以迎合知識經濟社會的來臨，教育部於民國九十年規劃「中小學資訊教育總藍圖」（以下簡稱總藍圖），對中小學資訊教育提出長遠的整體規劃，以確立我國資訊教育發展之願景、實施策略和評估指標，並因應「知識經濟發展方案」和「綠色矽島」等國家政策之發展（何榮桂、陳麗如，民 90）。總藍圖提出「資訊隨手得」、「主動學習樂」、「合作創新意」、「知識伴終生」等四大願景，並以十大策略以期達到以下六大構面的計畫內容：

1. 網路與硬體基礎建設。
2. 教材與軟體。
3. 學生、教師與學校。
4. 城鄉均衡發展。
5. 社會參與。
6. 結合企業資源。

總藍圖全期完成時將達到下列七項具體指標（何榮桂、陳麗如，民

90）：

1. 師師用電腦，處處上網路。
2. 教師能運用資訊科技融入教學，教學活動時間達 20%。
3. 教材全面上網，各學習領域均擁有豐富且具特色之教學資源（含素材庫和教材庫等）。
4. 學生均具備正確資訊學習態度，了解並尊重資訊倫理。
5. 建立逾 600 所（20%）種子學校，發展資訊教學特色。
6. 全面建構學校無障礙網路學習環境，縮短數位落差。
7. 各縣市教育行政工作均達資訊化、自動化、透明化。

民國七〇年代初期國內教育界漸感中小學推動資訊教育的重要性，台灣省教育廳鑑於國家資訊教育課程、師資、教材及設備等尚無統一標準可循，為有計畫推展資訊教育，台灣省政府教育廳乃於七十二年四月研訂「台灣省高級職業學校實施電腦教學計畫」，並成立推動資訊教育指導委員會，開始推動高職資訊教育。該計畫列舉四大計畫目標：

1. 加強學生正確使用電腦設備。
2. 培養學生具備一般電腦知能，奠定發展研習興趣之基礎。
3. 加強學生了解一種高階語言，以培養邏輯思考的能力。
4. 加強教師在職訓練，以提高教學效果。

該計畫除了成立小組負責編輯教材，並擬定八項工作項目，包括：(1)修訂適合各職類教材及媒體；(2)加強辦理「電子計算機概論」教師在職進修；(3)各職類分別辦理教學觀摩會及實務觀摩會；(4)辦理高職資訊教育訪視及輔導；(5)加強高職資訊教學資料中心功能；(6)辦理「計算機概論」課程教學媒體之推廣；(7)增購不足使用之學校微電腦教學設備；及(8)辦理在職教師組團出國考察資訊教育。

在教育部提出資訊教育總藍圖之前，台北市教育局率先於民國八十七年規劃該市第一期資訊教育白皮書，期藉由「教學、行政資訊化，資訊生活化」，提升各級學校師生的教育與生活品質。該白皮書預計以三年時間達成下列五大願景（台北市政府教育局，民87）：

(一)建立優良的資訊教學環境

主要願景包括：「校校有網路，網網皆相通」、「教室有電腦，班班可連線」、「資源同共享，資訊送到家」。

(二)提升教師運用資訊科技於教學的素養

期望能做到「人人皆有資訊新觀念」、「科科運用資訊新科技」。

(三)培養學生現代化的資訊能力

在計畫完成之時，學生能做到「人人會電腦，個個能上網」，並且在上網時能注意到「上網合規範，使用重倫理」。

(四)發展資訊化的課程教材與軟體

中小學資訊教育重在能將資訊融入教學中，因此白皮書特別強調「資訊應用納入課程中」，並且期望能「設置學科教學資源庫」，以提供給中小學師生使用。

(五)積極有力的行政配合並充分運用社區資源

白皮書也重視行政效率與社區資源應用，因此提出「計畫行政效果好」、「社區資源助益高」。

由於第一期白皮書執行成效頗佳，再加上亞洲鄰近的新加坡與香港也在大力推動中小學資訊教育，於是台北市教育局旋於九十年再規劃第二期資訊教育白皮書，明列五大推動重點（台北市政府教育局，民90）：(1)建立優良便捷的資訊教學與學習環境；(2)強化教師運用資訊科技融入各科（領域）教學之能力；(3)培養學生自主學習的能力；(4)統合社教機構資源與充分運用社區資源；(5)強而有力的行政支援。其主要工作項目包括軟硬體資訊設備建設、豐富教學內容、建構便捷的資訊網路、建立教學資源中心、強化師生應用資訊融入教學與學習的能力，及結合社區資源和有效的行政

以支援各校資訊教育（台北市政府教育局，民 90）。本計畫為期仍然是三年，共計編列經費 20 億 1,548 萬元。

　　民國八〇年代開始，教育部陸續推動各項資訊教育的大型計畫，包括「改善各級學校資訊教育計畫」、「電腦輔助教學及推展計畫」、「資訊人才推展教育計畫」、「資訊教育基礎建設計畫」、「NII 人才培育中程發展計畫」、「遠距教學中程發展計畫」及「社會教育發展計畫」等。高雄市政府教育局為配合這些計畫，於八十七年規劃「高雄市資訊教育白皮書」，執行期間自八十七年七月至九十一年六月止，期使該市中、小學及社教機構於四年計畫中，充實電腦及網路資源，培育具資訊素養人才，充分發揮資訊教學成效，進而提升該市資訊水準（高雄市政府教育局，民87）。計畫中提出六項資訊教育推展項目及實施策略，包括：

（一）提供良好的資訊教學與應用環境

　　本項目主要工作在建立資訊教育服務體系、各校訂定資訊教育發展計畫及執行考核、建立電腦設備維護制度，與每校有充裕的電腦教室、完善的電腦教學設備，提供學生上網。

（二）提升教師運用資訊媒體之教學能力

　　教師資訊素養在推動資訊教育至為重要，因此計畫培養教師的基本資訊素養，期望老師能利用網路進行教學模式的創新實驗、推動實施遠距教學。

（三）整合各學科之資訊教學資源

　　本項工作主要在加強校務行政電腦化系統之開發與應用，並建立行政人員資訊學習制度，以提升行政人員的資訊能力。

（四）整合各學科之資訊教學資源

　　本項目希望透過強化資訊教育媒體及教材資源中心之功能，以及建立

學科網路教材編纂及開發制度，以達到增進資訊教學成效。

(五)加強行政人員運用資訊媒體處理業務之能力

本項目計畫的工作包括：加強校務行政電腦化系統之開發與應用、建立行政人員資訊學習登錄卡制度以及提昇行政人員的資訊能力。

(六)建立終身學習的資訊環境

本項目計畫以幾項工作建立終身學習環境，包括：培養市民基本資訊素養；建置各項社教終身學習資料庫；強化圖書資訊服務功能，建立書香社會；充分運用社區資源、協助推動資訊教育。

本計畫提出四大願景，作為資訊教育推展目標之中心理念，包括「學生用電腦，學習成效好」；「老師用電腦，教學內容妙」；「校校有電腦，社區可共享」；及「家家有電腦，人人來上網」。該計畫並提出至民國九十年計畫完成時，各級學校在電腦教室、師生人機比、網際網路連線比例三方面，預期達成之計畫目標。此項計畫的總經費預算編列 10 億 4,129 萬元。

高雄市教育局評估第一期資訊教育白皮書執行結果，認為成效良好，為延續已完成第一期「高雄市資訊教育白皮書」的成果，以及配合教育部「中小學資訊教育總藍圖」的願景與理想，該市教育局再度規劃第二期「高雄市資訊教育白皮書」，規劃期限為民國九十四至九十七年，期待以四年中程計畫，建構優質的資訊環境，普及全民資訊能力，與先進國家接軌，同步邁入國際資訊化的社會（高雄市政府教育局，民 94）。本次計畫的重點置於提升教師的資訊能力、改善學校的資訊設備、建置師生的資訊倉儲，與整合學科的教學資源。計畫中並以五項計畫為方法，以期達到下列五個願景：

願景 1：「校園 e 起來」，建立優質資訊的教育環境。

願景 2：「教師 e 把罩」，提升教育人員資訊素養。

願景 3：「課程不 e 樣」，推動資訊融入學科教學。

願景 4：「資訊 e 把抓」，培養學生資訊應用能力。

願景 5：「生活 e 點通」，落實資訊教育終身學習。

所規劃的五項子計畫如下（高雄市政府教育局，民 94）：

1. 子計畫一：建立優質資訊教育環境

推展目標分為研訂該市資訊教育發展計畫，作為資訊教育推動藍圖，強化該市資訊教育服務體系；有效推展資訊教育、提升學校網路效能；增進師生網路學習、建立資訊維護機制；強化設備使用效能、建置教育行政資源環境、提升教育決策效益。

2. 子計畫二：提升教育人員資訊素養

推展目標主要為強化教育人員資訊能力，提升專業知能和進修制度電子化，激勵教育專業成長兩項。

3. 子計畫三：推動資訊融入學科教學

推展目標有兩項，即：整合數位教學資源，豐富學習內涵和激發師生運用資訊創新教學活動。

4. 子計畫四：培養學生資訊應用能力

推展目標包括四項，即實施多元實用的電腦課程，提升資訊基本素養、培養學生資訊技能，增進資訊應用能力、辦理網路學習活動，延伸學習空間和鼓勵參與國際資訊交流活動，拓展國際視野。

5. 子計畫五：落實資訊教育終身學習

推展目標分為：提升市民資訊素養，塑造網路化社會、充實終身學習資料庫，延伸學習時空，和結合社區資源，建立親、師、生資訊學習社群三項。

為完成本計畫，高雄市政府教育局預估總經費為 10 億 8,280 萬元，分四年編列預算，以完成本計畫中各個子計畫。

第五節　學術研究概述

　　行政院國家科學委員會是我國學術研究最主要的政策規劃與推展機構，國科會認為引進資訊網際網路於教育領域，考量科技面的應用外，更重要的是人文面的關懷，是人文本身真正的需要，並對教學與學習有所增進（王瓊德、郭允文，民90）。因此，國科會自七十一年間即開始推動「電腦科技於科學教育之應用」方面的基礎研究，最初多偏向教學軟體之設計，後來網際網路科技的蓬勃發展，及更多的教育工學、資訊科技、認知心理學及學科專家等研究人力的加入，陸續推動了幾個重點研究方向，並期使研究內涵將科技與各級中學、小學之數學與科學學科內容知識相結合，探討在資訊網路環境上之教學與學習模式，建置網路虛擬科學學習館，為學習者提供更多的學習資源，並開發良好之學習環境，提升教學與學習成效。其推動之內容可歸納為下列四個重點（王瓊德、郭允文，民90）：

(一)電腦應用於科學教學研究

　　在民國七十一到八十二年間，國科會科教處有關電腦應用於科學教學研究方面，進行了以下兩項計畫：

1. 國中數理科電腦輔助教學實驗計畫（七十一至七十四年）

　　民國七十一年時，台灣已經開始組裝個人電腦（APPLE II 電腦），個人電腦價格較低廉，因此國科會科教處嘗試利用個人電腦進行有關 CAI 的試探性研究計畫，而推動「國中數理科電腦輔助教學實驗計畫」，針對國中數學、物理、化學及生物四科，每科各設計 10 個單元的教學軟體，試探教導式（tutorial）、模擬式（simulation）、遊戲式（gamming）教材軟體設計的原則及模式，規劃設計電腦輔助教學中文輸入系統及程式，教材書寫表格及設計說明的格式，並進行實驗試教（郭允文，民76）。

2. 電腦與數學實驗（七十四至七十八年）

科教處在七十四年推動了「數學教育合作研究計畫」，主要重點在探討如何利用電腦進行數學實驗。研究計畫大多為大學數學課程：如線性代數、微分方程、數論等（郭允文，民75）。

民國七十一至八十二年間，科教處有關CAI的研究計畫每年約20件，大多偏重在教學軟體的設計。到了八十二年，由於多樣的研究人力加入研究行列，科教處乃規劃推動「電腦輔助學習研究」。本階段分下列三個主題進行研究（王瓊德、郭允文，民90）。

1. 電腦輔助學習與各學科教學

這是自八十二年開始的一個三年期計畫，本主題偏重在較基礎性的研究，探討於電腦的環境中，針對不同知識特性、不同學生特性，研究較佳的學習策略。本計畫所發展的系統有：國小核心單元（合科）、中學地球科學教育、動態幾何及遠距教學、臨床個案電腦輔助學習系統、社區醫學遠距學習系統等。

2. 智慧型電腦輔助教學系統研究（八十二至八十六年）

本項研究是一較前瞻性的主題，結合資訊、教育、心理、科教等研究人力，探討運用多媒體、網路、交談式視訊、人工智慧等高科技產品為工具，開闢較佳的學習環境，協助學生學習。自八十二年開始即進行有關「社會型合作學習」、「遠距合作學習」等方面之研究。建立的系統有：中央大學的 LISA、交通大學的 CORAL、中正大學的心智模式導向智慧型電腦輔助診斷學習系統、台南師院的智慧型網路學習系統等。

3. 電腦輔助學習實施之研究（八十二至八十三年）

本主題旨在探討電腦在學校教育的應用，希望能了解電腦進到學校後，實際應用的情形及可能的應用潛力。進行的計畫有：遠距教學系統於國小之應用、電腦輔助教學應用在特殊兒童之學習、網路應用於空中教學等。

(二)網路科學教育研究計畫

本項計畫自八十七年開始推動，主要重點在發展學習科技，以學習的觀點洞察科技對教育的衝擊，可整合遠距學習、資訊教育、電腦輔助學習等研究領域，探討運用多媒體、交談式視訊及人工智慧等資訊技術，研究發展在網路上協助學生學習數理科之系統。

(三)網路科技對教育的影響

網路科技的快速發展，帶來新的學習環境，對學習者的學習形式、學習過程和學習效果，勢必會帶來極大的衝擊和改變。為此，科教處自八十七年度延續前面的「電腦輔助學習實施之研究」重點，特推動「網路科技對教育的影響」研究計畫，以作為未來教育政策釐定時的參考。其研究層面從班級、學校、制度，到非學校教育等，探討網路科技將帶給教育的衝擊。共有四群整合型 21 件計畫進行（王瓊德，民 89）。

(四)遠距科學教師輔導系統研究

鑑於資訊科技電腦網路發展迅速，國科會擬探討運用電腦網路進行數理教師輔導的前瞻性的研究題目，因此規劃本項研究主題，試著探討在網路上可進行的科學教師輔導模式及其可行性。其研究重點分兩大項（郭允文，民 86）：(1)數理教師遠距實習輔導系統；(2)遠距數理教師輔導系統。本項規劃案於八十五年對外徵求計畫，經兩階段審查後，共有六個整合型計畫通過，並自八十六年八月開始執行。

國科會為確保研究的品質，在推動各項電腦輔助教學研究計畫時，開始進行研究計畫的審查考核制度。在審查方面，通常均由各該計畫相同領域的學者進行審查，再由各領域資深教授所組成的複審委員就審查結果進行複審，以決定可以補助的研究計畫。但是對於該會科學教育處為整體發展所特別規劃的研究計畫，便會有特殊的一套更完整的審查制度，通常依不同時期推動之計畫重點，進行專家審查作業，並且視審查計畫之內容組

成複審委員群，自申請者所提計畫構想至詳細計畫間，進行嚴謹的審查過程（王瓊德、郭允文，民90）。在考評方面通常有成果評估和成果討論會兩種。成果評估機制分兩種方式：邀請國外學者來台參與成果討論會，並發表專題演講與評論成果；另外則以書面方式進行，由國外學者提出建設性建議，供計畫主持人參考。而成果討論會則由國科會科教處於計畫執行結束後，每年召開成果討論會，請研究主持人就研究成果提出報告，邀請複審委員與會，並就研究過程與結果提問題與主持人進行討論，提供研究者交流與互相學習的平台。

　　隨著資訊科技理論與技術的進步，電腦輔助教學的研究也隨著在慢慢轉型，前述國科會補助的研究計畫已包含人工智慧（artificial intelligence）與類神經網路（neural net）技術的應用研究，如智慧型電腦輔助教學、智慧型網路學習系統等。之後由於網路技術的成熟與廣泛應用，遠距教學與網路學習系統深受重視，尤其在國際社會進入知識經濟時代，數位學習更風行全世界，我國政府於是自民國九〇年代開始大力推展數位學習相關研究。這些研究大致上分兩大類，即國科會科教處在「資訊教育學門」所單獨規劃的資訊科技應用的大型計畫，以及行政院責成國科會推動的「數位學習國家型科技計畫」。

　　國科會科學教育處為鼓勵學界對資訊教育學術進行相關研究，以作為教育部推動資訊教育之參考，乃進行資訊教育學術研究之學門規劃，以對二十一世紀即將來臨的變遷極快之資訊社會所需之資訊教育做一整體性、前瞻性之規劃。此部分除國科會本身為配合「數位學習國家型科技計畫」所進行的學門規劃，尚包括與教育部共同執行的目標導向研究計畫。在國家型計畫之國科會部分，特別鼓勵科教及工程或其他領域教授合作共提整合型計畫，第一期預定執行三年，本計畫屬於國家型計畫中「技術與基礎研究組」，此組包括三個分項計畫：

(一)行動學習載具與輔具——多功能電子書包

　　本項計畫包括五項研究計畫：行動學習載具作業平台及其應用系統之

研發、學習工具及數位內容的開發、行動學習理論研究、行動學習模式及教學活動示範，以及學習輔具的設計、研發與應用。

(二)前瞻數位學習技術研發

本項計畫也有四項子計畫：開放程式碼數位學習的環境與工具設計、平台相關前瞻技術、內容相關前瞻技術，與前瞻數位學習軟體工具。

(三)數位學習之學習與認知基礎研究

本分項計畫從學習與認知的角度切入，進行數位學習相關的基礎研究工作，並預計建置以下與數位學習相關的資料庫，包括學生應具備之數位素養資料庫、新的數位學習／教學／評量模式資料庫、數位學習策略與行為資料庫，以及數位學習對幼童和學生的生理及心理影響之資料庫等。

國科會為有效整合運用國內相關研究資源，並將學術研究落實於教育實務層面，乃邀請教育部相關單位，針對國內科學教育重要問題，自八十九年起共同規劃推動「目標導向研究計畫」。此項計畫包括七個研究重點：(1)中小學科學課程、學習與教學；(2)中小學師資培育；(3)技職教育；(4)大學教育；(5)科學與技術創造力之培育；(6)資訊教育；(7)環境教育等。

「數位學習國家型科技計畫」主要分兩部分：其一是公開向學術研究單位與產業界徵求前瞻、創新，與具實際應用的研究計畫，此部分是由國科會科學教育處配合「數位學習國家型科技計畫」所推動的大型學術研究計畫；其二為各個部會根據本計畫的精神，所提出推動其業務需要的數位學習計畫。

有關學術研究計畫部分，國科會自九十二年開始，由科學教育處每年規劃不同的研究重點，公開徵求研究計畫。五年中共提出七項研究重點：

(一)教育軟體開放程式碼設計計畫

「教育軟體開放程式碼設計」計畫主要目的是希望以開放原始碼的精神（open source concept）來開發教育用相關軟體套件（package）、軟體系

統或軟體平台，使在網路上發展的各個 e-learning 系統網站等能互相流通。其重點包括：SCORM 規格下的技術工具；科學概念及實驗動畫模擬工具；概念圖（concept map）或知識圖（knowledge map）；V-MAP；歷程檔案系統（portfolio）；教育代理人（educational agent）；合作學習與資料分析工具；與探究式、專題式、問題式學習教學系統設計等。

(二)數位學習前瞻及基礎研究計畫

本計畫徵求的重點分三大項：(1)下一代數位學習環境之研究；(2)學習理論的再研究；(3)三年內國內外需要的數位學習技術、產品或服務。

(三)數位學習內容研究計畫

本計畫的主要目的是要研究團隊實際研發數位學習的內容，自九十二年開始，每年所徵求的計畫重點都不同。主要涵蓋大、中、小學與企業界適用以及具市場潛力之數位學習內容、外國人學習華語的數位學習內容、學習理論的再研究，與典範數位學習內容開發及實地的實驗研究等。

(四)數位內容產學合作研究計畫

本計畫是數位內容研發的先導性與實用性技術研究計畫，目的在結合數位內容產業需求，培育企業研發潛力與人才，增進產品附加價值，以期我國企業界能踴躍投入數位內容產業。

(五)「前瞻及基礎研究」──卓越研究團隊計畫

本計畫的重點是國內研究團隊必須與國際研究團隊合作，共同提出研究計畫，以吸取國外研究者在這方面的經驗，並促進國際合作。其主題有三，即：數位學習對社會、文化及教育之影響；前瞻數位學習技術研發；與創新數位教材之研發等。

(六)對外華語文數位學習推動計畫

本計畫的目的在於結合數位學習理論與技術進行對外華語文教學與學習，提升我國對外華語教學在數位學習之專業層次，促進國內外對華語文教學之數位學習發展，拓展並增進我國在海外華語數位學習市場之影響與競爭力。其研究主題有三項：(1)對外華語文數位教材之設計與開發；(2)專業領域之數位華語文教學／教材；(3)華語文語音學習及聽力練習之數位技術開發，及對應之學習內容。

(七)通識課程數位學習推動計畫

本項計畫的目的係針對國內大學通識教育之需求，透過學校與產業或社會團體合作方式設計優質之數位教材，共同規劃執行與推廣部分，以希冀規劃發展成優質精緻並具永續使用性之通識數位學習課程。

在「數位學習國家型科技計畫」中，各部會所提出推動其業務需要的數位學習計畫部分，參與的部會包括教育部、國防部、衛生署、國科會、文建會、勞委會、經濟部工業局、經濟部技術處、故宮博物院、台南縣政府，以及九十四年加入的原民會與客委會，共計 12 個單位，18 個計畫。本計畫分為下列七項子計畫：

1. 全民數位學習。
2. 縮減數位落差。
3. 行動學習載具與輔具多功能電子書包。
4. 數位學習網路科學園區。
5. 前瞻數位學習技術研發。
6. 數位學習之學習與認知基礎研究。
7. 政策引導與人才培育。

→ 第六節　本書結構

　　本書在國家科學委員會支持之下完成，目的在整理我國過去近四分之一世紀中等以下學校資訊教育發展的歷史資料。為方便分門別類呈現資料，研究者沿用我國中小學資訊教育的內涵來架構本書內容。第一章緒論簡略說明撰寫本書的背景，並對全書內容做大略說明。第二章說明我國中小學資訊教學發展的經過與演變，包括相關法令規章；各級學校資訊教學的沿革、教學目標與課程內容大綱；九年一貫課程中的資訊教學；資訊教學的師資培訓等。第三章主要呈現我國電腦輔助教學的發展，說明我國電腦輔助教學發展的兩個重要時期、電腦輔助教學的幾個重要發展計畫、教學軟體設計師資培訓、電腦輔助教學推動的相關措施，以及幾年來在數位學習方面的發展情形等。第四章說明校務行政電腦化的推動情形。接著介紹我國中小學資訊教育環境建置，包括各級政府的資訊教育軟硬體設備補助，以及幾個大型的補助計畫，如資訊教育基礎建設和擴大內需計畫等，網路建設，縮短城鄉數位落差計畫，教育部資訊教育總藍圖，以及省市政府的資訊教育計畫，如台灣省的加強高職資訊普及教學計畫、台北市政府第一期及第二期資訊教育白皮書，和高雄市政府第一期及第二期資訊教育白皮書。因為這部分內容繁多，分兩章介紹。第五章介紹各項設備補助及各單項計畫。第六章簡介教育部資訊教育總藍圖與省市政府的資訊教育白皮書。第七章分三部分介紹資訊教育相關的學術研究，包括電腦輔助教學、資訊教育與數位學習。電腦輔助教學研究介紹國科會所推動五個重點計畫的「電腦科技於科學教育之應用」，以及相關的計畫審查機制。「資訊教育」說明國科會科教處在其學門規劃中有關資訊教育學門的研究，這部分還包括與教育部共同規劃的目標導向計畫。至於數位學習則主要介紹「數位學習國家型科技計畫」，共分兩個部分：第一個部分是國科會配合本計畫公開向學術研究單位與產業界徵求前瞻、創新，與具實際應用的研究計畫；第二部分是由各個部會根據本計畫的精神，提出推動其業務需要的數位學習

計畫。第八章則為結語，主要探討我國中小學資訊教育發展的優缺點，並為未來的發展提出一些建言。

　　本書的結構雖然大致上依我國過去資訊教育工作的幾個部分來加以歸類，但是有些資料仍難以明確切割。首先，有關資訊設備的補助與採購，過去曾有一部分設備是為資訊教學而補助，有一部分則為電腦輔助教學或校務行政電腦化，這類有明確補助目標的都在各相關章節中說明。至於沒有指明確定用途的設備補助，則在「資訊教育環境建置」中的幾個大型計畫中說明。其次，在師資培訓部分，有關資訊教學的師資在「資訊教學」一章中說明，有關電腦輔助教學所需的教學軟體設計的師資培育，則在「電腦輔助教學」中說明。至於在大型計畫中所涉及的相關師資培訓，則仍包含在各該計畫中介紹。第三，關於電腦輔助教學，主要有兩部分：其一為實際教學所需的教學軟體發展與各項計畫；其二則為有關電腦輔助教學的學術研究。前者基本上放在第三章「電腦輔助教學」，而後者則置於第七章「學術研究」。最後，有關相關法令規章，主要在介紹有關資訊教學的一些法令規定，如課程標準設備標準以及資訊教育師資認定等，因此大部分都在第二章中說明，如有少數屬於各個相關工作的規定，則在有關的各相關章節中說明。希望這些說明有助讀者閱讀本書。

參考文獻

英文部分

Taylor, R. P. (1980). *The computer in the school: Tutor, tools, tutee.* New York: Teachers College.

Wu, T, H. (1987). CAI in Taiwan: State and problems. *Journal of Computer-Based Instruction, 14*, 104-106.

中文部分

王瓊德（民 89）。網路科技對教育的影響研究計畫。**科學發展月刊，28**
（7），529-533。

王瓊德、郭允文（民 90）。電腦科技應用於科學教育研究之規劃與推動。
科學發展月刊，29（8），559-567。

台北市政府教育局（民 74）。**台北市各級學校推展資訊教育六年計畫**。台
北：台北市政府教育局。

台北市政府教育局（民 87）。**台北市資訊教育白皮書**。台北：台北市政府
教育局。

台北市政府教育局（民 90）。**台北市資訊教育白皮書第二期計畫**。台北：
台北市政府教育局。

台灣省政府教育廳（民 72）。**台灣省各級學校實施電腦教學研究**。

余政光（民 75）。我國資訊教育的目標發展與沿革。載於**當前資訊發展與
教育**（頁 55-64）。台北：中央文物供應社。

吳宗立（民 85）。國民中學校務行政電腦化的展望。**資訊與教育，52**，
39-44。

吳鐵雄（民 71）。電腦輔助教學。載於李進寶（編著），**電腦輔助教學選
集**（頁 17-30）。台北：國立台灣師範大學電子計算機中心。

吳鐵雄（民 75）。電腦輔助教學的教育層面。載於中國教育學會（編著），
有效教學研究（頁 357-393）。台北：台灣書店。

吳鐵雄（民 76）。**影響小孩學電腦的因素分析研究報告**。台灣省政府教育
廳委託研究。台北市：國立台灣師範大學資訊教育學系。

吳鐵雄（民 77）。**我國各級學校資訊教育之研究：全國性調查**。行政院國
家科學委員會專案研究計畫報告（NSC77-0301-H.003-10）。

吳鐵雄（民 78）。我國CAI的過去、現在及未來。**資訊與教育，12**，3-7。

吳鐵雄（民 80）。中華民國電腦應用教學與電腦輔助教學。**資訊與教育雜
誌，24**，8-14。

吳鐵雄（民 81）。**台灣地區中小學資訊教育之調查研究**。行政院國家科學

委員會專案研究計畫報告（NSC81-0301-H.003-02）。

邱貴發（民 75）。國民小學的資訊教育。載於**當前資訊發展與教育**（頁 65-72）。台北：中央文物供應社。

何榮桂、陳麗如（民 90）。中小學資訊教育總藍圖的內涵與精神。**資訊與教育，85**，22-28。

高雄市政府教育局（民 87）。**高雄市資訊教育白皮書（87 年）**。高雄：高雄市政府教育局。

高雄市政府教育局（民 94）。**高雄市資訊教育白皮書（94 年）**。高雄：高雄市政府教育局。

教育部電子計算機中心（民 77）。**我國資訊教育現況**。台北：教育部電子計算機中心。

教育部電子計算機中心（民 87）。我國資訊教育展望及現況，**教育部光碟集錦介紹專輯**。台北：教育部電子計算機中心。

教育部電子計算機中心（民 91）。**資訊教育現況與展望**。台北：教育部電子計算機中心。

郭允文（民 75）。數學教育合作研究計畫之規畫與推動。**科學發展月刊，14**（5），505-587。

郭允文（民 76）。電腦應用於數理科教學研究之推動。**科學發展月刊，15**（6），760-766。

郭允文（民 86）。遠距數理教師輔導系統之研究整合型計畫簡介。**科學發展月刊，25**（6），381-385。

曾錦達（民 73）。**電腦輔助教學在高中數學、物理實施課後輔導之研究**。國立台灣師範大學研究所碩士論文，未出版，台北市。

羅秀芬（民 76）。台灣省高中、高職校務行政電腦化之現況與展望。**資訊與教育，2**，14-16。

鄭麗雪（民 80）。台北市高職校務行政電腦化之過去、現在與未來。**資訊與教育，22**，44-46。

賴源聰（民 80）。如何落實國中校務行政電腦化。**師友，288**，6-11。

資訊教學

→ 第一節　資訊教學之發展

「資訊教學」（information instruction）一詞在 Taylor（1980）的分類中，是指以電腦為教學內容，教導學生電腦的相關知識，也就是教學生如何使用電腦，以協助其解決問題。

我國的資訊教學也與其他國家一樣是從大學開始。民國五十七年國立交通大學首先購置電腦設備，而淡江大學則於民國六十一年創國內大學開授電腦課程之先河（吳鐵雄，民 71）。從此，國內各大學紛紛購置電腦設備，開授電腦相關課程，甚至成立電腦相關系所。高中以下學校正式開授電腦課程從事資訊教學，則是民國七十一年才開始。

民國七十一年春，時任教育部中等教育（簡稱中教司）司長的湯振鶴先生，基於「資訊應用是社會的趨勢，因此，中學資訊教育是一定要做的事，如果當時不做，以後一定會後悔」（湯振鶴，訪談記錄，民 96）。也因為這個使命感，在一個偶然機會下，中教司從當時的教育部科技顧問室得到一筆經費，開始在高級中學推動資訊教學，正式展開我國中等以下學校的資訊教學。

台灣省方面，省政府教育廳在翌年（七十二年）也開始試辦商職資訊

教學。為推動商業資訊教學，教育廳特別成立一個三層的組織架構，包括：指導委員會、推動小組，及課程編輯小組。後來，由於國中小也開始推動資訊教學，該組織擴大為台灣省推動資訊教育的組織。有關該組織的介紹請參閱本章第四節。

民國七十二年教育部修訂公布國民中學課程標準（教育部，民72），在國中三年級上學期「工藝」課程中增列「資訊工業」的單元，及三年級下學期「實用數學」中，增列「電子計算機簡介」及「電子計算機的操作」，自此開始國中電腦教學。到民國七十八年，台灣省教育廳在國中推動電腦教學，指定由台北縣江翠國中成立電腦教學中心，並邀請學者專家指導該校電腦老師編寫《電腦入門》一書，作為全省國中電腦教學的教材。並同意各校彈性調整每週兩節教授電腦。

民國七〇年代初期我國資訊工業漸漸起步，個人電腦日漸普遍，我國逐漸步入資訊時代。教育部為因應資訊化需求，於民國七十三年八月頒布了「電子計算機教學暫行標準」，其中將「計算機概論」列為高中職二年級必修科目，上下學期每週授課兩節，高三每週以教授「商業資訊」為主（李咸林，民77）。

台北市方面，高級職業學校之資訊教學也頗早進行，惟開始時是各個學校自行嘗試，民國七十三學年度制訂了資訊教育五年計畫，補助公立學校經費購置電腦設備，並以對等方式補助私校設置電腦教室，該市資訊教學於焉正式開始。為落實該計畫，台北市於七十四學年度復於工業教育輔導團中成立「資訊教育推展組」，由松山工農負責召集，展開資訊教育輔導工作。因為工、商職校在課程方面差異極大，尤其商業資訊必須具備商業知識才能勝任，於是自七十六年度起另設商業資訊教育推展組。教育局於七十六年九月二十四日召開該市職業教育輔導團研討會，會中決定商業資訊教育推展組以士林高商為中心學校（李咸林，民77）。民國七十六年訂定「台北市發展高級職業學校資訊教育三年計畫」，以加強高職資訊教育之推動。辦理項目有：教師在職進修、充實教學設備、改進教材教法、推動資訊教學研究、舉辦資訊教育活動（鄭麗雪，民82）。其中有關資訊

教學部分，該市特別推動資訊教學研究，辦理資訊教育專題研究與軟體創作獎勵活動，項目包括：有關計算機教材教法研究與軟體創作、有關電腦輔助教學研究與軟體創作、有關計算機應用研究與軟體創作、有關學校行政電腦化研究與軟體創作（鄭麗雪，民 82）。

高雄市方面，資訊教育之推動可追溯到民國七〇年代，當時除了一些小型研討會，各校自行購置微電腦及發展教學用軟體外，最具規模的資訊教育活動應屬民國七十六年端午節於中正技擊館辦理的「大家來學電腦」電腦教學大展，現場提供千台電腦供民眾體驗。同年十二月，為配合資訊展，更擴大為「2000 台電腦教學」活動，此一活動展開了高雄市的資訊教育（高雄市政府教育局，民 94）。在學校正式的資訊教學，高雄市中等學校資訊教學所採用之課程、教材及目標，均以教育部頒定之課程標準為依據。比較特別的是，七十二年教育部補助高雄市編印中等學校資訊輔助教材：《電腦是什麼》、《流程圖設計》、《培基程式設計引導》、《電腦程式設計》與《代數電腦教學課本》，贈送全國各中等學校作為輔助教材。七十九學年度又補助高雄市編印《國小電腦教材參考本》一、二輯，分贈全國各國民小學；這兩本教材是全國第一個針對國小學童學習電腦編寫的教材（黃淑娟，民 82）。

為落實資訊教學成效，高雄市教育局於七十八學年度聘請專家學者訪視高雄市公私立高中職校，除現況調查外，主要在發現各校實施資訊教育之優缺點，由專家給予適當建議及輔導。七十九學年度進一步舉行全市高中職校電算概論教學成果抽測，並彙整出學生基本能力分析報告，供各校參考（黃淑娟，民 82）。

第二節 有關資訊教學的法令規章

我國中等以下學校的資訊教育政策，採取由上而下的方式，由中央訂定政策與推動方式，再交由地方執行。本節僅介紹中央政府所訂定的資訊教育法令規章，至於省市廳局所制訂或有關資訊教育個別事項的規定，將

在相關章節加以說明。

　　鑑於民國七十一學年度高中試辦資訊教學，行政院資訊發展推動小組人才培訓組於七十一年十一月成立資訊課程及設備標準委員會，由教育部、國科會、行政院主計處、台北市教育局代表、高雄市教育局代表及學者專家多人組成，由教育部次長陳梅生擔任召集人。委員會於七十一年十一月二日舉行第一次會議，訂定各級學校資訊教育目標，並成立高中、高職、專校及大學研究所四個工作小組，分別從事「各級學校資訊教育課程及設備暫行標準」之研擬（教育部電子計算機中心，民77）。歷經半年，各組分別完成各級學校資訊教育課程及設備暫行標準初稿，於七十二年暑期國建會資訊教育組中提出討論並修訂。委員會復於七十二年八月邀請美國西北大學電機及計算機系主任丘錫生博士為顧問返國指導，分別與各小組就所擬訂內容做最後之檢討，而後提出高級中學、高級商職、高級工職、工專、商專、大學及研究所資訊教育課程及設備暫行標準。以下僅摘錄高中、高商及高工相關規定（詳細內容請參見附錄2-2-1）。

···→ **一、高中資訊教育課程及設備**

(一)目標

　　1. 使學生了解計算機的功能、限制、應用，及其對社會的影響。
　　2. 使學生了解計算機之基本原理，進一步奠定研習的基礎。
　　3. 培養學生設計程式的基本技能，及運用計算機處理資料的能力。

(二)時間分配

　　第二或第三學年開授選修課，每週兩小時（含實習）。

(三)教材內容要點

　　1. 資訊處理的演進，資訊與社會之關係。
　　2. 計算機基本結構與原理。

3. 電腦軟體之功能，及軟體套用程式之觀念。

4. BASIC 語言及基本程式之撰寫。

5. 微電腦之應用。

6. 中文資訊之處理。

四設備

1. 電腦教室設微電腦 25 至 30 部（視選修學生數得增減）。

2. 每部微電腦附 CRT 及軟性磁碟機各一部。

3. 每五至六部微電腦共用印表機一部。

4. 需有磁碟式作業系統。

5. 需有處理中文資料之能力。

6. 經費許可下可加設教學性網路。

┈→ 二、高級商業職業學校資訊教育課程及設備

一目標

1. 使學生了解商業資訊的一般知識，及資訊與社會之關係。

2. 使學生了解熟練一種高階語言。

3. 使學生能正確使用電腦基本設備。

4. 使學生了解商業資料處理的方法，及電腦在商業方面的應用。

5. 培養學生科學處事的態度及職業道德。

二時間分配

1. 電子計算機概論第二學年上下學期，每週兩小時，含實習。

2. 商業資訊第三學年上下學期，每週兩小時，含實習。

三教材內容要點

1. 電子計算機概論

(1)資訊與社會，資訊與商業。

(2)電腦基本構造及功能。

(3)電腦軟體之功能及套用程式之觀念。

(4) BASIC 或 COBOL 語言，及基本程式之撰寫。

(5)微電腦之使用。

(6)中文資訊處理。

2. 商業資訊

(1)電腦在商業方面的應用實例。

(2)資料處理的方法。

(3)簡易商用電腦程式之設計。

(4)商用電腦套用程式之應用。

商業資訊可視各校實際情況，可以獨立課程上課，但最後以融入各專業課程中實施為宜。

㈣設備

1. 各校依學生班級數設電腦教室一至二間（15 班以下為一間）。

2. 每教室設微電腦 25 至 30 部。

3. 每部微電腦具 CRT 及軟性磁碟機各一部。

4. 每五至六部微電腦共用印表機一部。

5. 需有磁碟式作業系統。

6. 需有處理中文資料之能力。

7. 經費許可下可加設教學性網路。

⋯→ 三、高級工業職業學校資訊教育課程及設備

㈠目標

1. 使學生了解電腦在工業上的應用，及資訊與社會之關係。

2. 使學生了解熟練一種高階語言。

3. 使學生能正確使用電腦基本設備。

4. 培養學生科學處事的態度及應具有之職業道德。

5. 對電子修護科學生培養其對介面電路之了解及應用,及電腦之初級
修護能力。

(二)時間分配

1. 計算機概論:第二學年上下學期,每週兩小時,含實習。

2. 計算機應用:第三學年上下學期,每週兩小時,含實習。

3. 介面電路及其應用:電子修護科,第三學年下學期,每週三小時,
含實習。

(三)教材內容要點

1. 計算機概論

(1)資訊與社會,資訊與工業。

(2)電腦基本構造與功能。

(3)電腦軟體之功能,及套用程式之觀念。

(4) BASIC(或 FORTRAN)語言及基本程式之撰寫。

(5)微電腦之使用。

2. 計算機應用

(1)電腦在工業方面的應用實例。

(2)介面電路基本觀念。

(3)簡易科技相關電腦程式之設計。

(4)工業用電腦套用程式之應用。

本課程可視各校實際情況,可以獨立課程上課,但最後以融入在各專
業課程中實施為宜。

3. 介面電路及其應用(電子修護科)

(1)介面電路原理。

(2)基本組合語言。

(3)介面電路應用實例。

(4)介面電路之使用。

(四)設備

1. 各校依學生班級數設電腦教室一至二間（15 班以下為一間）。

2. 每教室設微電腦 25 至 30 部。

3. 每部微電腦具 CRT 及軟性磁碟機各一部。

4. 五至六部微電腦共用印表機一部。

5. 需有磁碟式作業系統。

6. 需附有可供與外部實驗儀器設備插接之介面。

7. 經費許可下，可加設教學性網路。

8. 電子修護科加設介面電路實驗設備，可用簡易型實驗用微電腦學習機 25 至 30 部，部分實驗亦可用前列之微電腦。

➡ 第三節　高級中等學校資訊教學

⋯➔ 一、高中資訊教學沿革

教育部中教司於民國七十一年決定在高中試辦資訊教學，自全國高中遴選 12 所學校參加資訊教學實驗（何榮桂、韓善民，民 86），包括：國立台灣師大附中、國立高雄師範學院附中、國立華僑中學、台北市立建國高中、高雄市立前鎮高中、省立基隆高中、省立台中女中、省立台南一中、省立鳳山高中、省立羅東高中、省立花蓮高中，及省立台東高中等學校（國立台灣師範大學科學教育中心，民 75b）。後因嘉義高中極力爭取加入實驗，實驗學校之校數增為 13 所。

台灣省政府教育廳為推動全省各級學校資訊教育，於民國七十三年委託國立台灣師範大學電子計算機中心，由吳鐵雄教授擔任主持人，完成「台灣省各級學校實施電腦教學計畫」。其中關於高中資訊教學目標，仍沿用

行政院資訊發展推動小組所公布之目標。惟在其實施原則中說明：「資訊教學實施原則乃在配合教育部於民國七十二年七月修訂公布之高中課程標準，在師資培育、設備採購及經費籌措上進行規劃，分段實驗，建立長遠模式，以期七十四學年度全面開設電子計算機選修課程。」（台灣省政府教育廳，民 73b）。

民國七十二年七月教育部公布的高中課程標準中，「電子計算機簡介」列為選修科目，第三學年（或第二學年），每週授課兩小時（鄭麗雪，民86），高中資訊教學正式列入課程標準。民國八十四年，高中課程標準再次修訂，將「電子計算機簡介」課程名稱改為「電腦」，仍為選修。

⋯➤ 二、高中資訊教學目標

行政院資訊發展推動小組於民國七十一年公布的「各級資訊教育課程及設備暫行標準」中，高中資訊教育的目標在於教導學生有關電子計算機的功能、對社會的影響、基本原理，及程式設計等，其具體教學目標如下：

1. 使學生了解計算機的功能、限制、應用，及其對社會的影響。

2. 使學生了解計算機之基本原理，進一步奠定研習的基礎。

3. 培養學生設計程式的基本技能，及運用計算機處理資料的能力。

民國七十四年教育部公布高級中學課程標準（教育部，民 74），將「電子計算機簡介」正式列為選修課，其教學目標為：

1. 使學生了解電子計算機的功能、限制、應用，及其對社會的影響。

2. 使學生了解電子計算機的基本原理，奠定進一步研習的基礎。

3. 培養學生設計程式的基本技能，及運用計算機處理資料的能力。

此項教學目標實際上與上述七十一年公布的「各級資訊教育課程及設備暫行標準」的目標大致相同。

教育部另於民國八十四年公布實施高級中學電腦課程標準（教育部電子計算機中心，民87），其課程具體的教學目標為：

1. 導引學生學習電腦科學的概念與原理。

2. 培養學生應用電腦解決問題的能力。

3. 奠定學生進一步學習電腦科學的基礎。

⋯→ 三、高中資訊教學課程

　　教育部在民國七十一學年度實驗電腦教學時，教材由各個實驗學校教師負責編寫或選用，到民國七十四年，全省各高級中學都已普遍開授「電子計算機」課程，教育部中教司乃委託台灣師範大學科學教育中心成立小組負責編輯高級中學「電子計算機」教科書，分上下兩冊，交由國內書局出版，是我國中學第一本正式的「電子計算機」教科書（國立台灣師範大學科學教育中心，民75a）。當時的編輯小組成員為：黃長司（主持人）、王瑞財、吳鐵雄、林逢慶、洪志明、施純協、彭信成、楊正甫與錢文南。教材編輯小組由上述教學目標為考量，引導出高中資訊教學的內容，包括電腦結構、資料的表示法、程式設計，及利用程式設計學習解決學習與生活問題等。其教材大綱如下：

第一章　資訊處理的演進

　1-1　計算工具的演進

　1-2　電子計算機的演進

第二章　電子計算機的硬體與軟體

　2-1　電子計算機的種類

　2-2　電子計算機的硬體組織

　2-3　周邊設備

　2-4　軟體簡介

第三章　資料的表示法

　3-1　資料的儲存單位

　3-2　整數的表示法

　3-3　浮點數的表示法

　3-4　數字系統的換算

　3-5　二進制的加減運算

　3-6　文字資料

教育部於民國七十四年公布實施高級中學課程標準，於第二或第三學年實施「電子計算機簡介」選修課，每週授課兩小時，規定實習與講授時間應妥為配合。

其課程大綱摘要如下（教育部，民 74）：

一、資訊處理的演進

㈠計算工具的演進

㈡電子計算機的演進

1. 第一代電子計算機：真空管時期

2. 第二代電子計算機：電晶體時期

3. 第三代電子計算機：積體電路時期

㈡圖形的表示法

　1. 座標與點線

　2. 平面繪圖

　3. 立體繪圖

㈢計算機的繪圖系統

　1. 螢光幕

　2. 繪圖機

　3. 繪圖語言

十一、中文資訊處理

㈠中文資訊的特性

　1. 中文字之形、聲、義

　2. 中文字之檢字法

　3. 中文字之內碼

㈡中文字的輸入

　1. 固定位置輸入法

　2. 字碼輸入法

㈢中文字的輸出

　1. 點陣與中文字形

　2. 顯示設備

㈣中文資訊處理技術的發展

　　民國八十四年教育部修訂公布實施的高中電腦課程標準（教育部，民84），規定高中學生自第二或第三學年開始修習電腦課，每週授課兩節，授課方式應講授與實習時間互相配合。茲摘錄其課程綱要如下：

㈠導論

　1. 電腦與生活：舉例說明電腦在日常生活之應用。

　2. 電腦科學簡介：簡介電腦結構、作業系統、程式語言、演算法、資料結構與應用軟體等，及彼此間之關係。

㈡電腦工作原理

1. 電腦基本架構：說明中央處理單元（CPU）、記憶體、輸出入設備等基本組成間之關係。

2. 記憶體
   (1)說明資料以二進位儲存之觀念，並介紹位元（bit）、位元組（byte）及位址（address）。
   (2)說明數值（numeric value）及字元（character）在記憶體中的表示方式，並介紹 ASCII 碼。

3. 中央處理單元：介紹中央處理單元結構及其功能。

4. 程式的執行：舉簡單機器語言程式實例，說明程式在電腦內部的執行過程。配合所使用之程式實例，介紹相關之機器指令（machine instruction）及二進位運算。

㈢作業系統

1. 作業系統的功能與架構：介紹作業系統的各項簡易基本組成。

2. 作業系統的類別：介紹批次（batch）、交談式（interactive）、分時（time-sharing）及多工處理（multi-processing）等作業系統。

3. 檔案及磁碟管理：說明檔案的邏輯架構、磁碟的儲存結構及管理等。

4. 作業系統實例：以常用之作業系統為例，說明作業系統的使用並實作。

㈣電腦應用

1. 電腦在各領域：舉例說明電腦在工商業、教育、醫學，及國防等的應用。

2. 應用軟體實作：選擇下列一至二種應用軟體深入介紹其基本功能並實作。
   (1)資料庫。
   (2)試算表及資料分析。
   (3)文書處理及排版。
   (4)電腦繪圖。
   (5)電腦音樂。

(6)電腦輔助設計。

(7)其他。

㈤程式語言

1. 程式語言的類別：介紹機器、低階、高階及應用軟體等語言。

2. 程式語言的組成：以一種高階語言為例，介紹語言之基本要素，如
資料型態、變數、循序、判斷及迴圈等觀念。

3. 結構化的程式設計：介紹程式的模組化觀念。

4. 程式的編譯：舉例說明高階語言轉換為機器語言的過程。

㈥演算法與資料結構

1. 演算法的簡介：舉實例介紹演算法。

2. 演算法的表示及設計

(1)介紹演算法的表示方法。

(2)說明如何設計演算法。

(3)演算法的實作。

3. 資料結構

(1)介紹字串及陣列結構並實作。

(2)簡介堆疊及佇列結構。

4. 演算法的應用：介紹搜尋及排序演算法。

㈦電腦科學的其他領域：選擇下面至少兩種領域，介紹其基本概念，並
舉實例說明或展示其應用。

1. 網路與通訊。

2. 語音處理。

3. 影像處理。

4. 人工智慧。

5. 模擬。

6. 其他。

第四節　高職資訊教學

一、高職資訊教學沿革

高職資訊教育的推動最早是台灣省教育廳由高級商業職業學校開始。民國七十一年，時任教育廳第三科科長的江文雄先生表示：「經由經建會的報告及多方面的資訊，發現社會及產業的變遷已經進入資訊科技時代，那時我就思考著：如果民國七十一年已經出現資訊科技時代來臨的指標，那麼在資訊教育的推動上，我們該如何來因應？」（江文雄，訪談記錄，民96），於是台灣省教育廳便成立一個研議小組，在高職的資訊教育做一系列的推動。

有鑑於「歐美先進國家，由於利用電腦作為管理與技術的工具，使其生產技術及生產力快速提升。我國科技欲趕上工業先進國家，必須普及電腦及其使用，由政府、教育界及企業界共同努力，全力發展電腦及資訊工業。」（台灣省政府教育廳，民73a）而推展資訊教育，利用電腦或電子計算機等資訊工業的產品來幫助教育的發展，是目前中央重要的既定政策。在高級職業學校工、商、農、海事、護理及家事等六類科中，如果同時實施電腦教學較為困難。其中工、商職校與工商企業之自動化有密切相關，因此教育廳計畫先行實施。當時工職之電腦教育已由教育部統籌規劃中，因此教育廳就規劃進行高商的資訊教學。

民國七〇年代初期台灣省教育廳鑑於國家資訊教育課程、師資、教材及設備等尚無統一標準可循，而順應時代潮流，推展資訊教育勢在必行，乃於七十二年四月經教育廳黃昆輝廳長批准，研訂「台灣省高級職業學校實施電腦教學計畫」，於七十二學年度起試辦高級商業職業學校資訊教育實驗（國立台中高級工業職業學校，民90）。台灣省教育廳在高級商業職業學校中遴選十所公立學校與六所私立學校進行實驗，這些學校包括（台灣省政府教育廳，民73b）：

公立：花蓮高商、三重商工、中壢高商、新竹高商、台中家商、草屯商工、彰化高商、嘉義高商、台南高商及鳳山高商。

私立：聖心商工、新民商工、明道高中、南英商工、高苑工商及立德商工。

教育廳為落實此項實驗工作，特別規劃兩層的實驗組織，一個在教育廳，一個在學校。其架構如下：

(一)教育廳

1. 成立電腦教學規劃指導委員會

此委員會由教育廳廳長為主任委員兼召集人，成員包括電腦專家、學科專家、教育學者及教育行政人員。負責電腦教學有關諮詢與指導事宜。其成員包括：張一蕃司長、方炎明司長、湯振鶴司長、徐佳銘教授、郭德盛顧問、簡茂發所長、周誠寬主任、沈一鳴主任、吳鐵雄主任、鍾英明主任、李進寶教授、施純協教授、謝清俊教授、黃光雄校長、田餘秀校長、傅元湘校長、劉文華校長、唐山校長、王煌雄校長、陳瑞耀校長、崔劍奇主任、張道南主任、劉欞河主任、江文雄科長、黃武鎮科長、黃振隆科長、黃炎祥科長、陳金進專員、羅秀芬專員。

2. 成立實驗商業資訊教育研究推動小組

小組成員包括電腦專家、學科專家、教育學者及教育行政人員。實際負責課程師資教材設備等之研究規劃及評鑑事宜。成員有：張一蕃司長、郭德盛顧問、余政光主任、周誠寬主任、吳鐵雄主任、簡茂發所長、沈一鳴主任、鍾英明主任、李進寶教授、黃文度教授、李芳傑教授、許瀛鑑教授、趙榮耀教授、鄭秉權校長、黃伯驤校長、歐陽愈校長、莊良珍校長、田餘秀校長、殷其藻校長、謝濟眾校長、莊南山校長、楊嵩山校長、傅元湘校長、姚宗鑑校長、汪廣平校長、張啟民校長、羅金彰校長、侯寬信校長、黃君五校長、黃政傑教授、張道南主任、陳平滔主任、江文雄科長、陳金進專員、羅秀芬專員。

3. 成立教材編輯小組

由電腦教學的學者為指導教授，其中一人為召集人，由實際擔任教學的老師組成小組，負責教材編輯、教學規劃，及教學評量工作。

教育廳為了指導委員會所決定的實驗計畫與實施原則能真正落實在實際教學上，特別安排幾位學者專家參與上述三層的組織，以求貫徹，此乃當年實驗工作可以很順利推展的一個重要關鍵。

(二)實驗學校

成立實驗工作執行小組，成員包括校長、教務主任、實習主任、科主任、教師及學校行政人員。負責實驗工作之執行與檢討。

為求實驗能順利進行，指導委員會特訂定實驗原則如下：

1. 參照先進國家推行資訊教育之實施情況，並針對我國社會需求，以實用為前提，以效益為依歸。
2. 在教育部課程標準未修訂前，以不增加學生學習負擔情況下，就原有課程中調整。
3. 採用一邊教、一邊檢討、一邊改進之原則，一年後檢討改進後再推廣至其他各校。
4. 先從觀念溝通入手，再行推廣實施。
5. 結合專家學者及校長、教師共同合作，理論及實務並重。

台灣省政府教育廳此項計畫於民國七十四學年度全面推廣至所有公私立商業職業學校，二年級學生全部修習「計算機概論」課程實驗。歷經實驗、評估、檢討階段後，民國七十五學年度則公私立職校，包括工業、農業、家事、海事與護理類科二年級全面試行「計算機概論」教學實驗（國立台中高級工業職業學校，民 90）。

高職資訊教學正式列入課程標準是民國七十五年以後的事，是年教育部公布實施職業學校工業類科課程標準，商、家、農等類科課程標準則於七十六學年度公布實施。依當時課程標準，工、商、家及農等類科必修科

目分為三類：

    1. 一般科目。

    2. 專業必修科目。

    3. 專業基礎必修科目。

    專業基礎必修科目中含「計算機概論」，於第一學年度或第二學年上、下學期實施，每週授課兩小時（含上機實習時間）（鄭麗雪，民 86）。

⋯→ 二、高職資訊教學目標

    台灣省教育廳先在高商試辦高職之資訊教學，其實驗期間為民國七十二年八月一日至民國七十三年七月三十一日，商職二年級學生先行試辦商業資訊㈠實驗（本科目實為以後高職開授之「計算機概論」），教學著重於電子計算機概論的了解與操作。商職三年級則修習商業資訊㈡，教學著重電腦在商業上的應用。其教學目標如下（台灣省政府教育廳，民 73b）：

㈠商業資訊教學總目標

    1. 了解商業資訊的專業知識。

    2. 了解一種高階層電腦語言。

    3. 正確使用電腦基本設備。

    4. 了解商業資料處理的方法，及電腦在商業方面的應用。

    5. 培養學生科學處事態度與職業道德。

㈡商業資訊㈠目標

    1. 了解電腦的基本構造及其功能。

    2. 了解電腦軟體的功能。

    3. 熟練使用 BASIC 語言的基本指令。

    4. 正確使用電腦主機及其周邊設備。

    5. 培養學生學習電腦的興趣及科學處事的態度。

    6. 培養學生使用電腦良好習慣與態度。

㈢商業資訊㈡目標

1. 了解電腦在商業方面的應用。
2. 了解資料處理的方法。
3. 能設計簡易商用電腦程式。
4. 能正確運用商用程式。
5. 啟發創造思考的潛能。
6. 培養使用電腦的良好習慣、態度及職業道德。

由以上教學目標可以看出，商業資訊㈠相當於電腦的基本概念，而商業資訊㈡則是電腦在商業上的應用。在所有的教學目標上，都包含教育上所強調的知識、技能與情意三方面。

⋯→ 三、高職資訊教學課程

民國七十二年國內中等以下學校開始實驗電腦教學時，市面上沒有正式出版的教科書，因此，教育廳在實驗商業資訊教學時，由教材編輯小組負責撰寫，再送給實驗學校使用。其課程設計依照下列幾個原則處理（台灣省政府教育廳，民73a）：

1. 教材編寫方式，原則上比照能力本位教育編寫教材之方式進行，以配合能力本位教育之實施，由研究推動小組委請教師執筆，撰妥後請專家審核修正，送交「教學單元審編小組」，加以統整後付印。
2. 每一單元教材包括概述、學習目標、學習活動、評量活動、參考資料指引等五部分，內容力求難易適中，並能配合教學目標及每週教學時數。文字敘述力求淺顯，適合高職學生程度，較抽象之名詞盡量舉例說明，使學生易於了解。
3. 教師手冊彙整成冊，提供教師參考用，包括：(1)教學目標；(2)教學單元一覽表；(3)各單元教學注意事項（包括時間分配、活動過程、補充教材及參考書目等）；(4)教學實錄等。
4. 各單元評量表彙整成冊，每單元學習後讓學生自我評量，然後由教

師綜合評量。評量未通過者，及時施予補救教學。

 5. 教學實錄每單元一張，彙整成冊，實驗學校教師教完每一單元後予以檢討記錄，並送研究推動小組彙整後研討修正。

  商業資訊㈠及商業資訊㈡教材的編輯由教材編輯小組負責，由於時間倉促，教材編輯分單元進行，編好一、二個單元就連同教師手冊送給實驗學校使用，並不定期擇定學校辦理教學觀摩會，同時商討教學單元，作為往後修訂的參考。其教材大綱如下（台灣省政府教育廳，民 73b）：

㈠**商業資訊㈠**

 1. 電腦簡介

  ⑴概論

   能說出資訊、資料、電腦、BCC 的定義。

  ⑵電腦的發展

   能說明電腦的演進。

  ⑶電腦的類別

   依資料型態不同，能列出電腦的類別。

   依體積、價格、速度、功能的不同，能列出電腦的類型。

   依用途的不同，能列出電腦的類型。

  ⑷電腦作業的特性與應用

   能說出電腦作業的特性。

   能說明各行業如何利用電腦。

   能說明 CAI 的定義。

  ⑸認識鍵盤

   能熟練鍵盤上各個字鍵的位置。

   能正確使用各個字鍵。

   能自己開機關機。

   能自由來往於 immediate mode 與 programming mode 之間。

   能說明立即執行型態與程式型態的特性。

   培養學習電腦的興趣。

培養相互研究的合作精神。

實際操作，培養科學好問的態度。

培養愛惜公物的道德。

2. 基本觀念

(1)資料的單位

能說明 Bit、Byte、Word 的關係。

(2)數字系統與數字系統間的轉換

能正確列舉四種不同進位的數字系統與其表示法。

能正確轉換不同進位的數字系統。

3. BASIC 程式簡介

(1) BASIC 語言的基本要素

能說明 BASIC 程式的簡單架構。

能說明 REM 的優點與特性。

能說明 line number 的特性。

能說明變數的特性。

能正確應用算數運算。

培養學習電腦的興趣。

培養使用電腦的良好習慣與態度。

能說出程式錯誤的種類。

能說明 INPUT、OUTPUT 的用法。

(2)程式執行與修改

能說明執行程式與修改程式時系統命令的特點。

能從卡帶或磁碟上取用資料。

能將程式資料存入卡帶或磁碟。

能熟練使用修改程式所需之系統命令。

能熟練使用執行程式所需的系統命令。

4. 輸出與輸入的基本指令

(1) PRINT 敘述、LET 敘述

能了解 PRINT 指令中「""」、「，」、「；」三種符號的特性。

能正確應用 PRINT 指令中的三種符號。

能了解 TAB 函數、SPC 函數的特性。

能正確使用 TAB 函數、SPC 函數。

能正確使用 HTAB 與 VTAB 述句。

能說出 HTAB、VTAB 的特性。

(2) INPUT 敘述、READ 與 DATA 敘述

能說出 INPUT 的特性。

能說出 GET 的特性。

能說出 READ 與 DATA 的特性。

能說明 INPUT、GET、READ 與 DATA 的區別。

能說明 RESTORE 的功用。

正確使用 INPUT、GET、READ 與 DATA、RESTORE 指令。

(3)其他常用的輸出入控制敘述。

5. 決策指令與流程圖

(1) IF-THEN、GOTO、ON-GOTO

能說明 IF-THEN 述句的用法。

能說明 GOTO 述句與 ON-GOTO 述句的用法與區別。

能正確使用 IF-THEN、GOTO、ON-GOTO 的指令。

(2)流程圖的種類與使用符號

能說出流程圖的種類。

能說出流程圖的使用符號。

(3)流程圖的敘述

能明瞭流程圖敘述的重要性。

依作業系統，能正確敘述流程。

6. 迴圈的基本指令

能說明 FOR-NEXT 迴圈的功能。

能說明 FOR-STEP 的特性。

能正確使用 FOR-NEXT 述句。

能正確使用 FOR-NEXT 雙迴路。

能說明 FOR-NEXT 雙迴路的用途與注意事項。

7. 電腦的基本結構（Hardware）

(1)電腦的五大部門及關係

能說明硬體與軟體的關係。

能簡單說明電腦的五大部門。

(2)中央處理機與輸出入周邊設備

能說明中央處理機是由那三個部門組成。

能簡單說明輸入與輸出系統的結構。

能說明輸出系統的周邊設備的種類。

能說明輸入系統的周邊設備的種類。

認識讀卡機與卡片。

認識磁帶機與磁帶。

認識磁碟機與磁碟。

認識軟性磁碟與卡式磁帶。

認識光學閱讀機與記憶卡。

認識印表機與報表終端機。

(3)記憶體與儲存體

能說明 RAM 的定義。

能說明 ROM 的定義。

能簡單說明記憶體系統的結構。

能簡單說明儲存體系統的結構。

8. 綜合練習

合計：

能把前面七單元教材內容融會貫通。

把學習不足的前面七單元，加以複習補救教學。

9. 總複習

合計：

把第一學期所學做一總複習。

10. 函數

(1)函數的特性與種類

能說明函數的特性。

能說明函數的種類。

(2) EXP、LOG、SIN、COS、TAN、ATN

能說明 EXP、LOG、SIN、COS、TAN、ATN 等函數的定義。

能正確使用 EXP、LOG、SIN、COS、TAN、ATN 等函數。

(3) SGN、RND、ABS、INT、SQR

能說明 SGN 函數的定義。

能說明 RND 函數的定義。

能說明 ABS 函數的定義。

能說明 INT 函數的定義。

能說明 SQR 函數的定義。

能正確使用 SGN、RND、ABS、INT、SQR 等函數。

11. 字串函數

(1)字串函數的特性

能設定字串變數值。

能比較字串。

能操作字串值的輸入與輸出。

能說明字串函數的特性。

(2) ASC 函數、CHR ＄、VAL 函數、STR$

能說明 ASC 函數的用法。

能說明 CHR ＄的用法。

能說出 ASC 函數與 CHR ＄的區別。

能說明 VAL 函數的用法。

能說明 STR ＄的用法。

能說出 VAL 函數與 STR ＄ 的區別。

能正確地轉換字串與數值。

能正確地轉換文字與電碼。

12. 字串函數與 ARRAY

　(1) LEN、MID$、LEFT$、RIGHT$

　　　能說明 LEN、MID$、LEFT$、RIGHT$的用法。

　　　能正確使用 LEN、MID$、LEFT$、RIGHT$。

　(2)陣列（ARRAY）陣列變數、陣列元素、註標變數

　　　能說明 ARRAY 的意義。

　　　能說明陣列變數、陣列元素、註標變數的定義。

13. Sorting

　(1) Sequential Search 與 Binary Search

　　　能說明 Sequential Search 的用法。

　　　能說明 Binary Search 的用法。

　　　能比較 Sequential Search 與 Binary Search。

　(2) Bubble Sort

　　　能說出 Sorting 的意義。

　　　能說出 Bubble Sort 的方法。

　(3)應用

　　　能正確運用 ARRAY、Binary Search 與 Bubble Sort。

14. 子程式

　(1) GOSUB-RETURN、ON-GOSUB

　　　能說明 GOSUB-RETURN 的特性。

　　　能正確使用 GOSUB-RETURN 子程式。

　　　能正確使用 ON-GOSUB 述句。

　　　能說明 ON-GOSUB 的特性。

15. 撰寫程式的技巧

　(1)寫作程式的要點

能說明程式寫作有哪些注意事項。

能培養科學處事有系統的態度。

(2)應用

能依需要正確地敘述流程，正確地寫出效率高的程式。

16. 電腦語言與中文電腦

(1)程式語言分類

能說明電腦語言的種類。

能說明三種語言的關係。

(2)常見的高階語言

能說出幾種常見的高階語言。

能說明各高階語言的特性。

能正確應用各高階語言。

(3)中文電腦簡介

認識中文電腦的形式。

了解中文電腦的應用。

㈡商業資訊㈡

商業資訊㈡主要教學內容為微電腦在商業上的應用，因為商職科目繁多，當時選擇在商職學校設科比較多的「商業經營科」與「文書處理科」為主，在各科共同教材外，第二學期選編「統計製圖」、「銀行會計」與「文書處理」三種教材，以下只列舉「共同部分」與「文書處理」兩者。

共同部分：

1. 資料處理系統簡介

(1)資料處理的基本概念與演進

能了解資料處理的重要性。

能了解資料處理的基本概念。

能了解資料處理的演進。

能說出電子資料處理的意義，及商業資料採用電子資料處理的原因。

能比較人工作業與電腦作業之不同。

(2)資料處理系統的意義、特性與應用

能說出系統、資料處理系統的意義及特性。

能了解哪些作業適宜電腦化資料處理。

能說出採用電腦化資料處理的限制。

能說出電腦化資料處理的應用領域。

(3)電子資料處理從業人員應有的基本認識

能了解實行電腦化資料處理作業應考慮的因素。

能說出採用資料處理電腦化的成功要件。

能了解從業人員應具有的基本能力。

(4)資料處理作業類型概述

能說出按作業方式區分資料處理系統的類型。

能說出整批處理、連線處理、分散式處理的特性及優缺點。

能養成正確使用資料處理系統的態度。

2. 電腦化簿記作業系統(一)

(1)流程圖簡介

能了解流程圖在資料處理系統中所扮演的角色。

能區分流程圖的種類。

能認識各種流程圖符號所代表的意義。

能解釋各種流程圖的含意。

(2)電腦化簿記作業系統簡介

能熟悉人工簿記作業之內容。

能根據流程圖說明電腦化簿記作業系統之工作項目及作業程序。

能了解電腦化簿記系統的檔案內容。

能了解電腦化簿記作業系統之檔案與人工簿記作業之帳簿間的關係。

(3)會計科目編碼與記帳憑證

能了解會計科目編碼的意義及檢查碼的功能。

能了解電腦化作業之傳票格式與用法。

能了解交易事項之內容,並根據交易事項填製傳票。

3. 電腦化簿記作業系統㈡

　　(1)會計主檔之作業

　　　　能建立新的會計主檔。

　　　　能正確地將會計科目代碼及名稱建立於會計主檔內。

　　　　能使用電腦查詢會計科目代碼、名稱及昨日餘額。

　　　　能增加新的會計科目。

　　　　能刪除不再使用的會計科目。

　　(2)分類帳檔之作業

　　　　能建立新的分類帳檔。

　　　　能查詢某一會計科目之分類帳。

　　　　能列印分類帳簿。

　　(3)每日交易事項之作業

　　　　能正確根據記帳憑證，將交易事項輸入電腦。

　　　　能查詢本日交易情形。

　　　　能列印日記簿（序時帳）。

　　(4)每日結束營業之作業

　　　　能列印試算表。

　　　　能將每日交易事項過帳至會計主檔。

　　　　能將每日交易事項合併至分類帳檔。

　　　　能說出每日結束工作之內容。

4. 電腦化簿記作業系統㈢

　　(1)期末調整之作業

　　　　能填製調整傳票。

　　　　能將調整傳票輸入電腦。

　　　　能將調整事項印在日記簿上。

　　　　能印出調整後試算表。

　　(2)編表及結帳之作業

　　　　能列印損益表。

能列印資產負債表。

能執行並說明結帳之工作內容。

能列印結帳後試算表。

能將本期之交易資料保留。

(3)電腦化簿記作業之效益

能說出電腦化簿記作業之效益。

5. 檔案設計簡介

(1)檔案簡介

能了解檔案在資料處理中所扮演的角色。

能了解檔案、記錄和欄位的意義,及三者間的關係。

能了解循序檔案的特性。

能了解隨機檔案的特性。

(2)處理循序檔案之程式

能了解各種處理循序檔案之指令格式與用法。

(3)處理隨機檔案之程式

能了解各種處理隨機檔案之指令格式與用法。

6. 資料處理系統之基本作業程式㈠

(1)基本作業程式㈠:

能了解資料處理系統使用基本作業程式的意義與類別。

能了解編輯程式之功能,能正確操作編輯程式。

能了解排序程式之功能,能正確操作排序程式。

能了解合併程式之功能,能正確操作合併程式。

7. 資料處理系統之基本作業程式㈡

(1)基本作業程式㈡

能了解分配程式之功能,能正確操作分配程式。

能了解更新程式之功能,能正確操作更新程式。

能了解計算列表程式之功能,能正確操作計算列表程式。

能了解查詢、搜尋程式之功能。

能正確的操作查詢、搜尋程式。

(2)電腦化簿記系統之循環與統合整理

能繪製整套電腦化簿記作業系統之流程圖。

8. 電腦化應收帳款管理作業系統

在認知方面：

(1)電腦化應收帳款管理系統之概述

能了解應收帳款採行電腦化之原因。

能說出電腦化應收帳款系統之作業目的。

能說出電腦化應收帳款系統之作業功能。

(2)電腦化應收帳款管理系統之系統設計的要素

能繪出電腦化應收帳款之輸出入模型（系統流程）。

能說出電腦化應收帳款管理作業系統之報表的種類與格式。

能說出電腦化應收帳款管理作業系統之輸入資料（收帳傳票、出貨傳票的型式）。

能說出電腦化應收帳款管理作業系統之檔案種類與格式。

能說出電腦化應收帳款、管理作業系統之作業流程。

能了解客戶代號編碼的設計與說明。

(3)電腦化應收帳款實例作業。

在技能方面：

能正確地依照交易事項編製「輸入用表單」。

能正確地按照「輸入用表單」內容鍵入資料。

能迅速發現錯誤，並予更正。

能正確依照作業系統，依指示做好建檔，更新查詢與列表的工作。

在情意方面：

能培養學生將來「參與」與「配合」電腦作業的能力。

能培養學生愛護公物，守法合作及負責的態度。

9. 電腦化庫存管理作業系統

(1)認識電腦化庫存管理作業系統

能了解電腦化庫存管理作業系統之作業目的。

能了解電腦化庫存管理作業系統之作業功能。

能了解庫存管理的基本理論。

(2)了解電腦化庫存管理作業系統的設計

能了解電腦化庫存管理作業的輸出入模式。

能了解電腦化庫存管理作業的報表格式、檔案格式。

能了解電腦化庫存管理作業的種類。

能說出編號設計原則。

能了解庫存管理作業流程。

(3)熟悉電腦化庫存管理作業系統的實作

能了解畫面上出現的訊息。

能正確依照題意建檔，且能利用編審程式，發現錯誤並予以更正。

能正確依照系統操作之指示，做更新、查詢及印表工作。

能培養學生將來「參與」及「配合」電腦化作業的能力。

文書處理部分：

10. 文書處理的基本概念與實驗上機

(1)文書處理的定義與功能

能說出文書處理的定義。

能說明文書處理在辦公室自動化中所扮演的角色（所占之地位）。

(2) WORDSTAR 的特性與效能

能說明傳統打字文書處理與電腦文書處理之不同。

能了解電腦文書處理能為我們做些什麼。

能概略了解幾種不同電腦機種之 WORDSTAR 程式及其差異。

(3) WORDSTAR 之設備

能了解執行 WORDSTAR 所必需之設備。

能依設備之需要做好事先之準備工作。

(4)上機實習

能正確啟動 WORDSTAR。

能依正確程序開啟一個檔案。

能正確使用字鍵打入一封信函。

能依說明正確地修正錯誤之字句。

能正確地儲存一個檔案。

能從列表機上正確地列印一個檔案。

能正確地停止 WORDSTAR 作業。

11. 檔案編輯與列印

(1)移動游標

能使游標移動一個位置。

能使游標移動一個字語。

能使游標移動一個螢幕。

能使游標移至檔案的上下兩端。

能使螢幕上下捲動。

能使螢幕上下連續捲動。

能設定游標移動之自動重複功能。

(2)增刪字句

能自由在文句中插入一字、一句或一段。

能正確複製（拷貝）一段文句。

能正確搬運一段文句。

能正確刪除一個字符。

能正確刪除一個字語。

能正確刪除一行文字。

能正確刪除行的左端文字。

能正確刪除行的右端文字。

(3)設定特殊列印效果

能依需要將指定字句的字形加粗列印。

能依需要將指定字句的字跡加深列印。

能依需要在指定字句之下端加字下線。

(4)實例編輯

能依指定事項完成檔案中字句之增刪作業。

能將增刪後的各種不同檔案分別儲存及列印。

12. 表格製作與檔案處理

(1)表格的定位與設計

能將文句移到行的正中間。

能依需要輸入各段之文句。

能依需要變更左右邊限點。

能依需要設定各個定位點。

能設計並打入簡單的表格。

能依需要設定小數點、定位點。

能設計並打入含有數字之表格。

能正確列印出所需要之表格。

(2)檔案處理

能依需要變更登錄磁碟。

能在作業中儲存檔案並繼續作業。

能在作業中儲存檔案並重新從事另一項作業。

能在作業完畢時完成檔案的儲存並停止。

能將一個不合適的檔案從作業中放棄。

能將一個檔案讀入另一個檔案。

能完成一個檔案的複製作業。

能將檔案重新命名。

能完成一個檔案的刪除作業。

能正確列示檔案名稱。

(3)其他特殊功能概論

能概略了解文書處理更高一層的作業功能。

能概略了解一些與文書處理相關的作業系統。

對於台北市商職資訊教學課程，各校大致依據教育部頒布之資訊課程

暫行標準,將「計算機概論」及「計算機應用」分別安排在二、三年級,每週授課各二小時。各校二年級採用之教材大致相同,多以坊間出版之《電腦概論》及《BASIC語言》為教材;三年級則差異較大,大多從下列之教材中採用二至三種:「英文文書處理」、「資料庫管理系統」、「電子試算表」、「檔案處理」、「中文輸入法」、「中文文書處理」、「檔案之應用」、「繪圖功能」、「繪圖程式」或「BASIC語言之檔案應用」(李咸林,民77)。

第五節　國民中學資訊教學

一、國中資訊教學沿革

民國七十二年教育部修訂公布國民中學課程標準(教育部,民72),在國中三年級上學期「工藝」課程中增列「資訊工業」的單元,及三年級下學期「實用數學」中,增列「電子計算機簡介」及「電子計算機的操作」(計 23 小時),是我國在國民中學實施電腦教學之始(台灣省政府教育廳,民77;張慶勳、余宗樺、曾禎祥,民90)。台灣省政府教育廳於民國七十八年行文各國中可以每週安排兩節電腦課,並由台北縣江翠國中負責編寫教材,分送各國中使用。

民國八十二年以前,雖然中央與政府教育機關逐年撥款補助中小學電腦相關設備,並不定期寄送電腦輔助教學軟體給各校,但是中小學資訊教育的推展進度較為緩慢。直到民國八十二年教育部訂定「補助各級學校電腦設備四年計畫」,逐年編列預算補助國中小各項電腦設備,國中小的資訊教育才開始蓬勃發展(陳文進,民89)。

為使國中能全面實施電腦教學,教育廳於民國七十五年開始建立國中資訊教育推行網,於每一縣市選定一所中心學校,負責輔導該縣市其他國中之資訊教育(吳鐵雄、梁恆正,民83)。並於七十八年委託台北縣江翠國中成立國中電腦教學中心,負責編輯國中使用的《電腦入門》教材與《電

腦課程教學指引》，分送各縣市資訊教學中心學校實驗教學使用。八十年台灣省政府教育廳正式同意各國民中學可以依學校情形彈性調整，每週兩小時實施「電腦入門」教學。江翠國中所發展的教材與教學指引也由台灣省政府教育廳出版，委託台灣書局銷售。民國八十七年 Visual BASIC 和其他相關電腦語言開始在國中流行，教育廳便委託江翠國中辦理一系列電腦教師研習會，研習內容包括「視覺化程式語言教學應用」、「視覺化程式設計與教學」、「互動式網頁發展技術」、「資料庫 SQL Server 建置」及「NT 作業系統安全與管理」等，頗受國中電腦老師歡迎。

　　教育廳為落實台灣省國民中小學資訊教育，於民國七十七年擬訂「台灣省國民中小學資訊教育及應用推展計畫」，自七十七會計年度起，每年核定 142 所國中設置電腦教室，並自七十八會計年度起，各縣市擇定一所國民中學作為「縣市資訊教育中心學校」（台灣省政府教育廳，民 77）。計畫中並擬成立「台灣省國民中（小）學資訊教育輔導發展小組」，作為推動工作的機制。

　　教育部為實踐「國家資訊教育基礎建設」目標，更於八十六學年度開始實施國中必修電腦課程，此乃我國國民中學資訊教學全面實施的基礎（陳文進，民 89）。

　　到國民中小學實施九年一貫課程時，為回應社會大眾降低國中學生課業負擔之要求，將原有之學科改為領域，也將國中之電腦課改為六大議題之一，並強調「資訊融入教學」。有關九年一貫課程中之資訊教學將在第七節討論。

⋯→ 二、國中資訊教學目標

　　於民國八十三年國中電腦課程綱要公布前，教育部曾委託資訊工業策進會編訂「國民中小學資訊課程範圍參考綱要草案」，其目標如下（陳文進，民 89；鄭秀真，民 87）：

(一)總目標

國民中小學資訊教育目標,在於引導學生接近電腦,了解電腦與學習及生活上的關係,具備應用電腦的基本知識,熟悉電腦的簡易操作與使用,學習正確使用資訊的態度與習慣,以培養具有電腦素養的國民。

(二)分段目標

1. 了解電腦對目前生活的影響。
2. 藉由電腦輔助教學軟體的操作,了解電腦在學習上的輔助功能。
3. 經由專題製作了解分工的重要性。
4. 能用注音符號輸入中文。
5. 能使用「電腦文書處理軟體」編輯文稿,製作專題。
6. 能使用「電腦繪製軟體」繪製圖畫。
7. 能使用「電腦音樂軟體」演奏音樂。
8. 透過流程安排之活動,培養有系統、有條理的處事方法與態度。
9. 能正確操作電腦。
10. 能操作印表機列印資料。
11. 建立智慧財產權的正確觀念。
12. 認識電腦病毒及其預防之道。

由上述教學目標可以了解教學內容,在認知方面,主要包括電腦對生活及學習的影響,電腦的應用如中文文書處理、電腦繪圖與電腦音樂等。在技能方面,包括正確操作電腦、電腦輔助教學軟體的操作,與印表機的操作使用。在情意方面,則是培養有條理的處事方式與態度,以及電腦使用的倫理與病毒的防範。

在教育部八十三年公布的國民中學課程標準中,有關國民中學資訊教育之詳細目標如下(何榮桂,民85;教育部,民83;教育部電子計算機中心,民87):

1. 導引學生認識電腦科技對日常生活的影響。

2. 導引學生獲得電腦科技的基本知識。

3. 培養學生在日常生活中應用電腦的基本技能。

4. 培養學生對電腦科技的正確態度與學習興趣。

自八十六學年度起，高雄市政府教育局規定國中小學應將「電腦」列入必修課，國中、小電腦教學目標亦調整為使學生學會電子郵件之操作、具備基本電腦使用能力，及電腦世界之認識（黃淑娟，民 86）。

⋯→ 三、國中資訊教學課程

民國七十二年國中「工藝」新課程標準增列「資訊工業」單元，安排於國中三年級上學期，共有六週實施電腦教學（湯惠誠，民 82）。其教材綱要與章次如下（李隆盛，民 77；引自湯惠誠，民 82）：

教材綱要

㈠知識部分

1. 資訊與生活。

2. 資訊工業概況：含歷史、發展、現況及影響。

3. 電子計算的基本原理。

㈡操作部分

以培基（BASIC）語言為主，練習簡易程式。

教材章次

在民國七〇年代初期，個人電腦都是八位元或十六位元的 Apple II 機種，電腦的功能有限，因此教學內容除介紹電腦對生活的影響，主要都在教 BASIC 程式設計。其實際教學內容如下：

1. 資訊與生活。

2. 認識個人用微電腦。

3. 磁碟作業系統。

4. 中文文書處理。

5. 程式設計的基本概念。

6. 程式設計。

民國七十八年台灣省教育廳為推動全省國中電腦教學，特組織「國民中學補充教材──資訊教學教材編輯委員會」，委託台北縣江翠國中負責編寫電腦教材。負責執筆撰寫的是該校翁志誠老師與蘇慶茂老師，並請吳鐵雄、朱延平與張國恩三位教授指導並審查，完成《電腦入門》一書。此教材先由各縣市資訊教育中心學校試用。民國八十年正式由台灣省政府教育廳出版。到七〇年代末期，個人電腦的功能已經大為提升，因此本教材除BASIC程式設計外，已相當程度涵蓋電腦的基本應用，包括文書處理、電腦繪圖與電腦音樂等，甚至也包括多媒體電腦、網路與通訊。其課程大綱包括（台灣省政府教育廳，民80）：

㈠資訊與生活

　1. 概說。

　2. 電腦與人類生活。

㈡認識個人用微電腦

　1. 概說。

　2. 電腦的基本架構：包括電腦硬體、軟體。

　3. 個人電腦的裝備：包括周邊設備、主記憶體與輔助記憶體。

　4. 程式語言。

㈢磁碟作業系統

　1. 作業系統：包括什麼是「作業系統」、為什麼要有作業系統、開始使用DOS與結束DOS的作業。

　2. DOS基本命令：包括概說、察看磁片目錄、啟用一新的磁片、拷貝磁片、拷貝檔案、刪除一個檔案與其他常用命令等。

㈣中文文書處理

　1. 概說。

　2. 中文系統。

　3. 中文輸入法。

　4. 中文文書處理。

㈤程式設計的基本概念

1. 概說。

2. 如何使用BASIC：包括如何進入BASIC、如何執行BASIC，與如何離開 BASIC。

3. BASIC 基本指令介紹：包括「常數」、「變數」與「運算式」、PRINT、RUN、LOCATE、CLS、LIST 及 NEW。

4. 動手寫程式：包括程式編輯、SAVE、FILES、LOAD 及 KILL。

(六)程式設計

1. 使用指令設計程式：包括 INPUT、READ～DATA、GOTO、IF～THEN 及 FOR～NEXT。

2. 電腦繪圖：包括概說及繪圖基本指令等。

3. 電腦音樂：包括概說及音樂基本指令等。

　　民國八十三年電腦未列為國中必修課程之前，當時教育部毛高文部長任內，已將此課程列為選修，並委由吳鐵雄教授召集訂定課程標準，完成之課程標準草案，並已送部審議。惟尚未公布前，教育部長更換，新任郭為藩部長極具前瞻性，認為電腦科技是國民生活在現代社會不可或缺之工具，後幾經課程修訂委員會總綱小組研議，則更進一步將國中電腦課程由選修改為必修，此一決定係這次課程修訂之一大特色。此決定對我國國民素質的提升及各方面的影響，頗為深遠（何榮桂，民85）。

　　到民國八十三年教育部公布國民中學課程標準，並於民國八十七年正式實施。其中規定國中學生在第二或第三年必修「電腦」課，每學年每週授課一節。其教材綱要為（教育部電子計算機中心，民87）：

(一)人與電腦

1. 電腦的誕生：說明人類發明電腦硬體與設計電腦軟體的過程。

2. 電腦的角色與影響：說明電腦在人類生活中扮演的角色，及其對生活的影響。

(二)認識電腦

1. 電腦硬體

(1)認識電腦外觀與其周邊設備。

(2)練習個人電腦硬體基本操作：啟動電腦、輸入設備（鍵盤、滑鼠、磁碟機等）、輸出設備（印表機與顯示器等）。

2. 電腦軟體

(1)認識電腦軟體：系統軟體（作業系統、公用程式等）、應用軟體（套裝軟體、程式語言等）。

(2)作業系統常用基本指令介紹與操作。

㈢文書處理

1. 電腦文書處理簡介：介紹電腦文書處理軟體。

2. 中文操作環境：介紹並練習中文操作環境。

3. 電腦文書處理實作

(1)電腦文書基本操作：基本編輯功能。

(2)印表機之正確使用。

㈣應用軟體

1. 應用軟體簡介：介紹或展示適用的應用軟體。

2. 應用軟體之選用：說明如何選用合適的應用軟體。

㈤作業環境

1. 電腦基本結構：介紹電腦輸入設備、中央處理單元、記憶體、介面卡、與擴充槽及輸出設備之間的整體關係與其運作方式。

2. 作業環境介紹

(1)介紹作業環境：練習作業環境基本操作。

(2)介紹檔案及檔案管理。

㈥電腦繪圖

1. 電腦繪圖簡介：介紹電腦繪圖軟體。

2. 電腦繪圖實作：練習電腦繪圖軟體之基本操作。

㈦電腦倫理

1. 使用電腦倫理：介紹資訊應用的倫理規範。

2. 資訊安全：說明資訊安全重要性。

㈧程式語言

1. 程式語言簡介：介紹程式語言。

2. 程式語言應用

　(1)介紹程式設計基本原則。

　(2)程式實例。

(九)資訊管理

1. 資訊管理簡介

　(1)介紹日常生活常用的資料庫。

　(2)介紹資訊管理系統之應用。

2. 資訊管理實作：練習資訊管理軟體之基本操作。

(十)多媒體電腦

1. 電腦的應用範圍：介紹電腦在生活上的各種應用。

2. 電腦的發展趨勢：介紹電腦未來的發展趨勢。

(十一)網路與通訊

1. 電腦網路簡介：說明電腦網路基本概念及其功能。

2. 區域網路：介紹區域網路及其操作。

3. 檔案傳輸：介紹檔案傳輸及其操作。

4. 電子郵件：介紹電子郵件及其操作。

5. 電子布告欄：介紹電子布告欄及其操作。

　　從上面的教材大綱可以看出，由於資訊科技的進步，國中電腦教學已經不再如早期只以BASIC程式語言為主，其教學內容包括：電腦軟硬體的基本理論與知識、中文文書處理、應用軟體、程式設計、多媒體電腦與網路應用等。並重視電腦使用的資料安全與著作權等有關倫理規範的內容。

➡ 第六節　國民小學資訊教學

⋯➤ 一、國小資訊教學沿革

　　國民小學在中小學各級學校中實施資訊教育最晚。在我國資訊工業開

始萌芽，個人電腦才開始生產初期，民國七十三年台北市敦化國小曾與宏碁電腦公司合作，由廠商提供設備，嘗試進行電腦教學實驗，也由該廠商提供一位工程師擔任教學。就個人所知，此乃國小最早實施電腦教學之舉。只是其教學內容偏重在電腦的基本輸出入硬體設備介紹，與簡單的BASIC程式設計。民國七十五年，台灣省雖然於國中開始建立資訊教育推行網，每一縣市選定一所國中為中心學校，推動資訊教育；但是在國小階段，除台北市教育局和高雄市教育局已補助部分國小購置電腦，嘗試電腦基本操作及電腦輔助教學外，台灣省各國小則尚未正式推展資訊教學（吳鐵雄、梁恆正，民83）。各縣市常利用暑假的各項活動中安排基礎的電腦簡易研習，讓學生初步接觸電腦，了解電腦的簡單觀念。

八十二年九月教育部修訂發布國小課程標準，自八十五學年度第一學期起實施。將電腦列於團體活動中之分組活動參考項目下（教育部，民82），自三年級起，分四年逐年實施，並鼓勵教師於各科教學活動中應用電腦輔助教學，讓學童自然地接觸電腦與認識電腦，進而培養使用電腦的興趣。另於聯課活動、社團活動及寒暑假期間亦可辦理電腦研習班，擴大學生接觸電腦機會（葉晉華，民84）。

民國七十三年，台北市民生國小經教育部指定協助國科會辦理「國小電腦輔助教學實驗」，該實驗之評估報告指出：「此實驗教材在國小使用之可行性確已達成，學生對電腦輔助教學極感興趣。而民生國小協辦之本項實驗即為本市國民小學實施資訊教育之開端。」（鄭麗雪，民82）。台北市於民國七十七年度又依據當時行政區選定16所國民小學實施電腦教學，復於民國八十一暨八十二年度選40所，民國八十三年度選36所小學實施電腦教學（鄭麗雪，民82）。

⋯→ 二、國小資訊教學目標

教育部曾委託資訊工業策進會編訂了「國民中小學資訊課程範圍參考綱要草案」（陳文進，民89；鄭秀真，民87），此綱要分總目標與分段目標，其教育目標在於引導學生了解電腦與學習及生活上的關係，熟悉電腦

的簡易操作，並培養學習正確使用資訊的態度與習慣。其詳細內容請參見本章第五節。

教育部於八十二年九月公布國小電腦課程，八十五學年度實施，將電腦課列入團體活動課程中，引導學生接近電腦，了解電腦與生活上的關係，學習正確使用電腦的態度。

教育部電子計算機中心是教育部實際負責各級學校資訊教育規劃的單位，該中心在其發表的〈我國資訊教育展望及現況〉一文中（教育部電子計算機中心，民87），將中小學資訊教育歸類為資訊普及教育。有關國民小學資訊教學的教育目標，其說明如下：「了解電腦與生活上的關係，具備應用電腦的基本知識，熟悉電腦的簡易操作與使用，正確使用資訊的態度與習慣，培養具有電腦素養的國民。」

台北市教育局為落實國小資訊教學，於民國八十二年訂定「台北市國民小學資訊教育課綱要」（台北市政府教育局，民 82）。依據該綱要所定，台北市國民小學實施資訊教學的總目標為：

1. 引導學生接近電腦，了解電腦與生活上的關係。

2. 具備應用電腦的基本知識，熟悉電腦的簡易操作與使用。

3. 學習正確使用資訊的態度與習慣，以培養具有電腦素養的國民。

其分段目標則為（台北市政府教育局，民 82）：

1. 了解電腦在日常生活上之應用，及對目前生活的影響。

2. 培養使用電腦的正確方法與態度。

3. 藉由電腦輔助教學軟體的操作，了解電腦在學習上的輔助功能。

4. 能用注音符號輸入法輸入中文。

5. 能使用「電腦文書處理軟體」編輯文稿，製作專題。

6. 能使用「電腦繪圖軟體」。

7. 能使用「電腦音樂軟體」。

8. 透過流程安排之活動，培養有系統、有條理的處事方法與態度。

9. 經由問題規劃及專題製作，了解分工的重要性。

10. 能操作印表機列印資料。

11. 建立軟體有價及智慧財產權的正確觀念。

12. 認識電腦病毒及其預防之道。

其實施時間及方式有以下三種，並以第一種為主要實施方式：

1. 分班教學方式：於「作業指導」時間實施，每週一節 40 分鐘。

2. 分組教學方式：於團體活動實施，可採每週一節或隔週安排兩節等
   方式進行。

3. 電腦輔助教學方式：配合各科教學活動，依需要而定。

預計整個課程以兩學年完成，總時數為 38 小時。

高雄市也自八十六學年度起規定所有國中小將「電腦」列入必修課，
國中小電腦教學目標為使學生學會電子郵件之操作、具備基本電腦使用能
力，及電腦世界之認識（黃淑娟，民 86）。

⋯→ 三、國小資訊教學課程

教育部於民國八十二年九月修正公布國小課程標準，並自八十五學年
度第一學期開始實施。該課程標準將電腦列於團體活動中之分組活動參考
項目下。當時由於個人電腦的功能已經比七〇年代進步，所以其規劃的教
學內容已經包含電腦在生活中的應用，如：電腦與生活的關係、電腦輔助
教學、中文文書處理、電腦繪圖與電腦音樂等。其內容概要為（教育部電
子計算機中心，民 87）：

1. 教室使用規範及管理

2. 電腦與生活

3. 電腦基本概念

4. 電腦的使用倫理

5. 電腦基本操作

6. 電腦輸入法

7. 電腦輔助教學

8. 文書處理及列印

9. 電腦音樂

10. 電腦繪圖

　　另外，台北市自民國七十七年度起分年選定國民小學實施電腦教學，原則上以高年級小朋友為施教對象，其中五年級列為必選，六年級定為選修。該市教育局依教育部八十一年編訂之「國民中小學資訊課程範圍標準參考綱要」，訂定「台北市國民小學資訊教育課程綱要」於八十二年九月起實施（吳正己、張啟中、陳敏惠、賴皇觀，民 87；鄭麗雪，民 86）。其課程內容綱要與教育部所公布的綱要一樣，只是增加「問題規劃及流程安排」一項。其五、六年級的詳細課程安排與時間分配，如表 2-6-1（台北市政府教育局，民 82）。

　　為使讀者了解國小電腦教學在實施之初的教學內容，茲將台北市教育局在民國八十二年所規劃五、六年級四個學期電腦教學的教材綱要簡介如下（台北市政府教育局，民 82）。

表 2-6-1　台北市國民小學資訊課程安排時間分配表

單元 ＼ 節數 ＼ 學期	第一學期	第二學期	第三學期	第四學期
教室使用規範及管理	1	1	1	1
電腦與生活	1	1	1	1
電腦基本概念	2			
電腦的使用倫理	1	1	1	1
電腦基本操作	1		1	
電腦輸入法	1			
電腦輔助教學	1	1	1	1
文書處理及列印	6		6	2
電腦音樂		3	3	
電腦繪圖		6		6
問題規劃及流程安排	1	1	1	1
合計	15	14	15	13

第一學期

㈠教室使用規範及管理

　　1. 主機與周邊設備的正確使用方法。

　　2. 電腦教室使用規範。

㈡電腦與生活

　　1. 電腦在家庭生活中所扮演的角色。

　　2. 電腦在周遭生活環境中的應用情形。

㈢電腦基本概念

　　1. 電腦及周邊設備的名稱與功能。

　　2. 電腦的演進與特性。

㈣電腦基本操作

　　1. 電腦的簡易操作與使用。

　　2. 執行應用軟體的步驟。

㈤電腦的使用倫理

　　著作權法之基本概念與精神。

㈥電腦輸入法

　　1. 中文系統的操作。

　　2. 各種中文輸入法的簡介。

㈦電腦輔助教學

　　電腦輔助教學的認識。

㈧文書處理及列印

　　1. 基本編輯功能。

　　2. 文稿檔案的儲存與讀取。

　　3. 文稿之列印及印表機之操作使用。

㈨問題規劃及流程安排

　　以實際問題引導學生進行流程安排。

第二學期

㈠教室使用規範及管理

電腦教室使用規範。

㈡電腦與生活

  1. 電腦在休閒體育活動方面的運用情形。

  2. 電腦萬花筒。

㈢電腦的使用倫理

  介紹電腦病毒及其預防之道。

㈣電腦輔助教學

  各類電腦輔助教學軟體的使用。

㈤電腦音樂

  1. 電腦音樂軟體的基本操作。

  2. 運用電腦音樂軟體演奏樂曲。

  3. 樂曲（檔案）的儲存與讀取。

㈥電腦繪圖

  1. 電腦繪圖軟體的基本操作。

  2. 圖畫檔案之儲存與讀取。

㈦問題規劃及流程安排

  以實際問題引導學生進行流程安排。

第三學期

㈠教室使用規範及管理

  電腦教室使用規範。

㈡電腦與生活

  1. 電腦在中小學校的運用情形。

  2. 電腦在交通方面的運用情形。

㈢電腦的使用倫理

  介紹電腦病毒及其預防之道。

㈣電腦基本操作

  1. 磁片的認識與處理。

  2. 檔案的觀念及操作。

㈤電腦輔助教學

　　各類電腦輔助軟體的使用。

㈥文書處理及列印

　　1. 文稿之列印及印表機之操作使用。

　　2. 特殊編輯功能。

㈦電腦音樂

　　1. 運用電腦音樂軟體演奏樂曲。

　　2. 樂譜之列印及印表機之操作使用。

㈧問題規劃及流程安排

　　1. 以實際問題引導學生進行流程安排。

　　2. 以實際例子引導學生認清問題的本質。

第四學期

㈠教室使用規範及管理

　　電腦教室使用規範。

㈡電腦與生活

　　電腦在通訊上的應用。

㈢電腦的使用倫理

　　電腦病毒防制之道。

㈣電腦輔助教學

　　各類電腦輔助軟體的使用。

㈤文書處理及列印

　　1. 特殊編輯功能。

　　2. 列印文稿。

㈥電腦繪圖

　　1. 圖畫檔案之列印及印表機之操作使用。

　　2. 特殊繪圖編輯功能。

㈦問題規劃及流程安排

　　1. 以實際問題引導學生進行流程安排。

2. 解決問題的基本步驟。

　　台北市教育局所規劃的國小電腦教學內容相當完整細膩。在認知方面，包括當時一般國小電腦教學大致上都會涵蓋的電腦與生活、電腦基本概念、基本操作使用、簡易資料輸出入、中文文書處理、電腦繪圖及電腦音樂，比較特別的是還包括問題規劃與流程安排。在技能方面，有電腦的基本操作使用、應用軟體的操作使用、電腦輔助教學軟體使用、檔案列印與印表機操作使用，及檔案的存取等。在情意方面，則有電腦教室的管理使用、電腦的使用倫理、電腦病毒介紹與防範，及著作權基本概念等。

▶ 第七節　九年一貫課程中的資訊教學

　　因應社會長期的呼籲，教育部於民國八〇年代進行一波重大的教育改革，其中國民中小學「九年一貫」課程是影響深遠的一項改革。九年一貫課程最重要的兩項變革與資訊教育有關。第一，以「學習領域」取代過去的分科教學。過去國中小的學科太多，九年一貫課程將之整併為：語文、健康與體育、數學、社會、自然與生活科技、藝術與人文及綜合活動七大領域，另加資訊教育、環境教育、兩性教育、人權教育、生涯發展教育及家政教育等六大議題。過去國民中小學的電腦課程由學習科目變為議題之一，由各校視實際需要來開授。其次，將過去較偏重知識的教學，改為強調基本能力的培養。在九年一貫課程所揭櫫的十項基本能力中，第八項即為「運用科技與資訊」。此項基本能力指：「資訊科技概念的認知」、「資訊科技的使用與概念」、「資料的處理與分析」、「資訊的溝通與表達」及「資訊的搜尋與應用」等核心能力，此等資訊核心能力也是一位生活在資訊化社會的國民不可或缺之資訊能力（何榮桂，民 90）。

⋯▶ 一、九年一貫課程中之資訊教育目標

　　九年一貫課程既然以學習領域代替分科，在教學時自然要強調統整。一方面在各領域教學活動中兼顧六大議題；另方面也要將資訊科技融入學習領域的教學中，以提升教師之教學效果，同時，培養學生利用資訊科技，

以提升其學習興趣，促進其學習效果（何榮桂，民 90）。由此可見，九年一貫課程並非無資訊教育，而是以另一種方式實施，其教育目標如下（何榮桂，民 90；張慶勳、余宗樺、曾禎祥，民 90；教育部，民 89）：

1. 導引學生了解資訊與日常生活的關係。
2. 導引學生了解資訊與倫理及文化相關之議題。
3. 奠定學生使用資訊的知識與技能。
4. 增進學生利用各種資訊技能，進行資料的搜尋、處理、分析、展示與應用的能力。
5. 培養學生以資訊技能作為擴展學習與溝通研究工具的習慣。
6. 啟迪學生終身學習的態度。

上列九年一貫課程中資訊教育之教育目標，係根據國民教育階段學生之身心發展狀況，參酌目前資訊科技之發展情形，與教育進步國家及我國目前之資訊教育課程內涵而訂定，以為我國國民教育階段實施資訊教育之依據（教育部，民 89）。

···→ 二、九年一貫課程中之資訊教育課程內容

在九年一貫課程中，強調教學不要再教學生記憶知識，而是要教給學生能應付生活所需的能力，也就是要教給學生「帶著走的能力」，故其課程之編列是以能力指標為依據。在上述資訊教育目標下，各學習階段要達成的能力指標如表 2-7-1（教育部，民 92）。

表 2-7-1　國民中小學九年一貫課程綱要中「資訊教育」議題分段能力指標

核心能力	學習目標	學習內涵	學生完成左列核心能力學習內涵後 具備之資訊能力
1. 資訊科技概念的認知	了解資訊科技在生活與學習上的應用，以及對人類社會生活的影響。	電腦與生活	1-2-1 了解資訊科技在人類生活之應用。
		電腦使用安全(一)	1-2-2 正確規劃使用電腦時間及與電腦螢幕安全距離等，以維護身體健康。
		電腦使用安全(二)	1-2-3 教導學生注意軟硬體的保養、備份資料等資訊安全概念。

表2-7-1　國民中小學九年一貫課程綱要中「資訊教育」議題分段能力指標（續）

核心能力	學習目標	學習內涵	學生完成左列核心能力學習內涵後具備之資訊能力
2. 資訊科技的使用	培養電腦基本使用的技巧與知識。	電腦使用規範	2-2-1 了解電腦教室（或教室電腦）的使用規範。
		作業環境	2-2-2 熟悉視窗環境軟體的操作、磁碟的使用、電腦檔案的管理，及電腦輔助教學應用軟體的操作等。
		中英文輸入	2-2-3 認識鍵盤、特殊鍵的使用，會英文輸入與一種中文輸入。
		電腦的架構	2-4-1 認識電腦硬體、軟體、輸入和輸出等基本設備，有應用自由軟體的概念。
		多媒體電腦	2-4-2 了解多媒體電腦相關設備，以及圖形、影像、文字、動畫、語音的整合應用。
		程式語言	2-4-3 認識程式語言、了解其功能與應用。有開放規格、自由軟體的概念。
3. 資料的處理與分析	透過應用軟體的使用，培養電腦資料處理的能力，以為各學科學習之輔助工具。	文書處理	3-2-1 能進行編輯、列印的設定，並能結合文字、圖畫等完成文稿的編輯。盡量使用自由軟體。
		電腦繪圖	3-3-1 能利用繪圖軟體創作並列印出作品。盡量使用自由軟體。
		圖表製作	3-4-1 能利用軟體工具進行圖表製作。盡量使用自由軟體。
		簡報軟體	3-4-2 能利用簡報軟體編輯並播放簡報內容。盡量使用自由軟體。

表 2-7-1　國民中小學九年一貫課程綱要中「資訊教育」議題分段能力指標（續）

核心能力	學習目標	學習內涵	學生完成左列核心能力學習內涵後具備之資訊能力
4. 網際網路的認識與應用	培養資訊溝通能力及資料搜尋能力，以擴展各學習領域之學習。	網路與通訊(一)	4-2-1 能進行網路基本功能的操作。
		網路與通訊基本概念	4-3-1 了解電腦網路概念及其功能。
		網際網路資料的搜尋	4-3-2 能找到合適的網站資源、圖書館資源及檔案傳輸等。
		其他資源之資料搜尋	4-3-3 能利用資訊科技媒體等搜尋需要的資料。
		問題解決與規劃(一)	4-3-4 能針對問題提出可行的解決方法。
		問題解決與規劃(二)	4-4-1 能利用網際網路、多媒體光碟、影碟等進行資料蒐集，並結合已學過的軟體進行資料整理與分析。
5. 資訊科技與人文素養的統整	應用資訊科技提升人文關懷、促進團隊和諧。	資訊倫理(一)	5-2-1 認識網路規範，了解網路虛擬特性，並懂得保護自己。
		資訊倫理(二)	5-3-1 了解與實踐資訊倫理，遵守網路上應有的道德與禮儀。
		資訊相關法律(一)	5-3-2 認識網路智慧財產權相關法律，不侵犯智財權。
		資訊相關法律(二)	5-3-3 認識網路隱私權相關法律，保護個人及他人隱私。
		網路世界正負面的影響	5-3-4 善用網路分享學習資源與心得。了解過度使用電腦遊戲、BBS、網路交友對身心的影響；辨識網路世界的虛擬與真實，避免網路沉迷。

資訊教學

表 2-7-1　國民中小學九年一貫課程綱要中「資訊教育」議題分段能力指標（續）

核心能力	學習目標	學習內涵	學生完成左列核心能力學習內涵後具備之資訊能力
		認識網路犯罪	5-4-1 了解網路犯罪型態，避免誤觸法網及受害。
		正確使用網路的態度	5-4-2 適時應用資訊科技，透過網路培養合作學習、主動學習的能力。
		善用網路科技擴大人文關懷	5-4-3 建立科技為增進整體人類福祉的正確觀念，善用資訊科技作為關心他人及其他族群的利器。

資料來源：教育部（民 92）。

　　九年一貫課程的設計是以學生為主體，培養以生活經驗為主的基本能力。所以，課程的設計應該採用以學生為中心的統整課程或合科課程，而不是以學科為中心的分科課程。在九年一貫的統整課程中，資訊教育也包含其中，而且與其他學習領域有密不可分的關係（王全世，民 90）。九年一貫課程中，將「運用科技與資訊」列為十大學生要培養的基本能力之一，在統整的概念下，它與七大學習領域就有密切的關係。依據教育部（民89）的資料，其關係如表 2-7-2。

　　為了達到九年一貫課程中有關資訊教育的教育目標，從國小三年級至國中一年級課程中，共規劃了 16 項學習主題以達各項核心能力。其課程內容概要如表 2-7-3。

表 2-7-2　「運用科技與資訊」基本能力與其他學習領域的關係

指標 領域 \ 基本能力	運用科技與資訊
語文	綜合語文與科技資訊提升學習成效、擴展學習領域。
健康與體育	1. 運用科技蒐集體育運動與身心健康的相關資訊。 2. 善用體育運動器材及醫療資源，防制身心疾病。
社會	1. 擁有處理資訊的能力與策略。 2. 了解並應用基本的社會科學知識。
藝術與人文	正確安全有效地發揮科技與資訊的功能，以輔助其藝術之學習與創作。
數學	1. 將各領域與數學相關的資料資訊化。 2. 用電腦處理數學中潛在無窮類型的問題。
自然與科技	1. 應用生活科技和資訊於食、衣、住、行等日常生活中。 2. 應用資訊和科技進行調查研究、實驗設計及發展。
綜合活動	從參與展覽、展示獲取新知，並練習使用網路及各式傳播媒體蒐集資料，並與他人溝通。

資料來源：教育部（民 89）。

表 2-7-3　九年一貫資訊教育課程內容概覽

核心能力	學習目標	學習內涵（年級／節數）	可應用資訊之學習領域	學生完成左列核心能力學習內涵後具備之資訊能力
1. 資訊科技概念的認知	了解資訊科技在各學習領域的應用，以及對人類社會生活的衝擊。	電腦與生活（3/1）	各領域	1-2-1 了解電腦在人類生活，如家庭、學校、工作、娛樂以及各學習領域之應用。
		電腦倫理（4/2）	社會	1-2-2 了解電腦使用相關的議題和倫理規範（如電腦病毒、安全性、複製版權等）。

表 2-7-3　九年一貫資訊教育課程內容概覽（續）

核心能力	學習目標	學習內涵（年級／節數）	可應用資訊之學習領域	學生完成左列核心能力學習內涵後具備之資訊能力
2. 資訊科技的使用與概念	具備電腦基本使用的技巧與知識。	電腦的架構（7/4）	各領域	2-4-1 具備對電腦硬體、軟體、輸入和輸出設備的基本認識。
		電腦的使用規範與管理（3/9）	各領域	2-2-2 了解電腦教室（或教室電腦）的使用規範；熟悉視窗環境軟體的操作、磁碟工具程式的使用、電腦檔案的管理，以及電腦輔助教學應用軟體的操作等。
		中英文輸入（3/4）	各領域	2-2-3 認識鍵盤、特殊鍵的使用，會英文輸入與一種中文輸入。
		多媒體電腦（7/8）	各領域	2-4-4 了解多媒體電腦相關設備，以及圖形、影像、文字、動畫、語音的整合應用。
3. 資料的處理與分析	透過各應用軟體的使用，培養電腦資料處理的能力，以為各學科學習之輔助工具。	簡易文書處理進階文書處理（4/9）	各領域	3-2-1 能編輯中英文文稿。能進行編輯、列印的設定，並能結合文字、圖畫、藝術字等完成文稿的編輯。
		電腦繪圖（3/6）	各領域	3-2-2 能利用繪圖軟體提供的工具創作，並列印出作品。
		試算表（6/10）	數學、自然與科技、社會、健康與體育	3-3-3 能利用試算表提供的工具進行統計圖表製作、函數模擬等。
		簡報軟體（7/7）	各領域	3-4-4 能利用簡報系統提供的工具編輯報告內容與設定播放的方式。

表 2-7-3　九年一貫資訊教育課程內容概覽（續）

核心能力	學習目標	學習內涵（年級／節數）	可應用資訊之學習領域	學生完成左列核心能力學習內涵後具備之資訊能力
		資訊管理（7/7）	各領域	3-4-5 能實作簡易資料庫以管理資訊。
		問題解決與規劃（6/10，7/14）	各領域	3-3-6 能針對日常問題提出可行的解決方法。 3-4-7 能利用網際網路、多媒體光碟、影碟進行資料蒐集，並結合已學過的軟體進行資料整理與分析。 3-4-8 認識程式語言，了解其在解決問題上的應用。
4. 資訊的溝通與表達	培養資訊溝通能力，以強化各學科學習之溝通技巧。	電腦網路通訊基本概念（4/9）	各領域	4-3-1 了解電腦網路概念及其功能。 4-2-2 了解網路使用規範。
		電腦網路通訊操作（5/10）	各領域	4-2-3 會網路基本操作（包括 BBS，E-mail，www、ftp）。 4-3-4 能獨自或與同儕合作完成網頁的製作。
5. 資訊的搜尋與應用	培養資料搜尋能力，以擴展各學習。	網際網路資料的搜尋（5/10）	各領域	5-3-1 能找到合適的網站資源、圖書館資源，會檔案傳輸。 5-3-2 能利用光碟、DVD 搜尋需要的資料。

資料來源：何榮桂（民 90）。

資訊教學

上述資訊教育教學內容建議教學時數共 120 節，計國小一年級至六年級，每個年級各上 20 節，而國中一年級為 40 節（教育部，民 89）。此項教學根據九年一貫新課程的精神，資訊教育課程以兩種實施，其一以「實習」的方式進行教學，其二是強調資訊課程融入各學習領域教學，而前者是執行後者之先決條件（何榮桂，民 90）。茲依據何榮桂（民 90）之意見，分述如下：

(一)以「實習」的方式進行教學

資訊是有具體教學內容的一門課，將之列為議題並不合適，但為了不過度擴增科目數，以致增加學生的負擔，此為不得已的權衡措施。為了彌補此不合理的安排，教育部在公布之國民中小學九年一貫課程暫行綱要中的實施要點，規定「學校應配合各領域課程之內容與進度，安排適當的節數進行資訊及家政實習」（教育部，民 89）。依此規定，中小學資訊教育並非沒課可上，而是以「實習」的方式實施，且「應」「安排適當的節數」為之，實習課程的名稱，學校應可自行決定。至於課程內容，則以教育部公布之資訊教育課程綱要為主。要言之，九年一貫新課程之資訊教育，學校應利用 20%之彈性時間，從小學三年級至國中一年級，安排適當的節數，以實習的方式進行教學（何榮桂，民 90）。

(二)強調資訊科技融入各學習領域

九年一貫課程的另一特色是強調資訊科技融入各學習領域（顏永進、何榮桂，民 90）；換言之，即是各學習領域的教學活動，宜在適當的時機運用資訊科技輔助教學，以提升學習效果。此為目前學校實施資訊教育的潮流，也是九年一貫課程中資訊教育所追求的目標之一（何榮桂，民 90）。

⋯→ 四、資訊種子學校計畫

電腦教學在九年一貫課程最大的改變是取消電腦教學在國中小單獨設科,而改為六大議題之一,並強調資訊融入各科教學。教育部為落實此項改變,協助國民中小學推動資訊融入教學,特推動「資訊種子學校計畫」,鼓勵國民中小學在校內組織資訊融入教學種子團隊,研究資訊融入各科教學教材與策略。若通過教育部審查遴選,教育部將補助經費,並鼓勵種子學校協助附近中小學,輔導他們克服融入教學問題。此計畫的目的如下(教育部電子計算機中心,民96):

1. 建立中小學資訊教學環境正常營運機制及持續運作。

2. 整合中小學數位教學資源應用。

3. 推廣優良資訊融入教學團隊之模式。

4. 辦理中小學師生資訊素養培育研習。

此項補助有關資訊融入教學團隊的審查作業主要包括下列幾項(教育部電子計算機中心,民96):

㈠種子學校推動方式

每所種子學校內,應由校長籌組成立「資訊融入教學小組」,成員包括校長、教務主任或教學組長、電腦教師、領域(學科)教師等,形成學習型組織,共同拓展資訊融入教學之各種教學模式:其中六人或七人並擔任「種子學校教師團隊」,參與相關培訓及規劃事宜。各校校長、教務主任或教學組長參與「種子學校教師團隊」,且校長參加培訓課程總時數達三分之一以上者,將優先考慮列為種子學校。

㈡種子學校教師團隊培訓

種子學校之「種子學校教師團隊」應包括校長、主任,及領域(學科)教師三人或四人、電腦教師一人或兩人組成,並依規劃課程加強培訓;「種子學校教師團隊」訓練合格者,應負責訓練與教導一般教師資訊融入教學模式及經驗分享,並結合現有各學科輔導團制度推動為原則。

㈢組成學者專家顧問團

邀請學科或學習領域、教育、資訊及科技學習等方面學者專家，組成顧問團協助規劃（包括發展特色或資訊融入教學環境等）。

㈣教學資源之產出及交流分享

　　種子學校所產出相關領域之教學資源，應於校際間交流及分享，並推廣至鄰近學校或其他相關領域之學校。

㈤應配合教育部施政主軸行動方案與考量非都會地區及非偏遠地區之地區均衡發展，明確訂定發展目標及達成指標。

▶ 第八節　中小學資訊教學師資培育

⋯▶ 一、資訊教學師資

　　我國中等以下學校師資，在師資培育多元化實施之前，是由師範校院公費培育，高中與國中教師由師範大學培育；國小教師則由師範學院培育。民國七十一學年度教育部在高級中學試辦資訊教學時，當時三所師範大學並未設有資訊教師培育之系所，全國並無合格之中學資訊教師。因此，當年在試辦之時，教育部小組會議就決定利用民國七十一年暑假，委託台北工專與高雄工專，分區調訓參與實驗學校之數學或物理教師，進行為期兩個月之電腦訓練。惟此項決定因種種因素之延誤，一直到九月開學前兩週才調訓，也就是老師們只接受兩週電腦訓練，就要回學校從事電腦教學。這是我國中小學第一批電腦教師，雖然並不理想，但總算是一個開始。

　　隔年，為高中「電子計算機簡介」教學之需要，教育部再繼續調訓高中教師，以電腦為第二專長進行為期六個月的密集訓練（何榮桂、韓善民，民86）。此種方式一直維持到七十四年教育部委託資策會辦理的資訊人才推廣計畫。同年台灣師範大學奉教育部核准成立「資訊教育學系」，我國才有正式長期培育高中職資訊教師的單位。

　　民國七十二年教育部修訂公布國民中學課程標準（教育部，民72），在國中二年級上學期「工藝」課程中增列「資訊工業」的單元，及三年級

下學期「實用數學」中，增列「電子計算機簡介」及「電子計算機的操作」。為因應此項教學之需要，教育部於民國七十二年委託台灣師範大學工業教育系，利用暑假期間調訓國中工藝教師，進行為期二個月的電腦訓練。

　　民國七十一至七十二年我國試辦高中與國中電腦教學，所需要的師資都依靠非正式短期訓練，並非長遠之計，效果也並不理想。因此，政府於民國七十一年在行政院成立「資訊發展推動小組」（行政院，民73；吳亞君，民83）。由教育部執行的人才培訓組負責執行及推動「資訊人才推廣教育」工作。政府為了培育各機關所需的資訊人才，「人才培訓組」乃於民國七十二年研擬了「資訊人才推廣教育五年計畫」，是為資訊人才推廣教育之開始（吳亞君，民83）。該項計畫委託資策會，自民國七十三年七月開始執行辦理，至民國七十八年九月結束。計畫結束時，政府鑑於世界性的資訊科技的快速發展，使得資訊人力需求的情形依然存在，人才培訓組又於民國七十七年研擬「邁向公元二〇〇〇年資訊化國家第二期資訊人才推廣教育第一階段訓練計畫」，期能透過積極的資訊人才培訓，縮短我國與資訊電腦科技先進國家發展上的差距。全期十二年計畫，分三個階段實施，第一階段自民國七十九至八十二年，重點放在培訓各級教師，使具備專業知識，而能於教學中利用資訊科技，教導資訊觀念（行政院，民73，引自吳亞君，民83）。仍以年度合約方式委由資策會繼續辦理。委訓單位包括有教育部、青輔會和行政院人事行政局，而行政事宜仍由教育部負責協調。第二期第二階段計畫實施自民國八十二至八十六年，教育人員的培訓則側重培訓國中國小種子資訊師資，使其具備資訊知能，除可應用於教學工作外，並可協助推動校務電腦化，以落實國中小資訊教育的紮根工作，委訓單位亦如第一階段包括有教育部、青輔會和行政院人事行政局。教育人員資訊培訓計畫執行單位，將依培訓課程之特色，委託各大專院校資訊相關系所及財團法人培訓單位共同辦理（吳亞君，民83）。此為我國在推動各級學校資訊教育中，有關資訊師資培訓的一個大型計畫，各階段的計畫執行情形如下（吳亞君，民83）：

(一)資訊人才推廣教育五年計畫

本計畫執行期間為民國七十三年七月至七十八年六月。本期計畫主要目標為：

1. 提升資訊專業人員與電腦使用者的專業技術。
2. 提高發展資訊系統的生產力。
3. 訓練各級學校電腦教學的教師及行政電腦化所需的人才。

教育人員培訓部分，每年訓練 350 人，五年計畫中培訓高中及職業學校資訊基礎師資及應用師資、國中資訊應用師資及暑期教師資訊進修班，共計培訓教師 3,962 位；另並辦理短期資訊專業研究班（30 至 72 小時）、資訊專題研討會（一至五天），參與教師共計 10,770 位，計畫培訓班級人數詳如表 2-8-1（吳亞君，民 83）。

表 2-8-1　資訊人才推廣教育五年計畫第一期教育人員培訓人數統計表

訓練類別	時長	人數
高中暨職業學校資訊基礎師資	6 個月	1,349
高中暨職業學校資訊應用師資	2-6 個月	747
國中資訊應用師資	3 個月	383
暑期教師資訊進修	2 個月	1,483
資訊專業研究班	30-72 時	98
資訊專題研討會	1-5 天	10,672
合計		14,732

資料來源：吳亞君（民 83）。

開辦之初，為配合推動學校資訊教育所需的資訊專業師資，設有「計算機甲類」、「計算機乙類」和「微計算機類」等三種長期訓練班次，施以六個月的訓練時間，以培養擔任資訊教學所需的資訊電腦專業知能。其中「計算機甲類」係以高中、高工及工專等學校教師為選訓對象；「計算

機乙類」以商專、商職、家事及護理等學校教師為對象，並以「停職留薪」的方式提供教師進修（吳亞君，民 83）。

(二) 第二期第一階段四年計畫

在資訊人才推廣教育五年計畫結束時，政府鑑於世界性的資訊科技快速發展，資訊人力需求的情形依然存在，行政院資訊發展推動小組人才培訓組乃於民國七十七年九月研擬了「邁向公元二〇〇〇年資訊化國家第二期資訊人才推廣教育第一階段訓練計畫」，期能透過積極的資訊人才培訓，以縮短我國與資訊電腦科技先進國家發展上的差距。全期為 12 年，預計分三個階段實施，第一階段自民國七十九年至八十二年，重點放在培訓各級在職教師，使具備專業知識，而能於教學中利用資訊科技，教導資訊觀念（教育部，民 77，引自吳亞君，民 83）。該計畫以年度方式委由資訊工業策進會繼續辦理。本階段計畫有關教育人員之訓練目標如下（教育部，民 77，引自吳亞君，民 83）：

1. 推廣資訊化觀念，以促進資訊化社會的加速實現。
2. 提供教師之資訊應用能力訓練，以培養各級學校在職教師資訊應用教學之知能。
3. 提供資訊專業人員在職訓練之機會，以提升其專業品質。

教育人員培訓部分，自七十九至八十一年，以每年 400 人的訓練量辦理，八十二年因預算縮減，訓練量為 325 人／年。四年計畫中，共計辦理長期班（一週至二十週）高中職資訊應用師資班及資訊教師進修班、國中小資訊應用師資及種子班、教職員電腦使用基礎訓練班、微電腦維修與管理訓練班，及電腦網路技術訓練班，共計培訓教師 3,815 人次。另短期訓練（一至五天）辦理地區性訓練、資訊管理研究班、資訊專業研究班、資訊專題研討會，及行政管理人員資訊研討會，參加教師及行政人員共計 14,399 人次。本階段四年計畫總培訓班次及人數詳如表 2-8-2（吳亞君，民 83）：

表 2-8-2　資訊人才推廣教育第二期第一階段教育人員培訓人數統計表

訓練類別	時長	人數
高中職資訊應用師資班	10 週	665
高中職資訊教師進修班	10 週	85
國中小資訊應用師資班	10 週	771
國中小資訊教師種子班	20 週	429
教職員電腦使用基礎訓練班	4 週	590
微電腦維修與管理訓練班	1-2 週	852
電腦網路技術訓練班	4 週	423
地區性訓練班	30-60 時	10,213
資訊管理研究班	3-5 天	183
資訊專業研究班	30-60 時	2,738
資訊專題研討會	1-3 天	784
行政人員管理資訊研討會	2-4 天	481
合計		18,214

(三)第二期第二階段四年計畫

　　本期計畫自民國八十二年七月至八十六年六月。其目標為培育中小學電腦網路管理及教學資訊多媒體教師、加強中小學教師資訊網路與多媒體應用訓練，提高教學品質、提升通訊科技教育品質、有效培育高級通訊科技人才。除此之外，每年補助地方政府開設一般性電腦應用班，由省市教育廳局針對各縣市教師資訊訓練需求，開辦一般訓練班或短期講習班。教育部於八十二至八十五學年間，已累計培訓中小學教師人數達 60,400 餘人次，約占全部教師人數 32%。預期至八十七年六月止，受過資訊應用訓練教師比例為 40%（教育部電子計算機中心，民 87）。其詳細培訓人數統計如表 2-8-3。

表 2-8-3　八十二至八十五學年度培訓人數統計

班別	82 學年	83 學年	84 學年	85 學年	合計
CAI 應用班	1,509	併入 BCC 班	併入 BCC 班	併入 BCC 班	1,509
BCC 班	1,226	1,486	1,520	1,560	5,792
CAI 設計班	404	479	640	680	2,203
網路應用班				120	120
網路管理班			40	400	440
專業師資班	1,638	959	1,270	840	4,707
一般應用班	8,379	9,700	13,864	13,864	45,807
總計	13,156	12,624	17,334	17,464	60,578

資料來源：教育部電子計算機中心（民 87）。

八十六學年度（八十六年七月至八十七年六月）培訓人數如表 2-8-4。

表 2-8-4　八十六學年度培訓人數

計畫名稱	班別	合計
資訊教育基礎建設計畫	電子計算機概論班	2,650
	電腦輔助教學設計班	1,150
	台灣學術網路技術管理班	1,000
	一般性電腦應用班	13,045
NII 人才培育計畫	網路多媒體教學應用班	750
	台灣學術網路技術管理進階班	400
	資訊媒體製作班	400
	遠距教學教材編製與系統管理班	80
	總計	19,475

資料來源：教育部電子計算機中心（民 87）。

由上所述，我國高級中等以下學校在推動資訊教育之初，資訊師資大多以短期密集訓練方式調訓在職教師。為維持各級學校資訊教師之專業素質，教育部特訂定資訊教師學分認證辦法。一直到民國七十四年國立台灣師範大學奉准成立「資訊教育學系」，我國才有長期正規資訊教師培育單位，培育高中職的資訊老師。其他師資培育之大學也才漸漸在相關系所開授資訊課程，培育各級學校資訊師資。當年台灣師範大學資訊教育系畢業學生，因為是公費培育，所以由政府分發至高中或高職任教，後來由於高中高職漸無師資缺額，且因國中開始實施資訊教學，該系學生才有部分分發國中。另外，三所師範大學工業教育系也培育高工「資訊科」之師資，彰化師範大學商業教育系也培育一部分高商「資料處理科」之師資。到民國八十五年教育部核准國立台南師範學院成立「資訊教育研究所」，才有培育小學資訊教師的單位。教育部同時也鼓勵各師範學院開設資訊相關課程，讓教師在職前培育時就能具備資訊素養。

⋯→ 二、資訊融入教學師資

教育部為紮根落實九年一貫課程中的資訊融入教學，特別推動「種子學校計畫」，由學校自選一個領域，組織一個團隊，向教育部提出申請，如經審查通過，由教育部提供經費。種子學校團隊除了要發展資訊融入教學教材，並應協助學校老師進行各領域之融入教學，同時也要負責輔導附近學校，以為推廣。其計畫大要參見 97 頁。

此項計畫九十一年度共計儲備培訓 736 位種子老師。

台北市教育局為使教師具有電腦基本概念與操作能力，能運用資訊科技及網路環境，蒐集、歸納並分析各類資訊新知，以轉化為多媒體輔助教材。因此，該局對各級學校老師施以資訊基本素養之培訓，教師資訊素養培訓部分分為以下三種方式（韓長澤，民90）：

1. 由學校自行辦理資訊基本素養研習。

2. 委託重點學校辦理資訊科技融入各科教學研習。

3. 委託民間業者於夜間及假日辦理進階資訊素養及資訊科技融入各科

教學研習。

　　各校陸續辦理之研習課程有視窗應用、網路搜尋、多媒體教材製作、光碟教學應用、電腦簡易維修等一般課程。另委託民間業者開設「網路多媒體教材製作培訓」及「資訊軟體應用種子教師訓練」等專業研習課程，供各校教師進修研習，民國八十八及八十九兩年合計辦 3,641 梯次，共計訓練 128,349 人次（韓長澤，民 90）。

　　該局為了解辦理資訊素養培訓之成效，及未來辦理進階班時，能區分教師資訊能力分班教學，於八十九年六月委外設計教師資訊素養檢定系統及題庫，至九十年已完成系統設計，題庫亦於九十年四月底完成，五月起開始進行 Word、Excel、PowerPoint、Windows、Internet 查詢等五種類科之檢定（韓長澤，民 90）。

⋯➔ 三、一般教師的資訊能力培育

　　資訊科技在教育的應用要能普遍落實在中小學教育，除了實際從事電腦教學的資訊教師外，一般教師資訊能力的培養與提升是一個很重要的因素。因此，教育部為了加強中小學教師的資訊應用能力，於民國八十六年所推動為期 10 年的「資訊教育基礎建設計畫」中，特別明訂教師資訊能力指標如下（韓善民，民 90）：

1. 能使用電子郵件及了解網路禮節。
2. 能了解電腦為一般教學工具，了解資訊科技融入各科教學之內涵，會電腦操作並利用電腦做教學活動，會利用電腦工具做班級事務工作之處理。
3. 具備套裝軟體及應用軟體操作素養，會使用電腦輔助教學軟體與網路資源做各種輔助教學活動，會上網搜尋網路上的補充教材，能下載、複製、編輯網路資料，能利用網路教材配合各科做教學活動。
4. 會利用電腦處理學生成績，使用電腦出試題並將試題上網。
5. 會操作電腦教室教學網路廣播系統。
6. 能利用網路資源進行參與互動式教學，會指導學生上網利用網路學

資訊教學

習，能利用網路做班際、校際之聯絡教學。

各縣市為了提升教師的資訊能力，每年都會編列預算，或在教育部的專案補助下辦理各種資訊研習班，因為各縣市辦理的研習梯次與參加的人數太多，無法一一介紹，僅就台北市與高雄市略加說明。

台北市政府教育局為加強教師電腦基本概念與操作能力、提升教師運用網路擷取教學資源知能、革新教學模式及促進教學方式多元化，每年辦理各類資訊素養研習課程，以期每位教師都能具備資訊素養能力，進而達成資訊科技融入各科教學之目標。該局規劃開設之課程內容及參與對象，分述如下（台北市政府教育局，民95）：

1. 基礎課程：如電腦基本概念、電腦簡易維修、視窗應用、電腦輔助軟體教學及光碟教學應用等基礎課程，委由各校依校內教師之教學所需開辦。

2. 進階課程：如網頁製作、多媒體影像處理、互動式網頁程式設計及 CAI 軟體應用，及多媒體影音光碟製作等課程，委由各級資訊重點學校及台北市教師研習中心辦理，對象為各校資訊種子教師。

3. 資訊科技融入各領域教學研討：應用各種電腦軟、硬體設備資源製作教材，提高學生學習興趣，委由各級資訊重點學校及台北市教師研習中心辦理，對象為各校資訊種子教師。

4. 行政人員及資訊專業培訓課程：如校長、教務主任等行政人員運用資訊素養能力及知識經濟等課程，資訊組長或系統管理師專業資訊能力培訓課程，委由台北市教師研習中心辦理。

該局在民國八十八和八十九年，針對高中、高職、國中與國小教師辦理各種電腦研習，總計各校辦理 3,641 場次課程，參加人數達 128,349 人次，詳細統計如表 2-8-5。

表 2-8-5　台北市教育局開設之各校研習場次及人數一覽表

班別	校別	研習場次			研習人數		
		88 年	89 年	小計	88 年	89 年	小計
各校教師資訊研習	高職	241	71	312	9,084	2,675	11,759
	高中	185	212	397	5,018	7,420	12,438
	國中	370	498	868	12,894	15,936	28,830
	國小	740	1,021	1,761	26,536	36,756	63,292
	專業研習	238	65	303	9,430	2,600	12,030
	小計	1,774	1,867	3,641	62,962	65,387	128,349

資料來源：台北市教育局（無日期）。

　　我國資訊師資可分為兩類：一類為負責資訊專業學科授課之專業教師；另一類為具有資訊科技應用能力，能利用資訊科技工具於教學之一般教師。中等學校資訊專業教師包括國中電腦科、高中電腦科（原為電子計算機科）及高職電子計算機科、資料處理科暨資訊科教師。依據「師資培育法」規定，須修畢師資職前教育課程及資訊專門科目，並經教師資格檢定（分初檢及複檢）合格者，方能取得資訊教師資格；其中專門科目自八十六學年度起由各師資培育機構自行規劃認定（教育部電子計算機中心，民 87）。

　　國中自八十七學年度起全面實施電腦必修課程時，其電腦教師資格取得除依據上述「師資培育法」規定外，另教育部及台灣省政府教育廳八十五學年度以前培訓之資訊種子在職教師，其所修科目及學分數若符合「教育部、教育廳資訊種子教師加註國中電腦科教師專門科目及學分對照表」（附錄 2-8-1）認定標準，則可加科登記為國中電腦科教師（教育部電子計算機中心，民 87）。

參考文獻

英文部分

Taylor, R. P. (1980). *The computer in the school: Tutor, tools, tutee.* New York: Teachers College.

中文部分

王全世（民90）。從教育改革來看資訊教育所扮演的角色。**資訊與教育**，**83**，52-62。

台北市政府教育局（民82）。**台北市國民小學資訊教育課程綱要**。台北：台北市政府教育局。

台北市政府教育局（民95）。**台北市政府教育局資訊教育推動現況及未來展望**。台北：台北市政府教育局。

台北市教育局（無日期）。開設研習課程。民97年11月12日，取自：http://www.edunet.taipei.gov.tw/public/public.asp? SEL=51

台灣省政府教育廳（民73a）。**台灣省各級學校實施電腦教學計畫**。

台灣省政府教育廳（民73b）。**台灣省商業資訊教育實驗報告：民國72年8月至民國72年7月**。

台灣省政府教育廳（民77）。**台灣省國民中小學資訊教育及應用推展計畫（草案）**。台灣省政府教育廳。

台灣省政府教育廳（民80）。**電腦入門**。台北：台灣書店。

行政院（民73）。**行政院政府機關資訊體系規劃報告：政府機關電腦化計畫服務團**。

何榮桂（民85）。國中電腦課程標準的內涵與特色。**資訊與教育，51**，2-10。

何榮桂（民90）。從九年一貫新課程規劃看我國資訊教育未來的發展。**資**

我國資訊教育發展

訊與教育，**85**，5-14。

何榮桂、韓善民（民 86）。我國中小學資訊教育的推展策略、問題與展
望。**社教雙月刊**，**81**，7-14。

吳正己、張啟中、陳敏惠、賴皇觀（民 87）。台北市兒童資訊教育實施現
況。**教育研究資訊**，**6**（4），155-164。

吳亞君（民 83）。教育人員的資訊推廣教育。**資訊與教育**，**41**，35-41。

吳鐵雄（民 71）。電腦輔助教學。載於李進寶（編著），**電腦輔助教學選
集**（頁 17-30）。台北：國立台灣師範大學電子計算機中心。

吳鐵雄、梁恆正（民 83）。台灣地區中小學資訊教育現況與困難。**中等教
育**，**44**（6），6-31。

李咸林（民 77）。台北市職業教育輔導團商科資訊教育推展組七十六學年
度綜合報告。**資訊與教育**，**7**，32-35。

高雄市政府教育局（民 94）。**高雄市資訊教育白皮書**（94 年）。高雄：高
雄市政府教育局。

國立台灣師範大學科學教育中心（民 75a）。**高級中學電子計算機上、下
冊**。台北：國立編譯館。

國立台灣師範大學科學教育中心（民 75b）。**電子計算機上冊修訂本教學
指引**。台北：作者。

國立台中高級工業職業學校（民 90）。資訊教育的課程發展。**臺灣工業職
業教育五十年**，172-179。

張慶勳、余宗樺、曾禎祥（民 90）。國小推行資訊教育之現況與困境。**國
教天地**，**144**，58-66。

教育部（民 72）。**國民中學課程標準**。台北：正中書局。

教育部（民 74）。**高級中學課程標準**。台北：正中書局。

教育部（民 77）。**邁向公元兩千年資訊化國家資訊人才推廣教育第一階段
訓練計畫**。台北：教育部。

教育部（民 82）。**國民小學課程標準**。台北：正中書局。

教育部（民 83）。**國民中學課程標準**。台北：正中書局。

資訊教學

教育部（民 84）。**高級中學課程標準**。台北：正中書局。

教育部（民 89）。**國民教育九年一貫課程暫行綱要**。台北：作者。

教育部（民 92）。**「教育部資訊教育辦理現況」專案報告**。台北：教育部
　　電子計算機中心。

教育部電子計算機中心（民 77）。**我國資訊教育現況，教育部資訊教育叢
　　書**⑼。台北：教育部電子計算機中心。

教育部電子計算機中心（民 87）。**教育部光碟集錦介紹專輯**。台北：教育
　　部電子計算機中心。

教育部電子計算機中心（民 96）。**教育部補助資訊種子學校建置及教師團
　　隊培訓作業要點**。台北：教育部電子計算機中心。

陳文進（民 89）。我國資訊教育之演進與未來發展。**資訊與教育**，**80**，
　　78-88。

湯惠誠（民 82）。國中資訊教學策略之芻議。**資訊與教育**，**38**，26-30。

黃淑娟（民 82）。高雄市資訊教育之現況與展望。**資訊與教育**，**36**，
　　22-24。

黃淑娟（民 86）。高雄市資訊教育推動現況。**資訊與教育**，**61**，22-24。

葉晉華（民 84）。國民中小學資訊教育實施現況概述。**教育部電子計算機
　　中心簡訊**，**8410**。

鄭秀真（民 87）。以日本為鏡談我國國小資訊教育的現況與展望。**教育資
　　料文摘**，**41**（1），159-172。

鄭麗雪（民 82）。台北市資訊教育之現況與展望。**資訊與教育**，**36**，
　　17-21。

鄭麗雪（民 86）。台北市資訊教育的實施現況與展望。**資訊與教育**，**61**，
　　15-21。

顏永進、何榮桂（民 90）。資訊融入健康與體育領域教學。**教師天地**，
　　112，71-75。

韓長澤（民 90）。台北市資訊教育推動之現況與未來發展。**公訓報導**，
　　94，4-9。

韓善民（民90）。我國資訊教育發展現況與展望。**資訊與教育**，**81**，7-12。

電腦輔助教學

在 Taylor 對電腦在教育上的應用歸類中，"Tutor"一詞是指電腦在教學上的應用。要了解電腦在教學上的使用，我們應先了解兩個名詞，即電腦管理教學（Computer Managed Instruction，簡稱 CMI）和電腦輔助教學（Computer Assisted Instruction，簡稱 CAI）。前者大致是指將電腦應用在教務方面，不只是用在實際協助教學，而且涉及課程的設計、教學計畫的擬定、教學的安排，及教學效果的評鑑等。至於後者，則專指利用電腦設計一套完整的教學材料，以協助教師從事個別化的教學，使學生能按照自己的能力與進度進行學習，同時也能記錄個別學生學習的進度，幫助教師了解學生的學習情形，考核其學習結果等（吳鐵雄，民 71）。

自從一九四五年美國賓州大學（University of Pennsylvania）的 Mauchly 和 Eckert 發明第一部電腦以來，電腦便迅速被運用到各領域，而且其發展更是日新月異。電腦在教學上的應用可追溯到一九五〇年代。當時美國國際商業機器公司（International Business Machine，簡稱 IBM）的三位研究者 Uttal、Anderson 和 Rath，首先完成第一個教二進位算術的電腦輔助教學課程（Baker, 1978）由於當時電腦功能的限制，此項嘗試的效果並不理想（吳鐵雄，民 71）。到了一九六〇年，IBM 公司發展出第一個為撰寫電腦輔助教學課程用的程式語言——Coursewriter I，使得教育工作者能更直接地設計電腦輔助教學課程（McLagan & Sandborgh, 1977）。自此之後，電

腦輔助教學便在美國蓬勃發展，其中以三個大學的計畫最為重要：第一是史丹福大學（Stanford University）社會科學數學研究院（Institute for Mathematical Studies in the Social Science，簡稱IMSSS），於一九六三年由Suppes和Atkinson兩人負責，在美國教育署（United States Office of Education）支持下所進行的小學數學邏輯課程與閱讀課程之研究；其次，是一九六〇年代，伊利諾大學（University of Illinois）在國家科學基金會（National Science Foundation，簡稱NSF）支助下，與Control Data Corporation（CDC）公司合作開發的PLATO（Programmed Logic for Automatic Teaching Operations）系統；第三個計畫是由MITRC公司和楊百翰大學（Brigham Young University）在一九七二年利用迷你型電腦（mini computer）所發展的TICCIT（Time-shared, Interactive, Computer-Controlled, Information Television）系統（吳鐵雄，民71）。我國電腦輔助教學的發展就是由引進PLATO系統的觀念開始。

電腦輔助教學是事先將一些經過縝密設計的教材存入電腦，學生可以經由終端機（terminal）按一定的步驟，以自己的進度或需要將某一課程內容「叫出」，進行一連串的自我學習。這種活動不但可以隨時終止、自動記錄學習歷程及結果、考核學生的學習結果，並且師生亦可經由電腦達到問答溝通（吳鐵雄，民71）。早期電腦輔助教學的觀念奠基於行為心理學（Behavior Psychology），深受Skinner教學機（teaching machine）和編序教學（programmed instruction）的影響（李進寶，民71）。教學機是因應教學工具的需求而生，以提高教學效果。其設計可追溯到一九二四年Pressy所製成的自動測驗機（testing machine），而開始教育機械化時代。到了一九五〇年代，由於美國合格教師的缺乏，為了配合教學上的需要，哈佛大學心理學教授Skinner便依其心理學的理論，建立編序教學法，進而設計成教學機（Skinner teaching machine）。教學機的構想乃電腦輔助教學的發軔（吳鐵雄，民75）。

我國電腦輔助教學的發展先從大學開始，再慢慢向下延伸到中學、小學及訓練部門，並由學術單位擴展到民間業界（吳鐵雄，民80）。其間學

術單位從理論探討到課程軟體（courseware）的開發，奠定發展的基礎。當年國家科學委員會（簡稱國科會）剛成立的科學教育處（簡稱科教處），於民國七十一年推動的國中電腦輔助教學計畫，則是第一個政府單位的電腦輔助教學計畫，但都是個別的零星計畫。直到民國七十三年，由教育部和國科會共同主持的國家型電腦輔助教學計畫，才真正引起國人對電腦輔助教學有較為普遍的認識與注意，奠定蓬勃發展的基礎。

從民國七〇年代初期，國科會開始大力支持學者進行有關電腦輔助教學的學術研究（詳見第七章）。教育部及省市廳局也推動各項電腦輔助教學計畫，這些計畫包括課程軟體開發、課程軟體設計師資培訓、課程軟體設計工具開發、課程軟體評估方式、學術研討會及獎勵制度等，成果頗為豐碩。教育部為落實成效，並將國內歷年所開發的電腦輔助教學軟體彙整成「好學專輯」，分送各級學校使用。民國七十五年台灣省政府教育廳更推動「電腦在專業科目上的應用」計畫，開發電腦在專業科目應用教學的軟體（吳鐵雄，民80），可視為另一種形式的電腦輔助教學。教育部為了有效地推動並落實電腦輔助教學，於民國八十一年規劃完成「電腦輔助教學軟體發展及推廣五年計畫書」（教育部，民81）。以下各節分別說明我國電腦輔助教學推動情形。

➡️ 第一節　我國電腦輔助教學的發展

早在一九六〇年代初期，美國有不少的廠商和大學即已從事CAI的研究與發展。其他資訊工業的先進國家，大致於一九六〇年代末期以後才陸續加入研究陣容（李進寶，民71）。在我國首先將電腦輔助教學觀念引入的是前淡江大學校長張建邦先生。張校長在伊利諾大學留學時接觸過PLATO系統，在他回國後認為值得將電腦輔助教學的觀念引進國內，於是便在淡江大學成立研究團隊，進行電腦輔助教學軟體的研發。電腦輔助教學在我國雖自民國六十五年就已經開始研究（張建邦，民67），但初期並未引起太多的注意，直到民國七十年開始，才如雨後春筍般地發展，不但在大學

進行研發，也在高級中等學校實際應用於教學，並引起政府單位及一些事業單位的注意，甚至有私人軟體公司投入，實地營運發售教材軟體（吳鐵雄，民75）。

吳鐵雄（民80）將我國電腦輔助教學的發展分為：萌芽期與發展期等兩個階段，前者為民國六十五至七十二年；後者則為民國七十三年以後。到網路在國內慢慢成熟普遍之後，電腦輔助教學便轉為數位學習，而有另一波的發展。

在這個階段，有關電腦輔助教學的研究與發展，都屬於政府單位、事業機構、學校或私人企業零星在進行而已。所使用的設備也大部分為大型或迷你型電腦，直到國內開始生產微電腦（micro computer）或個人電腦（personal computer），才開始嘗試在個人電腦研發電腦輔助教學軟體。

⋯➔ 一、電腦輔助教學的萌芽期

民國六十五年淡江大學首先引進電腦輔助教學，並利用 IBM370 電腦系統發展大一英文的電腦輔助教學教材軟體（Wu, 1987）。歷經兩年的實驗發展成效不佳，主要是電腦硬體設備及軟體技術的問題。因此，在民國七十一年該校又購置了 Regency RC-1 系統，並以 Simpler 來發展課程軟體，且引進 PLATO 軟體系統，每年派教師至美國進修 CAI，以改進設計技巧。在這段期間淡江大學所發展的 CAI 軟體，也擴展到數學、物理、商學等學科（吳鐵雄，民78，民80）。淡江大學開設的 CAI 課程軟體總共可大致分為三期，其研發的課程軟體包括大學與高中的課程，詳細的情形如表3-1-1（教育部電子計算機中心，民77b）。

中興大學於民國七十一年也在行政院主計處的支持下，與 CDC 台灣分公司合作，安裝一套 CYBER 170-720 電腦，以 PLATO 系統的課程軟體進行電腦輔助教學研發，預定將部分 PLATO 系統中的教材軟體中文化，以為國內各級學校使用。其所用的主機設在台中校本部，終端機共有五部，其中一部由行政院主計處使用，後該校又擴充五部終端機，以進行農經、電腦、物理、微積分、英文等科目之 CAI 實驗教學（教育部電子計算機中

表 3-1-1　早期淡江大學電腦輔助教學發展狀況

期別	時間	課程軟體名稱
第一期	民國 65.8-66.2	大一英文、微積分、物理、化學、電腦概論、式譯語言、會計學㈡、統計學、商用微積分
第二期	民國 66.2-67.7	高中英文、英文文法、經濟學、教育資料科學導論、彙集語言
第三期	民國 67.1	夜間部用大一英文、電工學、會計學㈡、企業管理、成本會計、英文字彙、了解圖書館、認識中央極限定理、遊戲三則、管理會計與決策、經濟學、GRE、飛機及飛彈對抗遊戲

心，民 77b）。可惜此計畫進行才兩年，就因各種因素無法配合而告中斷（吳鐵雄，民 80）。

　　民國七十年，行政院鑑於國中未升學未就業畢業生在社會上產生一些問題，因而啟動一個輔導計畫。國立台灣師範大學為配合此計畫，於民國七十一年購置一部 MODCOMP 電腦系統，並組織了 CAI 推動小組，投入人力在電腦補助教學的研究上，在教育部及國科會的補助之下，發展了國中英文、數學等科目的教材軟體。

　　至於在高級中等學校方面，台中縣私立明道高級中學利用 Regency 微電腦發展若干教材軟體，並進行實地的實驗研究工作，發現效果良好（曾錦達，民 73）。另外，高雄市私立大榮高工也於民國七十年，在其校長領導下開發各科 CAI 教材軟體，並實際在教學中使用所發展的軟體。

　　行政院國科會科學教育發展處於七十一年四月至七十五年六月推動「電腦應用於數理科教學研究」實驗計畫，利用 Apple 機型微電腦研發國中數學、化學、物理、生物等四個科目各十單元之課程軟體，培育 CAI 教材軟體設計人才 30 人；並試探教導式（tutorial）、模擬式（simulation）、遊戲式（gaming）教材軟體設計原則及模式、單元課程軟體設計說明之格式，和探討 CAI 教學實驗評估之模式（教育部電子計算機中心，民 77b）。有

關國科會科學教育處的此項計畫，更詳細情形請參閱第七章。

電信研究所則於七十年十二月購置三部 Regency 電腦發展其電信訓練相關課程軟體，包括室內電話機裝機及移機申請程序、工作安全、國際話務員訓練、光纖通信等。資策會則於七十一年九月開始以 Regency 電腦設計地理學科的課程軟體，以及配合錄影機同步使用之高工示波器的使用，及日光燈的原理與檢修兩單元（教育部電子計算機中心，民 77b）。

以上各單位在這時期所開發的電腦輔助教學課程軟體單元，大致如表3-1-2（教育部電子計算機中心，民 77b）。

在這段期間，若干軟體業界也對 CAI 表現出濃厚的興趣，發售了國中數學、英文、理化等教材軟體。也有些公司投入中文系統、動畫方面等的開發，以期提升 Apple II 電腦的功能，提供 CAI 軟體設計較佳的環境，給國內 CAI 的發展投入不少的生命力。只是這些公司後繼無力，都在民國七十二年前後陸續結束營運，殊為可惜。在此階段，中華民國的電腦輔助教學才剛起步，大部分只是點的研究與嘗試，並未蔚為風氣。也因為八位元電腦本身功能的限制，再加上教育行政單位並未表現出應有的支持，電腦輔助教學在民國七十二年左右曾有過短暫晦暗的時期，一直到七十三年才又開始蓬勃發展（吳鐵雄，民 80）。

···→ 二、電腦輔助教學的發展期

從民國六〇年代開始，行政院每年都會利用暑期召開一年一度的國家建設會議（簡稱國建會），邀集海內外學者專家聚集一堂，討論國家政治、經濟、社會、教育和文化等重大事宜。民國七十二年七月政府召開科技國建會，專門研討有關科技發展與應用的問題。會中「資訊教學組」學者認為我國研究發展電腦輔助教學，因經費龐大、教材軟體及人才等缺乏，故全面實施電腦補助教學時機尚未成熟，不可貿然全面推動，應先蒐集國外資料，吸取研究發展經驗，並先選定重點科目進行研究及實驗（教育部、國家科學委員會，民 73），遂向政府建議開始實驗電腦輔助教學在我國推動的可行性。此項建議案使我國電腦輔助教學邁入蓬勃發展的時期。翌年，

表 3-1-2　早期國內加入 CAI 研究發展學術及研究機構情形

學術單位	發展時間	使用機型	課程軟體科目／單元	對象
淡江大學	民國 64 年	早期 IBM-370 近期 Regency & Simpler	大一英文、英文文法、高中英文、教育資料科學導論、微積分、物理、化學、電腦概論、式譯語言、彙集程式語言、會計學、成本會計、經濟學、企業管理	大學為主
中興大學	民國 71 年	CDC PLATO	進行農經、電腦、物理、微積分、英文等科目之 CAI 實驗教學	大學
明道中學	民國 72 年 2 月	Regency	數學、物理、化學、生物等實用單元	高中
台灣師範大學	民國 71 年	Simpler	數學、化學	國中
電信訓練所	民國 70 年 12 月	Regency	室內電話機裝機及移機申請程序、工作安全、國際話務員訓練、光纖通信	
國科會	民國 71 年 4 月	Apple	國中物理、數學、化學、生物示範單元	國中
資策會	民國 71 年 9 月	Regency	國中地理示範單元示波器的使用、日光燈的原理與檢修	國中高職

行政院將此項建議案交由教育部與國科會共同執行。於是兩個單位乃於七十三年三月正式成立推動小組，進行電腦輔助教學實驗工作，我國第一個國家 CAI 計畫於焉開始（吳鐵雄，民 80）。

　　國建會與會人員衡量我國當時情況，要全面推動電腦輔助教學仍有下

列限制（教育部、國家科學委員會，民73）：

1. 所需經費龐大，短期內不易全面推廣：所需經費分硬體購置費、維護費，及軟體設計費（平均每小時的課程軟體設計費為新台幣12萬元），若在各級學校、各門課程全面推廣，必為一筆十分龐大的費用。

2. 教材軟體編寫不易：目前從事電腦輔助教學專業人員不足，加以編寫一小時的課程軟體費時甚久，所以設計一份優良的課程軟體並不容易。

3. 教材軟體欠流通性：由於未發展出共同的編者語言（authoring language），以致課程軟體無共通性，無法廣泛使用。

4. 教師對電腦輔助教學認識不足：一般中小學老師不太了解電腦輔助教學的功能，會誤以為電腦輔助教學將取代老師角色，致對使用電腦輔助教學造成不適應的心理，影響了它的推行。

由於上述的限制，與會學者咸認為，當時電腦輔助教學工作的重點應為培訓電腦輔助教學課程軟體的編寫人才，以為日後推廣的根基，並就各階段教育選定重點科目，試行發展課後輔導之教材，並進行實驗評估。

計畫執行之初由教育部與國科會共同訂定計畫目標，可歸納為五項（教育部、國家科學委員會，民73）：

1. 引進國外發展成功之教材軟體，製作成教材發展的範例。

2. 編製電腦輔助教學參考資料一冊。

3. 培訓發展教材軟體之專業人才。

4. 發展國小數學、國中數學、高中數學、國中英語及高工電子學等五科目之課後輔導形式教材軟體。

5. 探討電腦輔助教學對學生學習態度、學習成效，及教師態度之影響。

為使計畫能順利推動，教育部與國科會邀集國內熱心電腦輔助教學的學者，組織一個工作委員會，其架構與職責如下（教育部、國家科學委員會，民73）：

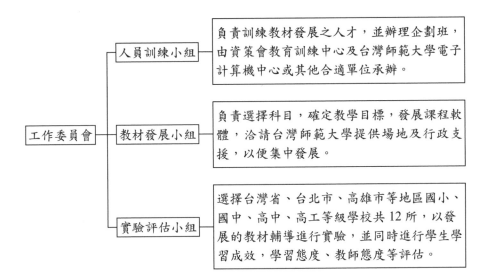

其各組召集人與各分組負責教授如下（教育部、國家科學委員會，民73）：

(一)人才訓練組

召集人：李進寶（資策會教育訓練中心）

(二)教材發展組

1. 召集人：趙文敏
2. 各分組主持人
   國小數學：黃敏晃（台灣大學數學系）
   國中數學：林福來（台灣師大數學系）
   國中英語：周中天（台灣師大英語系）
   高中數學：趙文敏（台灣師大數學系）
   高工電子：施富義（中正理工學院電機系）
3. 資訊專家：趙榮耀（淡江大學）、吳傳嘉（台灣工業技術學院電算中心）

4. 心理專家：吳鐵雄（台灣師大教育心理系）

5. 教育專家：林邦傑（政治大學心理系）

(三)實驗評估組

1. 召集人：吳鐵雄（台灣師大教育心理系）

2. 各分組研究員

國小數學：呂溪木（台灣師大數學研究所）

國中數學：吳鐵雄（台灣師大教育心理系）

國中英語：黃自來（台灣師大英語系）

高中數學：陳俊生（彰化教育學院數學系）

高工電子：陳忠志（高雄師範學院物理系）

計畫執行之時，因為當時我國中小學教師中具有電腦輔助教學教材軟體設計經驗者為數有限，因此，此計畫共分三個階段進行（吳鐵雄，民80；教育部、國家科學委員會，民73）：

(一)第一階段為人才培訓

此部分辦理兩項工作：

1. 電腦輔助教學企劃班

在七十四年七月舉辦，為 12 個半天之課程。參加人員包括上述各組召集人、各分組負責人及教育行政主管人員等，共約 25 人。其目標是（教育部、國家科學委員會，民76）：

企劃班的主要任務是對未來教材發展及實驗評估等兩項工作，進行初步的規劃及擬定基本規範。因此，企劃班將以討論的方式完成下列工作：

(1)認識電腦輔助教學實驗研究的計畫內容和目的，以利本計畫的推動。

(2)觀摩國內、外發展完成的課程軟體（courseware），以便吸收經驗，供本研究計畫之參考。

(3)探討電腦輔助教學課程軟體設計之原理，以訂定未來教材發展的模

式與規範。

(4)探討專案管理的技術，以期計畫能按進度實施，順利完成。

2. 電腦輔助教學研究班

研究期間為四星期，擬訂在七十四年八月舉辦。研究班的主要任務在培育學校老師，使其成為發展課程軟體之專業人才；同時將從中選拔優秀教師，參與電腦輔助教學實驗研究計畫的課程軟體發展工作。因此，研究班的目標如下（教育部、國家科學委員會，民76）：

(1)認識電腦輔助教學實驗研究的計畫內容和目的。

(2)培養評估課程軟體的能力。

(3)熟悉編制課程軟體的原理與技巧。

(4)熟悉評估電腦輔助教學之效益的理論與方法。

(5)了解新科技在電腦輔助教學的應用與趨勢。

共調訓國小、國中、高中、高職在職教師約60人，於民國七十三年暑期進行密集式訓練兩個月，訓練內容除了CAI基本概念、腳本設計技巧、軟體設計外，並包括了教育心理學等。訓練結束時，自受訓者中甄選15位各級學校老師，參與軟體開發工作。

(二)第二階段為軟體開發

因為當時國產 Apple II 電腦中文處理能力有限，為了避免中文造成太多困擾，此階段選擇國小、國中和高中數學，以探討在各級學校CAI對數學的教學效果，另再加國中英語和高工電子學共五科作為實驗的科目。每科均成立一個研發小組，由一位學科教授、三位學科教師和一位程式設計員組成，並另外有一位教育學者和一位教育心理學者參與各組之設計工作，各組設計者均全部集中在國立台灣師範大學一起討論腳本設計。如此反覆討論與修改，歷經約半年時間才完成腳本設計，最後每科均完成五至六個單元的教材軟體。並規定每單元教材應包括下列幾項：

1. 教材發展的流程。

2. 每一畫面之內容及格式。

3. 每一表格之規格。

4. 回饋之補語。

5. 前測、後測之試題。

6. 學生作答分析及紀錄。

7. 教師手冊及使用者手冊。

(三)第三階段為實驗評估

本計畫的目標在探討電腦輔助教學與傳統教學在學生學習成就，學習態度、學習保留量及學習時間方面有無差異。故此階段工作分教材軟體形式評鑑與教學實驗兩部分。

1. 學習軟體形式評鑑

(1)組成人員

每一學科聘請三位專家擔任評審，其中包括教育心理學家一位、電腦輔助教學專家兩位，負責教材軟體品質之評量，並將審查意見送交電腦輔助教學教材發展工作小組進行修改。

(2)工作日程

每一學科預定發展五個單元，各單元之形式評鑑及修改工作，均須於七十五年二月底以前完成。

2. 教學實驗

為了解所設計完成之教材軟體的教學效果，推動小組自台北市、台灣省和高雄市各選擇一所小學、國中、高中和高職，再加上國立台灣師範大學附屬中學，共 13 所學校進行實地教學實驗，每所學校由教育部補助一間電腦教室的十六位元微電腦設備作為實驗之用。每一科目由一位教授負責實驗工作之進行。參與實驗評估的學校如下（教育部、國家科學委員會，民 76）：

國小：台北市民生國小、省立屏東師專實驗小學、高雄市中山國小。

國中：台北市西松國中、屏東縣中正國中、高雄市光華國中。

高中：國立台灣師範大學附中、台北市建國中學、省立新竹中學、高
雄市前鎮高中。

高工：台北市大安高工、省立桃園農工、高雄市海清工商。

此項評估於七十四年八月至十二月間進行。除探討 CAI 的教學效果外，同時也調查學生的態度。實驗教學採實驗研究法等組設計，設計的步驟如下：

(1)用隨機方法選擇受試者，並以隨機分派方式，將受試者分派到實驗組和控制組。

(2)實驗組接受電腦輔助教學，控制組接受傳統教學。

(3)在實驗處理後，兩組均接受學習成就測驗。

此計畫之經費包括推動小組經費 138 萬元，人才培訓組 528 萬元，軟體發展組 295.6 萬元，和實驗評估組（包括補助 13 所實驗學校之硬體設備經費）為 2,010.8 萬元，合計全部經費共為 2,972.4 萬元（Wu, 1987）。此計畫實驗效果良好（吳鐵雄，民 76），各方面反應頗佳。因此，教育部於民國七十四年開始推動另一個電腦輔助教學計畫，奠定我國電腦輔助教學長期發展的基礎。

第二節　電腦輔助教學課程軟體發展計畫

在教育部與國科會共同主持的國家型電腦輔助教學計畫尚在執行中，為了充實我國電腦輔助教學軟體，以便將電腦輔助教學落實在中小學教學中，教育部便開始規劃進一步的電腦輔助教學計畫。於民國七十四年正式推動「高職電腦輔助教學五年研究發展計畫」，此後陸續規劃各種大型計畫。同時，省市廳局及國科會也分別推動各項計畫，為我國電腦輔助教學的發展與應用奠定堅實的基礎。國科會所推動的各項計畫都屬學術研究，將於第七章說明，各教育行政機構所推動的大型計畫分述如後。

教育部於民國七十四年推動高職電腦輔助教學五年研究發展計畫，預計以五年時間要開發適用於高職各科教學之教材軟體 500 個單元。到民國七十五年，統整教育部的「高工及高商電腦輔助教學四年推動計畫」，同時由於其他教育行政單位也計畫發展電腦輔助教學，因此，教育部結合國科會、台北市教育局、台灣省教育廳及高雄市教育局，將高職 CAI 計畫擴大為各級學校 CAI 軟體發展計畫，預計到民國七十九年，以四年時間開發 2,000 個單元之 CAI 教材軟體，以便建立我國 CAI 軟體銀行。可惜由於種種因素的影響，最後共只完成 764 個單元的教材軟體，與預期目標有相當大差距。

此項計畫的詳細內容請參閱附錄 3-2-1，其大致內容簡介如下（教育部，民 75）。

(一)計畫目標

1. 利用電腦協助教師實施補救教學。
2. 逐步建立中華民國電腦輔助教學課程軟體銀行。
3. 發展中文電腦輔助教學編輯系統。
4. 加速培育電腦輔助教學技術發展人才。
5. 建立電腦輔助教學課程軟體審查制度。
6. 鼓勵民間軟體公司發展課程軟體加速各學科軟體銀行之建立。

(二)課程軟體銀行之建立

共分兩個階段：

1. 第一階段（七十五年七月至七十七年六月）

本階段發展高工補救教學形式之電腦輔助教學課程軟體，全部共計擬發展 183-188 個單元，其分配如下：

(1)電子學：總共開發 47 個單元，計七十六會計年度教育部 15 個單元、教育廳五個單元；七十七會計年度教育部 12 個單元、國科會五個單元、教育廳 10 個單元。

(2)基本電學：總共擬發展 47 個單元，其中七十六會計年度教育部 15 單元、國科會五個單元；七十七會計年度教育部 12 個單元、國科會五個單元、台北市教育局 10 個單元。

(3)機械力學：共擬發展 47 個單元，其中七十六會計年度教育部 15 個單元、台灣省教育廳五個單元；七十七會計年度教育部 12 個單元、國科會五個單元、高雄市教育局 10 個單元。

(4)機械製圖：共擬研發 47 個單元，七十六會計年度教育部 15 個單元、國科會五個單元；七十七會計年度教育部 12 個單元、國科會五個單元、台灣省教育廳 10 個單元。

本階段所擬發展的單元如表 3-2-1。

2. 第二階段（七十七年七月至七十九年九月）

本階段發展高商及高工補救教學形式之電腦輔助教學課程軟體，全部總共擬開發 232 個單元教材。

(1)高工一年級數學：共 48 個單元，其中七十八會計年度教育部 12 個單元、台灣省教育廳 12 個單元；七十九會計年度教育部 12 個單元、台灣省教育廳 12 個單元。

(2)高工二年級數學：共計 48 個單元，七十八會計年度教育部 12 個單元、台北市教育局 12 個單元；七十九會計年度教育部 12 個單元、台北市教育局 12 個單元。

(3)高商經濟學：總共 64 個單元，計七十八會計年度教育部 12 個單元、國科會八個單元、高雄市教育局 12 個單元；七十九會計年度教育部 12 個單元、國科會八個單元、高雄市教育局 12 個單元。

(4)高工邏輯電路：共 36 個單元，其中七十八會計年度教育部 12 個單元、國科會 12 個單元、台灣省教育廳 12 個單元。

表 3-2-1　教育部高職電腦輔助教學計畫第一階段開發單元統計表

年度　科別	76 會計年度（75 年 7 月-76 年 6 月）部、廳、局分配單元數	77 會計年度（76 年 7 月-77 年 6 月）部、廳、局分配單元數	備註
1. 電子學	教育部 15 個單元	教育部 12 個單元　國科會 5 個單元	合計 47 個單元
	教育廳 5 個單元	教育廳 10 個單元	
2. 基本電學	教育部 15 個單元	教育部 12 個單元　國科會 5 個單元	合計 47 個單元
	國科會 5 個單元	台北市教育局 10 個單元	
3. 機械力學	教育部 15 個單元	教育部 12 個單元　國科會 5 個單元	合計 47 個單元
	教育廳 5 個單元	高雄市教育局 10 個單元	
4. 機械製圖	教育部 15 個單元	教育部 12 個單元　國科會 5 個單元	合計 47 個單元
	國科會 5 個單元	教育廳 10 個單元	
合計：教育部 60 個單元　　　國科會 10 個單元　　　教育廳 10 個單元	教育部 48 個單元　國科會 20 個單元　台北市教育局 10 個單元　高雄市教育局 10 個單元　教育廳 20 個單元		

(5)高商會計學：共計 36 個單元，其中七十九會計年度教育部 12 個單元、國科會 12 個單元、台灣省教育廳 12 個單元。

本階段各單位所研發的教學單元如表 3-2-2。

表 3-2-2　教育部高職電腦輔助教學計畫第二階段開發單元統計表

年度 科別	78 會計年度 （77 年 7 月-78 年 6 月） 部、廳、局分配單元數	79 會計年度 （78 年 7 月-79 年 6 月） 部、廳、局分配單元數	備註
1. 高工一年 級數學	教育部 12 個單元 教育廳 12 個單元	教育部 12 個單元 教育廳 12 個單元	合計 48 個單元
2. 高工二年 級數學	教育部 12 個單元 台北市教育局 12 個單元	教育部 12 個單元 台北市教育局 12 個單元	合計 48 個單元
3. 高商經濟 學	教育部 12 個單元 國科會 8 個單元 高雄市教育局 12 個單元	教育部 12 個單元 國科會 8 個單元 高雄市教育局 12 個單元	合計 64 個單元
4. 高工邏輯 電路	教育部 12 個單元 國科會 12 個單元 教育廳 12 個單元		合計 36 個單元
5. 高商會計 學		教育部 12 個單元 國科會 12 個單元 教育廳 12 個單元	合計 36 個單元
合計：教育部 48 個單元 　　　國科會 20 個單元 　　　台北市教育局 12 個單元 　　　高雄市教育局 12 個單元 　　　教育廳 24 個單元	教育部 48 個單元 國科會 20 個單元 台北市教育局 12 個單元 高雄市教育局 12 個單元 教育廳 24 個單元		

　　教育部「高職電腦輔助教學五年研究發展計畫」除了上述所發展的高工與高商電腦輔助教學單元，實際上從民國七十五年開始，整個計畫所研發的教學單元也包含專科、高中、國中、國小與特殊教育等。全部開發的教學單元的詳細科目名稱與單元數如表 3-2-3 所示。

表 3-2-3　電腦輔助教學教材軟體發展單元一覽表

學校	科目	會計年度					合計
		76 年	77 年	78 年	79 年	80 年	
專科	COBOL 語言				20		20
高工	機械製圖	12	32	10	10		64
	機械力學	18	20	10			48
	電子學	18	10	10	12		50
	基本電學	12	20	15			47
	培基語言				20		20
	製圖與識圖				20	25	45
	機件原理				20		20
	汽車修護				10		10
	電器維護				10		10
高商	商業概論		6	14			20
	會計學		30			20	50
	經濟學		13	14			27
	統計學				20		20
國中	數學			22	28	74	124
	英語			14	14	28	56
	物理					21	21
國小	數學			14	19	18	51
高中	數學			40			40
特教	啟智					11	11
	啟聰					10	10
總計		60	131	163	203	207	764

┈→ 二、教育部「電腦輔助教學發展計畫」

我國電腦輔助教學歷經民國七十三年的國家型計畫，以及教育部的「高職電腦輔助教學五年研究發展計畫」，國人對電腦輔助教學漸有認識，也引起政府相關部門的重視。因此，行政院資訊發展推動小組第二十次會議的決議，對電腦輔助教學之發展政策提出下列六點建議：

1. 鼓勵民間軟體公司發展課程軟體，並加速建立各學科軟體資料庫。
2. 建立電腦輔助教學課程軟體審查制，以提升品質。
3. 繼續培養電腦輔助教學的技術發展人才。
4. 研究多媒體電腦輔助教學系統。
5. 研究利用電傳視訊系統以推廣電腦輔助教學課程軟體。
6. 研究結合人工智慧發展電腦輔助教學。

教育部於是在民國七十七年依據此項政策擬定本計畫以期落實電腦輔助教學的發展，並促進教學品質的提升。詳細內容請參閱附錄 3-2-2，以下僅摘錄計畫主要內容（教育部，民 81；教育部電子計算機中心，民 77a）。

(一)計畫目標

教育部擬定的計畫目標為：

1. 利用電腦輔助教師實施補救教學。
2. 於三年內完成 1,000 個單元各級學校所需電腦課程軟體，並建立課程軟體銀行。
3. 鼓勵及協助民間公司發展課程軟體。
4. 繼續培養電腦輔助教學技術發展人才，每年培養 640 人，至八十一年度共培養 1,920 位各級學校之在職教師。
5. 會同有關單位共同研訂政策方向，建立整體發展策略，規劃課程軟體開發方式及範圍。
6. 建立電腦輔助教學軟體審查制度，以確保課程軟體品質。
7. 於三年內完成結合視訊系統，以推廣電腦輔助教學課程軟體技術。

8. 研究低價位之多媒體電腦輔助教學系統。

9. 繼續發展中文電腦輔助教學編輯系統。

10. 訂定電腦輔助教學發展技術參考指引規範。

11. 調查及評估世界有關國家電腦輔助教學發展及推廣狀況。

12. 辦理電腦輔助教學學術研討會。

(二)實施方式

本計畫預計要推動下列幾項工作：

1. 發展各級學校電腦輔助教學課程軟體

電腦輔助教學的推動最重要的是要有足夠的課程軟體，以提供教師實際教學使用，雖然至七十八年度前述計畫已發展完成 272 個單元的高職、國中及國小之軟體，但數量仍不足以全面推展。因此，於本計畫下擬繼續挑選亟須做補救教學之科目發展課程軟體，以建立完整之電腦輔助教學課程軟體銀行，計畫所擬發展之科目與單元數，以及實際發展的單元數如表3-2-4。

2.培養電腦輔助教學技術發展人才

電腦輔助教學之推展，有足夠之課程軟體供老師與學生使用，而課程軟體之發展除了靠政府編列經費有計畫的開發，在開發之中需要藉助老師的教學經驗實際參與課程腳本和軟體的設計，甚至老師自己設計發展教學所要用的課程軟體。有鑑於此，教育部自七十四年九月開始委託四所公私立大學院校辦理電腦輔助教學進修班，調訓中學以下老師，至七十七年六月底止已培育出 2,360 位電腦輔助教學設計人才。但我國目前高中以下學校共有3,541 所，如以每校有兩人受過訓練，應有 7,082 位老師接受本技術發展訓練。因此，擬自七十九會計年度起每年培育 640 位在職教師以落實電腦輔助教學教材技術發展人才之培育工作。本項技術發展人才培訓工作繼續委託台灣師大資訊教育系、淡江大學教學電腦中心、中興大學應用數學系，及高雄師範學院物理系，分北、中、南三區辦理，上下學期每校各

表 3-2-4 教育部「電腦輔助教學發展計畫」擬開發各類教學軟體單元

科目	79會計年度發展單元數		80會計年度發展單元數		81會計年度發展單元數		合計	
	預計數	實際數	預計數	實際數	預計數	實際數	預計數	實際數
國小數學	30	19	30	18			60	27
國小自然					20	20	20	20
國中數學	40	28	40	63		11	80	102
國中英文	20	14	20	28	20		60	42
國中理化			20	21	20		40	21
高商專業科目	20	20	20	20	20		60	40
高工專業科目	40	102	40	25	40	25	120	152
專科專業科目	40	20	40		60		140	20
程式語言								
益智遊戲	60		40		50	16	150	16
特殊教育				21		10		31
優秀作品獎		24		28		25		77
合計	250	227	250	224	230	107	730	548

辦兩班,每班 40 位,由區域內的各公私立學校自由選派老師參加,進修班上課時間以晚上及週末為主。

3. 建立電腦輔助教學課程軟體審查制度

為確保國內所發展之電腦輔助教學課程軟體品質及保障學生求知內容的正確性權益,國中、小學校所使用之 CAI 課程軟體必須經審慎檢查合格後,方可進入校園使用。教育部於七十八年六月二十一日邀請相關單位及教授專家與會,討論審查制度之專責單位以及審查辦法訂定,會中決議由教育資料館為專責單位,並負責審查辦法的制訂。惟該館因故仍無法研訂具體辦法及推動措施。教育部遂於八十一年一月十六日再次邀集相關單位

及專家學者參與討論，會中決議由國立編譯館負責承辦審查軟體工作，並由教育部電算中心及國立教育資料館配合執行。審定原則以教學目標、語言文字及教學內容等三項之正確性為主要目標。國立編譯館依據該館及國立教育資料館之現行審查規則為藍本，配合「CAI 軟體審定要點」草案大綱訂定，擬出「中等學校及國民小學電腦輔助教學課程軟體審查要點草案」。可惜此項草案最後仍未能正式通過並付之實施，致教育部想要建立之電腦輔助教學軟體評鑑制度仍未能完成。

4. 研究利用電傳視訊系統推廣電腦輔助教學課程軟體技術

電傳視訊系統於近年來已逐步進入家庭，如能利用電傳視訊將適用於各級學校學生的課程軟體推廣至每一個家庭，對於提升我國的教育品質將會有很大的助益，且提供了社會大眾自我進修的另一管道。但由於目前國內所發展完成的電腦輔助教學課程軟體，並無法利用現有電傳視訊系統將軟體送至每一用戶。因此，本計畫擬於民國八十年前，研究如何將已發展完成或計畫發展之軟體結合電傳視訊系統推廣至每一家庭。

5. 研究低價位之多媒體電腦輔助系統

在規劃當時國外已有結合電腦及影碟機等設備構成之多媒體電腦輔助教學系統，此項系統可以直接提供實際的影像及聲音，效果十分良好。但由於此套系統硬體價格十分昂貴（當時每套高達新台幣 50 萬），且課程軟體的製作十分昂貴，並與傳統製作方式有極大的差異，雖然效果十分良好，但由於價昂，當時尚無法全面推廣至各級學校；不過由於幾年後一些諸如影碟機、CD-ROM 等硬體設備也將因普遍而價格下跌，屆時即可做全面推廣工作。因此，本計畫擬自七十九會計年度開始委託國內一所大學利用市面上現有之設備整合在一起，自行發展設計一套低價位多媒體電腦輔助教學系統，並研究如何製作課程軟體，預定於八十一會計年度完成並開始推展。

6. 電腦輔助教學課程軟體之發行工作

由於教育部自七十四年開始推展電腦輔助教學工作至目前，已發展完成約 191 個課程軟體，但如何將現已發展完成及未來發展完成之軟體推廣至各級學校或每一家庭，亦是電腦輔助教學推廣工作成敗之重要因素，本項計畫所規劃的發行工作主要包括：

⑴課程軟體著作權之登記。

⑵使用手冊之編輯。

⑶課程軟體版本更新。

⑷與代理銷售學校（廠商）聯繫軟體銷售事宜。

此項發行工作擬由教育部電算中心增設之教育軟體發展組負責各項業務之規劃及執行工作。

7. 繼續發展中文電腦輔助教學編輯系統

教育部於七十四年委託台灣師範大學工教系開發之「中文電腦輔助教學編輯系統」，已廣泛發行至各級學校使用。許多老師也利用中文編輯系統製作簡易之 CAI 軟體。但由於此套中文編輯系統本身系統架構缺乏程式串聯、整合及影像處理等功能，因此，教育部又於八十年度補助台灣省政府教育廳「高職電腦輔助教學軟體發展中心」開發「動態課程發展整合環境」系統，希望透過各校專家教授之指導，發展一套完整的中文編輯系統，提供老師編寫 CAI 軟體之最佳工具。

「動態課程發展整合環境」系統（Integrated Development Environment for Animated Lesson，簡稱 IDEAL 編輯系統）於八十一年十月底完成開發，並於八十二年一月初寒假期間舉辦推廣活動，以提供老師另一編寫 CAI 軟體之便捷工具。

8. 訂定電腦輔助教學技術發展參考指引規範

當年國內電腦輔助教學課程軟體的發展才開始，軟體品質優劣標準與評估之原則，雖然先進國家曾提出各種不同的原則及規範，但由於國情的

不同，國外的方法並不一定適用於國內。因此，為了提升國內電腦輔助教學課程軟體品質，應自行訂定一套適合國情的電腦輔助教學技術發展參考指引規範供國內參考。有鑑於此，教育部委託國立台灣師範大學工教系饒達欽教授主持「電腦輔助教學課程軟體評估參考標準訂定」之研究計畫，邀請國內各領域富有經驗之教授共同參與訂定「電腦輔助教學課程軟體腳本評估標準」、「電腦輔助教學課程軟體腳本評估參考標準使用範例手冊」及「電腦輔助教學課程軟體評估參考標準」等三項。前兩項於八十年六月底完成，並已於八十年十月底前寄發各級學校作為 CAI 之參考文獻。最後一項亦於八十一年三月底完成。

「電腦輔助教學課程軟體評估參考標準」為從一般評估、教學型態評估及各學科特性三方面著手考量，分成共同性質組、模式組、語文組，理工組、數學組、商學組等六個組，分別進行評估參考標準之規劃及訂定（教育部，民 81）。

9. 辦理各項電腦輔助教學推廣活動

為加強國內各級學校師生對電腦輔助教學的了解與參與之意願，教育部、省市教育廳局及民間團體預計辦理各項推廣活動，其中比較重要的有下面幾種（教育部，民 81）：

(1)國際電腦輔助教學研討會

本項研討會邀請國內外學者專家及教師參加，主要目的在提升我國電腦輔助教學研究及技術發展水準，並促進國際學術交流。

(2)中華民國電腦輔助教學研討會

主要是提供我國中、小學老師發表電腦輔助教學作品及心得交換討論之機會，對促進及提高我國中、小學電腦輔助教學之發展水準極有助益。

(3)辦理電腦輔助教學展示活動

為促進電腦輔助教學之發展，預定由教育部、國科會、資策會、電腦公會及軟體協會在全國各地共同辦理電腦輔助教學巡迴展示活動。

(4)配合資訊月開放電腦教室活動展示電腦輔助教學軟體

為普及資訊教育，資訊月期間商請台灣地區高中職業學校開放電腦

教室，提供附近民眾及學生操作電腦之機會。

(三)人力需求

在計畫規劃當時，教育部電算中心並沒有專門人員負責電腦輔助教學

之發展工作，僅由負責資訊教育推廣之行政工作人員兼辦，對整個電腦輔

助教學僅能做簡單之聯繫協調工作，實無法有效推動計畫中要執行的各項

工作，因此請求自七十九年會計年度增加電腦輔助教學人力，並增設「教

育軟體發展組」，負責電腦輔助教學發展工作，其人力規劃如表 3-2-5。

表 3-2-5　教育部計算機中心電腦輔助教學發展計畫人力需求表

業務項目		人力	說明
軟硬體發展	系統分析師	3 人	課程軟體系統規劃分析工作。
	程式設計師	6 人	負責課程軟體設計工作。
	工程師	2 人	硬體系統設計維護及整合工作。
發行推廣	管理師	1 人	軟體銀行管理，著作權申請、使用手冊管理、軟體發行規劃及聯繫等工作。
	行政人員	1 人	進修班研討活動之辦理、協調工作及其他行政支援工作。
	組長	1 人	綜理電腦輔助教學發展工作。
合計		14 人	

(四)經費需求

為使計畫能順利執行，教育部編列自民國七十九至八十一年，三年總

經費為 130,720 千元，計畫經費需求詳如表 3-2-6。

表 3-2-6　教育部電腦輔助教學推廣計畫經費需求表

（單位：千元）

年度項目	79 年	80 年	81 年	合計
各級學校軟體發展費	20,000	20,000	20,000	60,000
益智性軟體發展費	3,000	3,000	3,000	9,000
電腦輔助教學課程研習費	5,280	5,280	5,280	15,840
多媒體電腦輔助教學系統研究費	4,000	2,000	2,000	8,000
中文電腦輔助教學編輯系統發展費	3,000	1,000	1,000	5,000
電腦輔助教學與電傳視訊技術結合可行性費	1,000	1,000		2,000
軟體發行管理及推廣活動費	5,000	5,000	5,000	15,000
人事費	4,800	5,280	5,800	15,880
合計	46,080	42,560	42,080	130,720

(五)預期效益

　　本計畫所發展的電腦輔助教學軟體，以補救教學為主，計畫完成後對於補救教學之落實有一定程度的成效，並有助提升各級學校之教學品質。其預計之效益有下列幾項：

1. 至八十一會計年度可建立 1,500 個單元之軟體銀行。
2. 培育 4,000 位具有發展電腦輔助教學技術之各級學校在職教師，以增加課程軟體發展技術人力。
3. 至八十一年會計年度可利用電傳視訊系統廣為推廣電腦輔助教學課程軟體，提供給社會大眾及在學學生另一自我學習之極佳管道。
4. 建立完整之電腦輔助教學課程軟體審查制度，以確立課程軟體之品質。
5. 至八十一年度發展完成多媒體電腦輔助教學系統，以增強教學功能。

前述教育部電腦輔助教學計畫執行結果，在我國已累積為數頗多的電腦輔助教學軟體，奠定電腦輔助教學長期發展的基礎，同時也喚起國人對電腦輔助教學的關注。而一九八三年美國卓越教育委員會出版《國家在危機之中》一書，強烈呼籲在各級學校實施電腦教育，以強化學生的能力，提升國力。該書具體指出電腦教育的目標：(1)使學生了解電腦有關計算、通訊及資料處理的功能；(2)使學生將電腦運用到其他基礎學科（語文、數學、科學及社會）之學習，及與其個人有關的工作中；(3)使學生了解與電腦、電子學、相關科技有關的世界。在資訊教育中，電腦輔助教學亦占很重要地位之一，因為電腦輔助教學可輔助電腦在教學上發揮其特殊功能來提高學習效率，除了可做輔助教學的新教學法外，更可以作為教導學生具備電腦應用常識之重要工具（教育部，民81）。此項建議也在國內產生極大的衝擊與影響。因此，到民國八十年政府的幾項政策與建議，遂促使教育部進一步規劃本計畫。其中比較關鍵的包括：

1. 延續之前教育部幾項經行政院核定的電腦輔助教學計畫。

2. 八十年十二月二十六日召開「中華民國電腦輔助教學未來發展趨勢座談會」。

3. 為順利推動與落實教育部「改善各級學校資訊教學計畫」的配套措施。

推動電腦輔助教學除了需要硬體設備，也同時要有充分的教學軟體、教師人力，以及課程的配合。衡量八十年當時的教學環境，在這些方面都還有待加強（教育部，民81）：

(一)設備

1. 職業學校

(1)每校至少擁有一間 40 部以上個人電腦教室，以滿足其「計算機概

論」必修課程之使用。

　　(2)融入各科之電腦應用教學設備仍有待持續增置及擴充，並汰換過時之設備。

2. 高級中學

　　(1)每校至少擁有一間30部以上個人電腦教室，以滿足其「電子計算機簡介」之選修課程使用。但無法因應電腦輔助教學之需。

　　(2)高中電腦設備仍須朝向一人一機及汰換過時之設備方向努力。

3. 國民中學

　　每校至少擁有10部以上之個人電腦（部分學校仍無專用電腦教室）。

4. 國民小學

　　台北市及高雄市已分年編列經費逐年購置電腦設備，而台灣省部分則尚無全盤推動計畫。

(二)軟體

　　依教育部七十九年所編「全國電腦輔助教學課程軟體目錄」，係蒐集全國各界所開發的軟體，涵蓋幼教、國小、國中、高中、高職、大專及一般社會大眾所使用的教學軟體計788件，其中英文及數學兩科即占了39%。另外，教育部及台灣省政府教育廳所發展之電腦輔助教學課程軟體約1,307個單元，其種類亦偏於數理科方面，可見當時已開發軟體的種類非常狹隘。對於教學軟體的開發，其題材應包括文、理、工、商及日常生活等廣泛類別，在設計層次上以採用問題解決或模擬方式為主。因此，軟體不足、種類有限亦為電腦輔助教學發展主要問題之一。

(三)課程標準

　　當時在正式課程標準中，國中、國小皆尚未單獨開設「資訊教育」課程，在國小階段，惟有從「團體活動」中安排資訊應用教學，才能使部分

小學生接觸電腦應用知能，或作課後之輔助教學。但長期而言，資訊應用教育應該得到重視，應考慮融入各科正常教學中，始能達到資訊普及教育之目標。

(四)人才不足

電腦輔助教學為電腦應用教育的一種，無論是觀念的推展、課程設計或實際應用在教學等，都須培育專業人才的投入。當時教育部每年培育的各級學校電腦輔助教學師資約每年 1,200 名，僅占全國教師總人數的0.57%，對於 CAI 推廣或軟體的開發來說，似乎過於緩慢。教育部在課程軟體的開發上希望民間企業能投入資源，共同開發製作教學軟體，以提高軟體技術品質，並解決軟體設計上人才不足之缺失。

根據上述問題，教育部在規劃本計畫時，也特別考慮當時電腦輔助教學的實施狀況，同時檢討各項措施，如軟體發展、技術人力培育、中文編輯系統與專用系統軟體開發、課程軟體優秀作品獎勵、課程軟體審查制度、推廣活動及發行成果等，以作為計畫規劃的依據，提升計畫的可行性，並強化計畫執行的績效。本計畫的重點不在教學軟體的開發，而是重在電腦輔助教學在實際教學上的推廣。其主要內容摘要如下（教育部，民81）：

(一)計畫時程

本計畫自八十二會計年度起至八十六會計年度止，為期五年。

(二)計畫目標

1. 建立電腦輔助教學課程軟體落實於校園使用之輔助教學管道，以配合國民教育政策常態分班之教學正常化措施。
2. 整合現有國內各界電腦輔助教學軟體資源，利用生動且活潑之電腦輔助教學軟體，以增進學生學習之興趣及提升其學習效果。
3. 建立全國教育資訊服務系統，以提供教育資訊之快速交換及分享。
4. 加強培訓電腦輔助教學腳本設計發展人才，及提升教師電腦輔助教

學應用素養。

依據上述計畫目標，詳細規劃計畫內容，每一項計畫內容都有詳細的工作項目，茲分述如下。

㈢主要工作項目

1.落實電腦輔助教學於校園之輔助教學管道

經評估及分析後，其可行方式有下面幾種方式。

(1)在寒暑假期間

學校利用既有電腦教室之個人電腦及電腦輔助教學、益智遊戲與電腦應用軟體等設備充分配合，開辦青少年科學電腦研習營，教師及學生之電腦研習，進而增加學生參與機會，且提高學生研習電腦興趣。

(2)在平常課餘時間

利用學校圖書館或視聽教室擺設個人電腦硬體設備及軟體資源，如電腦輔助教學軟體、益智遊戲軟體及電腦應用軟體等。提供學生自行借閱自修途徑，使學生有課後輔助學習之場所，進而提升學生學習能力。

(3)試辦學校

協調部、廳、局相關單位挑選個人電腦設備較充實之學校，台灣省國中小約八所，台北市及高雄市各四所，進行益智遊戲、特殊教育軟體及電腦輔助教學軟體之使用成效評析，經二至三年試辦，審慎評析其成效後，再做全面性推廣使用。

(4)藉由多種發行管道，如教學觀摩研討會、各縣市電腦輔助教學中心學校、全國教育資訊服務系統之區域教育軟體資料中心，及編印電腦輔助教學相關書籍等，提供教師、學生一個快速便捷的資訊共享、交換之途徑。

(5)未來方式

充實學校電腦軟體設備，盡可能有一電腦專業教室，並且建置教學網路，在軟體部分則在電腦輔助教學軟體上配置電腦管理教學系統，供教師在教學時，隨時有學生學習記錄，以利於個別化輔導，提高學生學習能力。

2. 整合國內各界電腦輔助教學軟體資源

(1)整合相關軟體資源

由教育部整合各界，如軟體廠商、資訊科學展示中心、政府單位及教育部、廳、局、學校等，發展有關生活化電腦輔助教學軟體資源，經審慎評估後選擇優良軟體，再依循教育廳、局、中心學校，推廣至學校供老師及學生使用。

(2)鼓勵及協助民間軟體廠商參與電腦輔助教學軟體的發展及推廣活動

A.軟體發展

在尊重智慧財產權下，鼓勵民間軟體廠商投入發展各層次生動活潑之電腦輔助教學軟體，以滿足需求。另外，協調部、廳、局逐年設計之電腦輔助教學課程軟體腳本，委由民間軟體廠商做程式設計，以利電腦輔助教學軟體的開發。

B.軟體審查評估

評選教學目標、語言文字，及教學內容正確之優良軟體，提供學校使用。

C.編印教學軟體目錄

彙集各界所發展之電腦輔助教學軟體目錄，編印成書及上載至全國教育資訊服務系統，提供學校老師、學生及國內有需要者在電腦輔助軟體之選擇上有更多資訊可參考。

D.鼓勵廠商參加電腦輔助教學推廣活動

鼓勵國內軟體業者參加各項電腦輔助教學活動，如教學觀摩研討會、中華民國電腦輔助教學研討會，及國際電腦輔助教學研習會等。

3. 建立全國教育資訊服務系統

　　我國在教育部及相關單位的共同合作下，已規劃建立完成台灣學術網路（TANet），並提供資訊交換及資訊共享環境。然因資料分散各地，也可能是時間上之因素，使得資訊之蒐集極為不易，以致城鄉教育發展不均衡。因此，如能應用電腦及網路科技，建立完整的「全國教育資訊服務系統」，必能收「縮短城鄉差距，均衡城鄉教育發展」的功效。

　　建立本系統主要目的在蒐集相關資訊教育軟體及教育資料，提供各類諮詢服務工作。其詳細內容如下：

　　(1)目標

　　　　A.以現有台灣學術網路為骨幹，建立教育資訊服務系統。

　　　　B.建立教育軟體資料庫，使各級學校教師能夠獲得教學軟體及教育資訊。

　　　　C.可透過本網路系統，提供全國各地學校教師做教學心得及討論園地。

　　　　D.推廣電腦網路之應用，使老師、學生能適應及接受未來瞬息萬變的資訊社會。

　　　　E.各級學校教師可利用本系統查詢各相關法令及研討會等消息。

　　　　F. 藉由資訊資料的傳遞便利，可達縮小城鄉差距。

　　(2)執行方法

　　　　A.利用電信局電傳視訊CVS系統及以台灣學術網路T1線路為骨幹，分別於北、中、南、東建立區域教育軟體資料中心。設立一套系統，並透過T1幹線可達全國網路連線。

　　　　B.四個區域教育軟體資料中心之設置地點，以該區域內師範校院電算中心為優先設立地點，大致規劃如表3-2-7。

表 3-2-7　區域教育軟體資料中心規劃表

年度	區域	地點
82 年	北：台北（總站）	教育部電算中心
82 年	中：台中	台中師範學院
82 年	南：高雄	高雄師範大學
84 年	東：花蓮	花蓮師範學院

4. 加強培養電腦輔助教學腳本設計技術發展人才，並與民間軟體廠商程式設計的配合開發高品質的電腦輔助教學軟體

(1)加強培養電腦輔助教學腳本設計技術發展人才

A.在教育部顧問室之「資訊人才推廣教育第二階段訓練整體計畫」四年計畫（八十三至八十六會計年度），委由資策會執行，其項目包含「國中、小種子資訊師資培訓」（每年 300 人）、「地區性電腦應用訓練」、「高中職資訊教師技術提升訓練」及青輔會委訓之「大專待業青年資訊專長培育」等，合計每年訓練約 600 人，其進行方式是連續 10 週以上密集訓練。

B.在教育部顧問室及電算中心之四年（八十三至八十六會計年度）「改善各級學校資訊教學計畫」，委託各地區大專校院利用寒暑假開授三學分以上「電腦基礎觀念」（BCC）訓練。

C.本計畫之五年（八十二至八十六會計年度）「電腦輔助教學軟體發展及推廣計畫」，為普遍培訓在職教師對電腦輔助教學之認識、應用與發展，及提高我國電腦輔助教學水準，厚植電腦輔助教學發展實力，培養電腦輔助教學腳本設計技術發展之人才，應開辦電腦輔助教學進修班與進階班。

　　本計畫訓練電腦輔助教學人才將分為進修班及進階班，分五個年度進行，預計至八十六會計年度止共可培訓 6,000 位電腦輔助教學教師，有關班別及年度培訓人數如表 3-2-8。

表 3-2-8 電腦輔助教學技術發展人才訓練班及年度人數表

班別	82 年	83 年	84 年	85 年	86 年	合計
進修班	680	800	1,000	1,000	1,000	4,480
進階班		320	400	400	400	1,520
合計	680	1,120	1,400	1,400	1,400	6,000

電腦輔助教學人才培育繼續由台灣師範大學、淡江大學、中興大學及高雄師範大學辦理，往後再逐步轉由師範學院負責，但須在其設備、師資充實後，方可負責辦理。同時為厚植電腦輔助教學之推廣，鼓勵師院將電腦輔助教學課程列入選修，以落實師範學院養成教育，使師院畢業生均具備電腦輔助教學應用與發展之能力。

(2)發展電腦輔助教學軟體

電腦輔助教學軟體開發，首先由教育部邀集接受教育部培訓之專家教師撰寫腳本，完成後則經由公開招標方式，選擇高品質且具開發能力之廠商或大專校院參與製作，撰寫程式，以使國內電腦輔助教學軟體成為高品質、高價值的教學軟體，提高國人教育品質。在開發內容上，以特殊教育及廠商沒有興趣或高難度開發之課程教材等為主。

(3)引進並發展電腦輔助教學技術

A.繼續發展結合影碟、語音等多媒體電腦輔助教學課程軟體供學校使用。

B.選派教授、老師及教育部電算中心技術人員參加國外研討會、展覽會，並參觀先進國家實施電腦輔助教學成果良好學校，以供教育部爾後發展電腦輔助教學政策制訂的參考。

C.委託國內專家學者研究發展 CAI 課程軟體。

(4)實施軟體審查制度

為了避免課程軟體內容錯誤而誤導學生，教育部開會決議由國立編譯館負責審查工作，審查教學目標、語言文字及教學內容是否正確

為原則，審查合格後方得以進入校園內使用。此乃為確保國內所發展之電腦輔助教學軟體品質，並保障學生學習權益。

(5)研擬成立電腦輔助教學委員會

由部、廳、局透過密切溝通與聯繫協調後，方可使政府的推展及執行更為落實。並經邀請學者專家及資深教師參與委員會，提供未來電腦輔助教學發展的方向、政策的訂定、課程軟體的規劃與開發，以及技術方面的諮詢指導等。期望因國內各領域的全面參與，使得電腦輔助教學的推廣更為落實。

(四)經費需求

本計畫各年度之經費詳如表 3-2-9。

(五)預期效果及影響

1. 由於教學軟體的開發，不僅能夠培養教師自我設計電腦教學教材，延攬教材設計人才，更由於部分軟體之外包，鼓勵軟體廠商開發 CAI 課程軟體，使國內 CAI 環境更見蓬勃發展。

2. 由於整合國內各界電腦輔助教學軟體，提供教師與學生接觸的機會，並逐漸開拓其對電腦應用知識，使電腦能應用於日常生活之中。

3. 實施電腦輔助教學，將可配合國民教育政策教學正常化的執行，在常態分班中，電腦輔助教學可以作為學生自我學習的補救式增強教學工具。

4. 由於網路的連接，教師及學生們可透過電子公布欄互相交換研究心得，或透過電腦網路系統蒐集各項電腦輔助教學資料，使軟體資訊之獲取更為快達簡便。

5. 特殊教育 CAI 課程軟體的發展，使得殘障學生與一般學生皆能享受電腦教學之資源，使其在受限制之學習環境中開啟另一項學習方法與途徑。

6. CAI 為各級教師皆能參與的一項教學研究及教材製作的工作，培訓

表 3-2-9　電腦輔助教學軟體發展及推廣五年計畫經費預算表

（單位：千元）

項目	82 年	83 年	84 年	85 年	86 年	合計
電腦輔助教學軟體發展費用	6,700	12,000	15,000	15,000	15,000	63,700
電腦輔助教學課程軟體維護及更新費用		1,500	3,000	3,000	3,000	10,500
多媒體教學軟體發展及試辦費用	2,000	2,000	3,000	3,000	3,000	13,000
電腦輔助教學技術發展人力訓練費用	6,950	10,000	12,500	12,500	12,500	54,450
電腦輔助教學發行管理及推展活動費用	10,050	12,150	14,000	14,000	14,000	64,200
區域教育軟體資料中心費用	5,100	5,100	5,000	5,000	5,000	25,200
人事費	6,150	7,000	7,700	8,000	8,000	36,850
合計	36,950	49,750	60,200	60,500	60,500	267,900

　　CAI 教師對結合各級教師、縮短彼此間認知差距、發揮團隊精神將有所助益，我國之 CAI 課程軟體品質水準也可因而提高。

7. 由於各種 CAI 研討會及獎勵活動之辦理，鼓勵教師及各類人員投入電腦輔助教學發展之製作，CAI 之發展將更為活潑熱烈，學生也因而有更多優良軟體可運用。

8. 電腦輔助教學藉由電腦網路、人工智慧及多媒體技術等之應用，則可達到大班教學小班輔導、因材施教及多媒體教學環境的教學理想。

9. 建立課程軟體審查標準，使得教師或學生在選擇 CAI 課程軟體時有一優劣之標準可依循。

10. 由於 CAI 課程軟體的大量開發及電腦的普及，使得各級學校很方便地取得教學軟體，讓學生可隨時隨地做自我學習、自我訓練。

⋯→ 四、教育廳高職「電腦在專業科目上的應用」（電腦應用教學）計畫

為了提升高職專業科目的教學，在教育部的補助下，自民國七十五學年度開始推動「電腦在專業科目上的應用」計畫，開發電腦在專業科目應用教學的軟體。此計畫旨在將電腦教學應用於專業科目的「教」與「學」上，亦即利用電腦特有的功能，使教師的「教學」更有效，學生的「學習」更有興趣，能迅速利用電腦解決專業學科之問題，以提升教學品質，符合企業界之需求，成為國家社會資訊基層技術人才（省立彰化高級商業職業學校，民 80）。

在高職專業科目的教學上，常涉及一些複雜或反覆的計算，本計畫的目的便是針對這些教材設計子系統，以協助學生學習。此計畫名稱在七十七學年以後更改為「電腦應用教學」。同時，因為部分類科（如家事、護理）的科目較無法發展電腦應用教學軟體，所以，此計畫也擴大包含了電腦輔助教學（吳鐵雄，民 80）。本計畫執行期間自民國七十六至八十年，共計四年。

(一)計畫目標

依據台灣省政府教育廳所擬計畫的目標包括下列五項：

1. 規劃並選定可應用電腦教學之專業科目及單元，藉以提高教學效果。
2. 開發並利用套裝軟體或副程式，協助專業教師解決學科教學問題。
3. 培育專業教師實施電腦應用教學能力。
4. 建立專業科目電腦教學可行模式，發揮電腦教學之功能。
5. 提高學生學習的興趣，並達成補救教學或增廣教學的效果。

電腦在專業科目方面的教學應用，其範圍約略可分為（唐山，民 77）：

1. 電腦輔助教學（CAI）：利用電腦之特有功能，將教學單元撰寫成電腦程式語言，學生利用簡易的操作，透過電腦進行學習，達成補救教學或增廣教學等自學效果。

2. 電腦輔助設計（CAD）：以電腦及程式語言為工具，協助各項設計工作，藉此簡化設計過程、節省人力、物力及時間，以符合資訊時代的需求。

3. 解決學科問題：即利用套裝軟體或副程式，處理複雜計算或會計、簿記等學科問題。

本項計畫工作係以解決專業科目之學科問題為主，分年分段推廣各項工作，其計畫目標為（唐山，民77）：

1. 第一階段目標

配合各類科新課程之實施，統整並選定可應用電腦教學之專業科目及單元，擬定子系統分析表，作為未來專業科目電腦教學教材編輯、軟體設計、研究發展等之參考及依據，藉以提高教學效果，並適應資訊社會發展之需求。

2. 第二階段目標

(1)根據第一階段所選定之專業科目及單元、與子系統分析表，籌組軟體開發設計小組，依優先順序撰寫套裝軟體，並配合硬體設備之充實、師資培訓等行政措施，建立電腦教學可行之模式，發揮電腦教學之功能。

(2)擇校試辦，並進行評估、檢討及修訂。

3. 全面推廣實施，使電腦教學成為正常教學的一部分，並提升教學品質，以達成符合業界需求之水準，且不斷研究改進，以配合時代潮流之趨勢。

(二)計畫組織

本計畫規模相當龐大，包括工業、商業、農業、家事、海事及護理等六大類科，每一類科又分好幾個科，而每一科又有很多科目，因此，參與本計畫負責開發子系統或教學單元的教師人數頗多。為統籌整個計畫的進行，台灣省政府教育廳將計畫委託省立彰化高級商業職業校負責執行，並組織推動小組，成員包括行政單位主管人員、學者專家、各類科召集學校

教師，及執行學校校長與相關主管人員。在推動小組之下又分綜合、工業、商業、農業、家事、海事及護理等七個工作小組。每一工作小組由召集學校校長、老師與學者組成。工作小組每學年度召集學校及參與的指導教授名單如表 3-2-10（省立彰化高級商業職業學校，民 80；唐山，民 77）。

(三)工作步驟（唐山，民 77）

1. 邀請學科專家、電腦專家及學校代表，研商擬編重點科目。
2. 選定第一階段實施電腦教學之科目及單元。
3. 協調各類科「電腦在專業科目上的應用」之科目，避免重複或遺漏。
4. 分類分科撰寫子系統分析表。
5. 審查各類科子系統分析表，並選定優先開發套裝軟體之子系統套裝軟體。
6. 辦理軟體發展人員研習會，以：
   (1)增廣訓練已具有電腦教學能力之教師，使其具備軟體發展潛力，以發展本年度各類科子系統套裝軟體。
   (2)溝通本年度子系統發展之概念與做法，齊一套裝軟體之格式，以利日後教學使用。
   (3)儲訓程式設計、套裝軟體發展人員，以擴展電腦教學之成效。
7. 辦理軟體發展實務研習會，期能：
   (1)協助解決軟體發展過程中的疑難，加速工作之進行。
   (2)研擬日後教學可行之模式，以利教師教學及推廣工作。
8. 發展子系統套裝軟體。
9. 擇校辦理並補助教學設備。
10. 推廣、評估及檢討。

電腦輔助教學

表 3-2-10　工作小組每學年度召集學校及參與的指導教授名單

類別		76 學年度	77 學年度	78 學年度	79 學年度
綜合小組	召集學校 指導教授	彰化高商 余政光 吳鐵雄 饒達欽 戴建耘	彰化高商 余政光 吳鐵雄 饒達欽 戴建耘	彰化高商 潘晴財 余政光 吳鐵雄 饒達欽 戴建耘	彰化高商 潘晴財 余政光 吳鐵雄 饒達欽 戴建耘
工業類	召集學校 指導教授	台中高工 饒達欽 戴建耘	台南高工 饒達欽 戴建耘 戴文雄	海山高工 饒達欽 馮丹白 戴建耘	台中高工 饒達欽 謝文隆 戴文雄 戴建耘
商業類	召集學校 指導教授	彰化高商 蕭國慶 樊國楨	台南高商 葉誌崇	中壢高商 余政光 戴建耘 朱博湧 黃學彰	台南高商 吳鐵雄 戴建耘
農業類	召集學校 指導教授	台中高農 詹進科	台南高農 周榮華 吳瑞麟	桃園農工 潘晴財 饒達欽 戴建耘	台中高農 饒達欽 戴建耘
家事類	召集學校 指導教授	台中家商 張真誠	員林家商 李進寶 戴建耘	嘉義家職 余政光 戴建耘	員林家商 余正光 吳鐵雄 戴建耘
海事類	召集學校 指導教授	基隆海事 饒達欽 戴建耘	台南海事 饒達欽 戴建耘	澎湖海事 饒達欽 戴建耘	台南海事 饒達欽 戴建耘
護理類	召集學校 指導教授	台中護校 沈守篤	台南護校 王東然 何裕琨	台中護校 黃世陽 朱明哲 朱延平	台南護校 吳鐵雄 戴建耘

(四)計畫內容

1. 子系統規劃與發展

　　此計畫先於民國七十五學年度進行子系統規劃，針對高職各類科各科教材，適合發展電腦應用教學軟體的內容，規劃子系統名稱與內容。自七十六學年度開始分年分類科委託學校負責開發軟體。在計畫開始的前兩年，每年都舉辦軟體工程研習會，訓練參與本計畫設計工作的教師，研究內容包括中文編輯系統應用、軟體設計技巧、軟體評估等（吳鐵雄，民80）。本計畫預計每年共發展60個子系統，到七十九學年度已完成約240個子系統，其統計數字呈現在表3-2-11（省立彰化高級商業職業學校，民80）。

2. 師資培訓

　　為使「電腦在專業科目上的應用」教學工作順利推展，以推選專業科目之教師參加電腦研習，每校每科單班制兩名，雙班制再增兩名為原則，辦理師資培訓，預計待訓人數為2,305人。其預計培訓教師人數如表3-2-12（唐山，民77）。

(五)教學實驗

　　為了了解各類科所開發的教學子系統的教學效果，台灣省政府教育廳於七十七學年度開始選擇各類科共29所學校實施教學實驗，並分別於七十八及七十九學年度再增加參與實驗的學校，最後總共有82所學校參與實驗，其名單如下（省立彰化高級商業職業學校，民80）：

七十七學年度參加學校：

工科：台中高工、秀水高工、台南高工、瑞芳高工、羅東高工、嘉義高工

農科：台中高農、關西高農、台東農工、岡山農工、民雄農工、西螺農工

表 3-2-11　各類科子系統規劃數量統計表

類別	科別	子系統數量				發展之子系統數量				
		CAI	CAD	解決學科問題	合計	76	77	78	79	合計
工業類	機械、板金、冷凍、鑄造、電子、建築、汽車修護、電機、化工	50		78	128	19	20	18	20	77
商業類	商業經營、文書事務、餐飲管理、會計事務、廣告設計、國際貿易、觀光事業			41	41	16	16	16	16	64
農業類	蠶絲、食品加工、農場經營、畜牧			26	26	5	5	8	9	27
家事類	家政、幼兒保育、室內設計、服裝、美容、室內布置	19	8	8	35	9	8	8	8	33
海事類	航海、漁業、輪機、電子通信、水產製造	24	1	11	36	8	7	7	8	30
護理類	護理類	4		3	7	3	4	3	5	15
合計		97	9	167	273	60	60	60	66	246

商科：苗栗高商、新竹高商、中壢高商、豐原高商、彰化高商、台南高商、花蓮高商

家商：員林家商、嘉義家職、台中家商

商工：白河商工、三重商工、草屯商工、恆春商工

水產：基隆海專、澎湖海產

護理科：台中護校

表 3-2-12　各類科電腦教學師資培訓統計表

類別	班級數			專業科目教師人數（公私立合計）	待訓人數	擬辦理研習班數		備註
	公立	私立	合計			短期研習	長期研習	
工業類	1,333	2,267	3,600	4,900	732	11	3	每梯次預計 50 人
商業類	884	996	1,880	2,800	885	18	4	
農業類	404		404	610	145	3	1	
家事類	111	446	557	840	412	8	3	
海事類	165	8	173	260	61	2	1	
護理類	28	156	184	276	70	2	1	
合計	2,925	3,873	6,798	9,686	2,305	44	13	

七十八學年度新增學校：

工科：海山高工、新竹高工、沙鹿高工、大甲高工、二林工商、新化
　　　高工、永靖高工

農科：北門農工、苗栗農工、霧峰農工、仁愛農校、台南農校、桃園
　　　農工、曾文農工

商科：嘉義高商、南投高商

家商：斗六家商

商工：鳳山商工

水產：台南水產、東港水產

護理科：台南護校

普通科：泰山高中、南投高中

七十九學年度新增學校：

工科：崇實高工、東勢高工、花蓮高工、屏東高工、埔里高工、新營
　　　高工

農科：花蓮農工、旗山農工、內埔農工、員林農工、虎尾農工、北港

農工、龍潭農工、大湖農工、佳冬農校

商科：宜蘭高商、華南高商、羅東高商、台東高商、成功商校

家商：中壢家商、曾文家商、北斗家商、頭城家商

商工：玉井工商、基隆商工、淡水商工、關山工商、土庫商工

水產：蘇澳海事

⋯➔ 五、教育部「電腦輔助教學之發展推廣與整合」計畫

到民國八〇年代初，我國各個政府機關學校及業界紛紛投入電腦輔助教學軟體的開發與應用，為了更有效地整合電腦輔助教學軟體開發，舉辦電腦輔助教學相關活動，以落實電腦輔助教學的效果，教育部於民國八十四年擬定本計畫。本計畫乃依據八十四年六月十三日「電腦輔助教學指導委員會」第六次會議決議辦理，計畫內容摘要如下（林燕珍，民84）。

(一)計畫目標

本計畫旨在於整合教育部、省市教育廳局及業界之電腦輔助教學發展與推廣作業，俾使資源得以共享，並結合產、官、學、研各界共同推廣與落實電腦輔助教學。

(二)計畫期間

本計畫自八十四年八月起至八十七年八月止，為期三年。

(三)實施策略

1. 電腦輔助教學軟體之需求評估

(1)訂定各級發展學科、類別

由教育部邀請具 CAI 學理、軟體實作經驗之專家學者，及實際運用 CAI 軟體從事教學之教師共同參與，擬訂並建議優先發展學科。課程軟體開發範圍涵蓋高中、高職、技藝班、實用技能班、國中、國

小及特殊教育等各級學校之學科。最後依各學科之「學習目標特質與學習者特性」，擬訂各級別之優先發展學科如下：

A. 國小

　　甲類：國語、社會、數學及自然等科。

　　乙類：鄉土教學、道德與健康、音樂及美勞等科。

B. 國中

　　甲類：英語、數學、地球科學、理化、生物及健康教育等科。

　　乙類：音樂、美術、電腦、輔導活動、工藝家政等科。

C. 高中

　　甲類：數學、物理、化學、地球科學、基礎科學及英文等科。

　　乙類：音樂、美術、工藝及家政等科。

D. 高職、技藝班及實用技能班

　　甲類

　　工業類：機械群之機件原理、機械力學、機械製圖等科，電機電子群之製圖、基本電學、電子學、資訊技術等科，以及土木建築群之土木建築概要、工程力學、工程材料、工程圖學等科。

　　商業類：經濟學、會計學、商業概論等科。

　　農業類：園藝、農業機械等科。

　　家事類：手工藝、縫紉、家事技藝及服裝材料等科。

　　海事類：游泳操艇、海洋氣象等科。

　　水產類：水產概論、游泳操艇等科。

　　護理類：護理科。

　　乙類

　　計算機概論、數學、物理及化學等科。

E. 特殊教育：啟智、啟聰之國語（文）、溝通訓練、知覺動作訓練、數學等科及特教簡介。

F. 藝術教育：音樂、美術、中國傳統戲劇、民俗藝術、劇場、舞蹈

電腦輔助教學

及電影傳播等。

(2)訂定發展單元

　　由各軟體發展單位（如教育部、省市教育廳局、業界等）依據學科單元教學目標及多媒體電腦輔助教學特性等，擬訂並排定優先發展之單元系列。辦理方式係針對各該學科之教師做需求調查，再邀請具 CAI 學理、軟體實作經驗之專家學者，及實際運用 CAI 軟體從事教學之教師，召開發展單元討論會，訂定發展單元目標與內容。

2. 電腦補助教學軟體發展之分工

　　電腦補助教學軟體之整體發展工作以廠商為主，政府單位選擇重點科目作示範性發展。各級別、學科等之分工如表 3-2-13。由教育部邀請部屬館所、省市教育廳局、教師研習會及業界等單位，於會計年度開始前先行召開協調會議，確認各單位之重點發展學科，達到整合運用資源、開發符合需求之 CAI 軟體。

3. 電腦輔助教學軟體品質之提升

(1)軟體發展之基本原則

　　課程軟體之發展應遵循教育部頒布之課程標準，依教學目標發展軟體，而任何教學設計應符合其預期教學之目標。

　　社教軟體之發展應符合輔助教學、提升技能、啟發心智、介紹新知或增益常識等原則，惟不能涉及賭博、色情、暴力、違反公共秩序及優良習俗。

(2)軟體之開發方式

A.業界發展

　　開發軟體時，應遵循軟體發展之基本原則，並結合內容專家（如學科教師等）、教學設計專家、媒體專家、電腦專家等專業人員共同發展，以確保軟體之品質。

表 3-2-13 電腦輔助教學軟體學科名稱及發展單位

級別	學科名稱	主要軟體發展單位	備註
國小	國語	廠商、台灣省國民學校教師研習會	課程軟體
	自然	廠商、教育部	
	其他	廠商	
國中	甲類	廠商、台灣省政府教育廳	
	乙類	廠商	
高中	甲、乙類	廠商	
高職	甲類	廠商、台灣省政府教育廳	
	乙類	廠商	
特殊教育	啟智	廠商、教育部	社教軟體
藝術教育	各類科	廠商、教育部、部屬館所、社教機構	
其他	鄉土教學	廠商、台灣省政府教育廳	
	自然益智教育	廠商、資策會、國立自然科學博物館	
	科學益智教育	廠商、國立臺灣科學教育館	
	環保益智教育	廠商、行政院環保署	
	其他	廠商	

B. 委託發展

由教育部、省市教育廳局等單位，視需求委託學校或廠商進行軟體開發製作。或公開徵求學校或教師企劃建議書，由委託單位邀請 CAI 專家學者及學科教師共同組成審查小組，評選優良企劃書進行委託。委託單位應建立評估制度，以確保委託製作之軟體品質。

(3) 發行階段之審查及選拔

為確保進入校園之軟體，其教學目標、教學內容及遣詞用字正確合宜，軟體於推廣發行至學校前，應經審慎評估及審查。方式如下：

A. 課程軟體應配合「中等學校及國民小學電腦輔助教學課程軟體審

查要點」，送國立編譯館審核。

　　B.社教軟體可參加「金學獎優良社教軟體選拔」活動。

4. 電腦輔助教學之推廣與落實

⑴資訊設備之建置

　　為強化各級學校之電腦軟硬體資訊設備，並建置網網相連環境，以利 CAI 資源之擷取、經驗交流等推廣活動，教育部依據其擬定之各項計畫處理，包括：改善各級學校資訊教學計畫；電子郵件（E-mail）至中學實驗網路計畫；CAI 多媒體實驗教學計畫。

⑵師資培訓

　　A.養成教育

　　　師資培育多元化建議電腦補助教學應用課程融入相關教學及實習課程中。

　　B.在職訓練

　　　教育部、省市教育廳局規劃相關課程，委託大學校院、資策會等單位，針對中等以下各級學校教師，加強培育 CAI 軟體應用及設計人才。

　　C.電腦輔助教學軟體創作獎勵

　　　為提升教師軟體開發能力，由教育部規劃，委託學校辦理此項工作，以鼓勵教師從事腳本設計及軟體創作。

⑶電腦輔助教學推廣宣導活動

　　A.電腦輔助教學推廣展示活動。

　　B.辦理研討會。

　　C.透過省市教育廳局所屬各校之資訊中心學校，加強電腦補助教學推廣宣導活動。

　　D.電腦輔助教學有功人員選拔與獎勵。

　　E.媒體宣導推廣。

　　F. 電腦公、協會相關推廣活動。

5. 經費需求

各單位依每年度擬發展之軟體數量舉辦相關推廣活動、師資培訓等工作，依年度預算程序辦理概算編列。

6. 預期效果及影響

(1)整合運用各界電腦輔助教學軟體發展資源，開發符合需求之 CAI 軟體，避免資源浪費。

(2)鼓勵廠商積極參與 CAI 軟體開發，使國內 CAI 軟體資源更為充裕。

(3)課程軟體審查制度之建立及優良社教軟體選拔活動之舉辦，使國內所發展之 CAI 軟體品質更為提升，而使用者之學習權益亦可獲得保障。

(4)使 CAI 資源之取得與應用更為便利，以充分應用 CAI 軟體提升教學成效。

(5)加強教師之資訊素養，提升使用 CAI 軟體的意願，以達輔助教學之目的。

(6)建置良好之資訊環境使各級學校 CAI 軟體之應用有更完善且充裕之設備可資運用。

⋯➔ 六、台灣省教育廳「高職電腦輔助教學軟體發展中心計畫」

台灣省教育廳在推動電腦輔助教學，為提高 CAI 課程的軟體品質及教學效果，於民國七十八年在省立三重商工職業學校成立「台灣省教育廳高職軟體人員發展小組」。此小組於民國七十九年更名為「高職電腦輔助教學軟體發展中心」，負責開發「動態課程發展整合環境」（Integrated Development Environment for Animated Lesson，簡稱 IDEAL）系統（教育廳，民 80）。中心之目的與組織架構與工作內容摘要如下（教育廳，民 80）：

(一)目的

1. 研究發展維護電腦輔助教學工具，動態課程整合發展環境編輯系統。
2. 發展推廣電腦輔助教學課程軟體。
3. 配合資訊教學需要舉辦教師短期研習。

(二)組織與職掌

1.指導委員會

台灣省政府教育廳為方便此中心能順利運作，特責成省立三重商工成立指導委員會為中心最高指導單位，負責策劃與督導，由教育廳聘請國內資訊暨電腦輔助教學學者專家組成。

2.中心編制

本中心置主任一人，由三重商工校長兼任之，另置執行秘書一人（負責中心工作之計畫、協調、執行等事宜），下設四組，由校長在校內聘請相關教師兼任，四組工作分配如下：

(1)研究發展組

A.研究發展資訊教育有關軟體。

B.聘請教授審查研究計畫、指導研究、評鑑研究成果。

(2)推廣組

A.負責推廣研究發展出之軟體。

B.辦理資訊有關之座談會。

C.辦理電腦輔助教學教師研習會。

D.提供諮詢服務等工作。

(3)維護組

A.維護已發展完成之軟體。

B.負責蒐集、整理、建檔各種電腦輔助教學之資料。

C.提供部、廳發展之軟體等磁片拷貝等項服務。

(4)行政組

　　處理協調中心各項事務性工作。

▶ 第三節　電腦輔助教學師資培育

　　資訊教育的推動，電腦軟硬體設備是基礎，師資是另外一個不可或缺的因素。資訊教育的師資最主要有兩種：其一是負責電腦教學的老師；其二是發展與應用電腦輔助教學軟體的師資。前者的培育已經在第二章說明。本章只說明我國早期對電腦輔助教學師資的培育情形。惟到民國八〇年代初期，網路在國內慢慢普遍，各級學校都已經架設網路應用於教學，至此電腦輔助教學已慢慢擴大為多媒體教學、網路教學、遠距教學，及數位學習。由於多媒體及網路在教學上的應用，電腦輔助教學師資培育也擴大包括多媒體教材製作、網路管理及遠距教學等人力。本節有關師資培育也將包括這方面的訓練班。

　　有關電腦輔助教學師資的培育，過去大部分偏重電腦輔助教學發展的人力。在民國七〇年代初期，我國電腦輔助教學剛萌芽，有關電腦輔助教學軟體發展的人力相當缺乏。民國七十三年，教育部與國科會共同負責的「電腦輔助教學實驗計畫」在執行時，便於第一階段辦理「企劃班」與「研究班」，進行電腦輔助教學人力的培訓工作，培育參與該計畫課程軟體研發工作所需人力。

　　教育部為推廣應用電腦輔助教學，並培養具有 CAI 軟體製作及評估能力之教師，從而提升國中、國小推展電腦輔助教學之層次，自七十四學年度起委託台灣師範大學、中興大學、高雄師範大學、淡江大學等四所大學，分北、中、南三區辦理「電腦輔助教學」進修班（教育部電子計算機中心，民 87）。此進修班最早為高職教師舉辦，第二年擴大為國中及國小教師，第三年停辦高職班，第四年開始辦理高中教師進修班，第五年則擴大辦理大專班；八十年為提升電腦輔助教學設計水準，特別為過去參加過進修班教師舉辦一年進階班。至民國八十年，總共培訓各級學校 6,840 名教師，

其詳細人數統計如表 3-3-1（教育部，民 81）。

表 3-3-1　電腦輔助教學訓練班之訓練人數統計表

訓練學校	教師別	74 進修班	75 進修班	76 進修班	77 進修班	78 進修班	79 進修班	80 進修班	80 進階班	合計 進修班	合計 進階班
淡江大學	大專					40	40	40		120	
	高職	80	80							160	
	國中		40	80	80	80	80	80	40	440	40
	國小		120	80	80	80	160	160		680	
台灣師大	高職	120	80						40	200	40
	高中			80	80	80	120*			360	
	國中		40	80	80	80	80	80	40	440	40
	國小		120	80	80	80	160	200*		720	
中興大學	大專							40		40	0
	高職	120	80						40	200	40
	高中			80	80	80	80			320	
	國中		40	80	80	80	80	80	40	440	40
	國小		120	80	80	80	160	160		680	
高雄師大	大專						40		40	40	40
	高中			80	80	80	120*			360	
	國中		40	80	80	80	80	80	40	440	40
	國小		120	80	80	80	160	200*		720	
	高職	120	80							200	
合計		440	960	640	880	920	1,280	1,440	280	6,560	280
總計（進修班及進階班）										6,840	

* 為併計暑期偏遠地區教師班 40 名

依據教育部電子計算機中心（民87）資料，八十二學年度配合「改善各級學校資訊教學計畫」，培養具電子計算機基本素養之教師，而增開辦理三學分「電子計算機概論班」，並將「電腦輔助教學進修班」分為一學分「電腦輔助教學應用班」及四學分「電腦輔助教學設計班」，從而擴大分北、中、南、東四區，委託國立台北師範學院、台北市立師範學院、清華大學等18所大學院校辦理，並補助台灣省政府、台北市政府教育局、高雄市政府教育局、金門縣政府教育局及連江縣政府教育局開辦「一般性電腦應用班」，期使培育更多之資訊教師。八十四學年度更為配合「國家資訊通信基本建設（NII）計畫」，推動「TANet到中小學計畫」，故委託中央大學辦理「台灣學術網路技術管理班」。八十六學年度配合「資訊教育基礎建設計畫」之執行，擴大辦理在職教師資訊培訓，辦理三學分「電子計算機概論班」、四學分「電腦輔助教學設計班」及四學分「台灣學術網路技術管理班」等，辦理情形如表 3-3-2（教育部電子計算機中心，民87）。同時又配合「國家資訊通信基本建設（NII）人才培育計畫」之執行，辦理四學分「台灣學術網路技術管理進階班」、四學分「資訊媒體製作班」，及不計學分的「網路多媒體教學應用班」和「遠距教學教材編製與系統管理班」。上述教育部之「資訊教育基礎建設計畫」及配合「國家資訊通信基本建設（NII）人才培育計畫」所辦理各種訓練班的辦理情形如下：

⋯→ 一、電子計算機概論班

　　參加對象：國中、國小、高中、高職及特殊教育登記合格教師，經由
　　　　　　　任教學校推薦及甄選小組選拔通過者。

　　報名資格：凡不具任何電腦基本認識之教師。

　　訓練課程：總時數為72小時，其中理論課36小時，實習課36小時。

　　課程內容：電腦基本概念、系統操作、基本安裝與維修（DIY）、電
　　　　　　　腦輔助教學概論、圖文處理、程式語言、資訊網路、電腦
　　　　　　　在教育上的應用。

表 3-3-2　八十六學年度在職教師資訊培訓委託學校一覽表

區域	委辦學校	電子計算機概論班					CAI 設計班			
		高中	高職	國中	國小	特教	高中	高職	國中	國小
北區	國立台北師院			1	1					
	台北市立師院				2	1				1
	淡江大學			1	1			1	1	1
	台灣師大					1	1		1	1
	台灣科技大學		1		1					
	清華大學			1	1				1	1
	交通大學			1	1					
	中央大學	1		1	2					
中區	台中師院				3	1				
	逢甲大學		1	1						
	中興大學	1		1	1				1	1
	彰化師大		1	1	1	1		1	1	1
南區	台南師院			1	1	1				1
	嘉義師院				2					1
	屏東師院			1	1					
	高雄師大			1	1				1	1
	中正大學			1	1				1	1
	中山大學		1	1	1					
	成功大學	1			1					
	高雄技術學院					1				
東區	台東師院			1	1	1				1
	花蓮師院			1	1				1	1
合計		3	4	15	24	7	1	2	8	13
總計		53					24			

⋯→ 二、電腦輔助教學設計班

參加對象：國中、國小、高中及高職登記合格（有教師登記證）教師，
　　　　　經由任教學校推薦及甄選小組選拔通過者，並以上過「電
　　　　　腦輔助教學應用班」或「電子計算機概論班」者為優先考
　　　　　慮。

報名資格：本「電腦輔助教學設計班」為進階班，凡參加過「電腦輔
　　　　　助教學應用班」或「電子計算機概論班」者優先錄取。

訓練課程：總時數為 108 小時，其中理論課 36 小時，實習課 72 小時。

課程內容：CAI 軟體工具介紹、課程腳本及設計原則、課程軟體發展
　　　　　技術電腦管理教學、CAI 發展趨勢、課程軟體實作展示及
　　　　　總評。

⋯→ 三、台灣學術網路技術管理班

參加對象：國中、國小、高中及高職登記合格教師，經由任教學校推
　　　　　薦及甄選小組選拔通過者。

報名資格：修過電腦基本概念或網路、資料通訊相關課程。

訓練課程：總時數為 108 小時，其中理論課 36 小時，實習課 72 小時。

課程內容：TANET 網路資源介紹、電話撥接使用與建置管理、伺服器
　　　　　與網路設備系統管理、網路資源的運用與建立、Web server
　　　　　的安裝管理、PC 網路教室的建立與維護。

⋯→ 四、台灣學術網路技術管理進階班

參加對象：國中、國小、高中及高職登記合格教師，經由任教學校推
　　　　　薦及甄選小組選拔通過者。

報名資格：國中、國小、高中及高職登記合格教師，經由任教學校推
　　　　　薦及甄選小組選拔通過者。

訓練課程：總時數為 108 小時，其中理論課 36 小時，實習課 72 小時。

課程內容：通訊協定、OSI、TCP/IP基礎、作業系統與網路軟體、Client/Server、伺服器建置、規劃與管理、校園網路規劃、區域網路與高速網路的技術發展、網路互連與WAN、網路安全與犯罪防制、網路管理。

···→ 五、資訊媒體製作班

參加對象：國中、國小、高中及高職登記合格教師，經由任教學校推薦及甄選小組選拔通過者。

報名資格：國中、國小、高中及高職登記合格教師，經由任教學校推薦及甄選小組選拔通過者。

訓練課程：總時數為108小時，其中理論課36小時，實習課72小時。

課程內容：電腦硬體簡介、多媒體開發工具介紹、腳本規劃與教學設計、軟體發展技術、電腦教學理論與發展、人機介面（訊息與介面設計）、網路資源應用。

···→ 六、網路多媒體教學應用班

參加對象：國中、國小、高中及高職登記合格教師，經由任教學校推薦及甄選小組選拔通過者。

報名資格：國中、國小、高中及高職登記合格教師，經由任教學校推薦及甄選小組選拔通過者。

訓練課程：總時數為72小時，其中理論課36小時，實習課36小時。

課程內容：TANet與Internet介紹、網路資源應用、多媒體應用與製作、網頁設計、VOD與EOD。

上述各種訓練班自八十二至八十五年參加人數，八十二學年度電子計算機概論班、CAI應用班及設計班培訓總人數為3,139人，八十三學年度之電子計算機概論班及設計班培訓總人數為1,965人，八十四學年度之電子計算機概論班、設計班及台灣學術網路技術管理班培訓總人數為2,200人。八十五學年度之電子計算機概論班、電腦輔助教學設計班、網路應用

班及台灣學術網路技術管理班培訓總人數為 2,760 人（教育部電子計算機中心，民 87）。

另外教育部顧問室之「邁向公元二○○○年資訊化國家第二期資訊人才推廣教育計畫」，也於八十二年七月起執行為期四年之第二階段計畫，亦辦理有 CAI 相關之國中、小資訊教師種子班、多媒體教學軟體種子班及網路管理種子班，至民國八十六年七月計畫執行完成共計培育 4,707 人次。

➡ 第四節 電腦輔助教學相關措施

自從民國七十三年教育部與國科會共同執行「電腦輔助教學實驗計畫」以還，電腦輔助教學漸受國內行政機關、學術研究機構、各級學校及業界的關注。為能全面順利推動電腦輔助教學工作，教育部結合省市教育廳局規劃並推動頗多相關活動，如推動組織、展示活動、研討會、出版教學軟體專輯、辦理獎勵措施及成立資源中心等，均有助於電腦輔助教學能夠由點而線而面地推動。茲將過去多年來國內所舉辦過的有關電腦輔助教學各項措施，分別說明於後。

⋯➤ 一、教育部「電腦輔助教學推動委員會」

為加強各界之溝通與協調，使電腦輔助教學未來方向及政策制訂明確、執行更落實，教育部於民國八十一年十一月邀集國科會、省市教育廳局、學者專家、業界代表、國立編譯館及教育資料館等相關單位代表，召開「產官學電腦輔助教學聯席會議」，會中決議由教育部電子計算機中心召集成立「電腦輔助教學指導委員會」，由教育部政務次長為召集人，其主要任務為（教育部電子計算機中心，民 87）：

1. 電腦輔助教學未來方向及政策之訂定。
2. 電腦輔助教學各階段規劃、協調、分工及實施之諮詢與指導。

民國八十二年三月十一日本委員會召開第一次委員會議。八十五年七月為配合本部「資訊推動指導委員會」之成立及其組織架構，本委員會更

電腦輔助教學

名為「電腦輔助教學推動委員會」。各次會議所達成政策訂定、推動或規劃事項概述如下（教育部電子計算機中心，民 87）：

1. 確認電腦輔助教學指導委員會之設置要點及組織架構。
2. 確認「中等學校及國民小學電腦輔助教學審查要點」，由國立編譯館負責執行，並於八十三年七月正式實施，以確保進入校園之課程軟體品質。
3. 召開電腦輔助教學軟體發展及協調會議，整合、協調各單位軟體開發重點之分工原則。
4. 促進優良社教軟體選拔活動（金學獎）之實施。
5. 確認通過教育部電子計算機中心訂定之「電腦輔助教學之發展、推廣與整合計畫」。
6. 確認「中等學校及國民小學電腦輔助教學審查要點」修正案，及各屆金學獎活動之辦理。
7. 確認「資訊教育資源推動小組設置要點」及其成員。
8. 修訂通過「教育部優良電腦輔助教學軟體推廣要點」，鼓勵軟體業者參與輔助教學、啟發心智、提升技能等優良軟體之開發。

⋯➔ 二、教育部好學專輯

到民國八十年，教育部、省市教育廳、局及國內各級學校所研發的電腦輔助教學軟體累積數目為數已經相當可觀，為使這些教學軟體有系統地整理發行，以便各級學校、老師與學生使用，教育部自民國八十二年便陸續整理並發行「好學專輯」光碟，免費提供給國內所有的學校，使國內所發展的電腦輔助教學軟體能真正落實在教學上使用。到目前教育部已經發行 20 輯「好學專輯」，茲將各輯的內容簡單說明如下（教育部電子計算機中心，民 87）：

第一輯

彙總教育部、省市教育廳局歷年來開發之單、彩色 CAI 軟體計 373 套，其學科、類別包括有：

1. 國小類：數學科、自然科。

2. 國中類：數學科、英文科、物理科。

3. 高中類：數學科、化學科。

4. 高職類：培基語言、機械製圖、機械力學、電子學、基本電學、商業概論、會計學、經濟學、統計學、農業類科、家事類科、護理類科、海事類科。

5. 專科類：商用語言。

6. 特殊教育類：生活與溝通訓練。

7. 其他類：益智遊戲。

第二輯：汽車修護和家庭電器修護

為轉換製作教育部於七十九年開發之「多媒體高工汽車修護和家庭電器修護交談式影碟電腦輔助教學系統」，內容計有 16 個單元：

汽車修護：共有 11 單元，包括：汽車概論、引擎工作原理、引擎本體的結構、燃料系統概論、柴油引擎燃料噴射系統、汽油引擎燃料噴射系統、引擎點火系統、引擎潤滑系統、汽車排氣控制、引擎的性能、引擎本體的維護與保養。

家庭電器修護：有五單元，包括：冷氣機、電冰箱、壓縮機、洗碗機和洗衣機故障檢修。

第三輯

彙總 260 套軟體，除了教育部電算中心委託製作的軟體及獎勵競賽優秀作品外，還包含有資策會科學展示中心、台灣省國教研習會及業界所提供的軟體。學科、類別包括有：

1. 幼教類：國語文科兩單元及常識科四單元。

2. 國小類：國語文科 13 單元、數學科 17 單元、自然科 24 單元、常識科 2 單元，及電腦科一單元。

3. 國中類：物理科 25 單元；數學科一年級適用 41 單元；二年級適用 12 單元及三年級適用 33 單元；英語科五單元；健康教育科兩單元；及國文科一單元。

電腦輔助教學

4. 高職類：力學和製圖科九單元，及會計科七單元。

5. 特殊教育類：啟聰遊戲兩單元，及啟智遊戲七單元。

6. 其他類：益智遊戲21單元，及歷年CAI軟體競賽優秀作品33單元。

第四輯：美髮系列

　　本光碟軟體以模擬真實情境、活潑生動的方式呈現教學內容，於片頭後可看到美容院、大門景觀，此時請選擇地毯開啟電動門，門內有店老闆、美髮師與助理等數人，可選擇他們，或選擇門內上方的「美髮世界」招牌，進入美容院開始學習課程。主畫面上四個人物分別代表：

1. 老闆——美髮常識課程。

2. 美髮助理——按摩與洗髮。

3. 初級美髮師——護髮、編髮與燙染髮。

4. 高級美髮師——剪髮、吹風、整髮與髮型設計。

　　選擇任一人物可進入單元學習課程。

第五輯：麵包製作

　　內容有麵包製作的分類、材料、設備、器具、計算配方、製作範例介紹及評鑑；並將國家技能檢定考試丙級學科烘焙食品之所有試題納入題庫（共800題）。

　　系統架構基本上分為兩大部分：學科教室及術科教室。另提供給老師之公用程式，其功能包括有：

1. 學生姓名、編號（或學號）之管理。

2. 學生學習紀錄之查詢。

3. 丙級學科試題題庫之管理。

4. 老師自建題庫之管理。

第六輯：美顏系列

　　本系統將美顏課程分為皮膚的認識、皮膚保健、彩妝和美顏工作室四大單元做詳盡介紹，同時將國家技能檢定考試丙級學科有關美顏之試題三百多題納入題庫，老師並可自建題目。

1. 彩妝部分除了針對眼部、唇部、粉底化妝，及各種不同臉型修飾技

巧做仔細的介紹外，也對使用工具及各種用品一一細述。化妝常識之上妝單元設計了色彩搭配遊戲，提供六個不同造型之模特兒，以隨意搭配出不同效果，藉此了解化妝與色彩的重要性。而化妝的實作過程，則於一般化妝單元有完整的影片介紹。

2. 在皮膚的部分，除了介紹皮膚的構造、異常皮膚及常見之疾病種類外，對於皮膚保養的基本常識、用品、儀器與方法，亦配合動畫、影片等做詳實介紹。

3. 美顏工作室為題庫的測驗，共分為五關，每關四級，每級五題。

第七輯：環境保育

本光碟內容包括有認識酸雨、資源回收、空氣污染的元凶、節約能源、溫室效應、臭氧層危機、奇花異草及不速之客等八單元。各單元內容簡介如下：

1. 認識酸雨：介紹(1)酸雨的定義、形成的原因及二次污染的概念；(2)目前有酸雨的地區及對生態、古蹟、人體的影響；(3)抑制酸雨之防制措施；(4)藉由測驗來評定學習成效。

2. 資源回收：介紹丟棄的垃圾回收是資源的概念，及垃圾處理所遭遇的困難；簡介丟棄物品分解所需的時間，及哪些為可回收性之垃圾；敘述與再製品間的關係；簡述回收管道，反省自己在資源回收上做多少工作；藉由測驗來評定學習成效；垃圾回收量的減少量，及掩埋場、焚化爐間的互動關係。

3. 空氣污染的元凶：介紹常見之空氣污染物種類及其使用單位；空氣污染指標及罰款；污染來源、影響及環境品質；如何配合政策減輕污染；污染隨地域及氣候對人體之影響；以測驗來評定學習成效。

4. 節約能源：介紹(1)能源種類：如太陽能、生物能等；(2)能源之有效利用與使用情況；(3)日常生活如何節約能源；(4)以測驗評定學習成效。

5. 溫室效應：(1)何謂溫室效應？為何稱之溫室效應？(2)介紹原因及對自然界的影響；(3)如何解決溫室效應問題？(4)我們能配合做到的工

作有哪些？(5)以測驗評定學習成效。

6. 臭氧層危機：(1)臭氧層的位置、厚度及功能；(2)其所造成後果及其對人體的影響；(3)臭氧層破壞的原因，簡介CFC物質與我們生活的關係；(4)簡介蒙特婁合約及管制內容；(5)配合減少用CFC的方式；(6)以測驗評定學習成效。

7. 奇花異草：就臺灣重要的稀有植物、臺灣亟待保護的自然區域、為何要保護珍稀植物，與如何保護珍稀植物等四大目標來進一步做解說。

8. 不速之客：就外來動植物引進的原因、外來動植物的種類、外來動植物對生態環境的影響加以說明，強調自然生態平衡的重要。

第八輯：益智遊戲

本專輯包含了 WINDOWS 版和 DOS 版軟體，其中 WINDOWS 版：意外傷害、尋幽訪勝兩單元。DOS版分成五個類別，共31單元，其類別為：環保尖兵、資源保育、健康世界、數學天地、電腦入門。

1. 意外傷害：介紹意外傷害發生的種類、易發生的場所、正確處理方式，及如何預防意外傷害的發生。

2. 尋幽訪勝：介紹各類型觀光資源的特色，並說明觀光資源的開發與維護。

3. 環保尖兵類：包括污染的地球、舉手之勞做環保、垃圾分類與資源回收、常見的污染防治方法、河川怎麼污染了、環境影響評估、認識放射性物質、惱人的噪音等八個單元。

4. 資源保育類：包括能源與你、水土保持㈠、水土保持㈡、拜訪國家公園、珍稀動物保育、自然保留區。

5. 健康世界類：包括致命的吸引力、口腔保健、二十世紀黑死病（AIDS）、長大的感覺、潛伏的殺手（腎臟病）、傳染病防治（B型肝炎）、遠離菸害（拒吸二手菸）、靈魂之窗（視力保健）、認識維他命。

6. 數學天地類：包括數學歸納法、數學與推理、尤拉問題、有趣的函

數、數字天地。

7. 電腦入門類：包括電腦與生活、電腦病毒、培基語言。

第九輯：基礎國語文補充教材

在本專輯中收錄了教育部於八十三及八十四年分別委外製作的 21 個單元啟聰教育國語文軟體，分成國語口手語、基礎詞類介紹、進階詞類介紹、句型介紹、進階應用及課外閱讀等六大類。

1. 國語口手語：介紹聲符與韻符的筆順、拼音、手勢及日常生活上常用的名詞，並設計簡單的遊戲，使聽障生認識注音符號與拼音能力，並進而熟悉簡單的詞彙，提升其「想」、「說」、「寫」的能力。共分為三個課程單元：國語口手語(一)、國語口手語(二)，及我的家庭。

2. 基礎詞類介紹：介紹代名詞、動詞、量詞、形容詞等基礎詞類的用法，進而能正確運用並培養語言能力，希望達到能分辨各種詞類的用法，並且培養聽障生思考判斷能力的教學目標。共分為四個課程單元：猜猜我是誰、大家來學動詞、奇妙的量詞及比一比。

3. 進階詞類介紹：介紹修飾語如形容詞、副詞、疊字詞及形容詞變換副詞等詞類的進階用法，以加強學生運用語言的能力。共分為四個課程單元：加油添醋(一)、加油添醋(二)、疊字詞(一)及疊字詞(二)。

4. 句型介紹：介紹一般常用的句型，如疑問句、直述句、否定句、肯定句的寫法及用法，及「嗎」、「誰」、「哪裡」、「幾」、「什麼」等的含意與應用。共分為三個課程單元：認識句型、簡單問句及常用問句。

5. 進階應用：介紹標點符號、時間的含意與計時工具、成語的運用等。共分為四個課程單元：認識標點符號、時間的故事、出口成章及不做白字學生。

6. 課外閱讀：包含「啟聰之光」、「端午節的傳說」、「中華文物之旅」三個單元。

第十輯：中、西點製作

本系統運用情境模擬的方式，藉著文字、動畫、圖片、影片、語音的

活潑表現，包括15種中西點心之原料、器材、機械、配方計算及製作方法與流程。此外，在挑戰擂台中，更加入丙級烘焙食品技術士技能檢定學科模擬試題。

第十一輯：國小自然科天象與時空概念

本專輯包括「超時空戰士」與「時空樂園」兩套軟體，其軟體特色為以角色扮演遊戲的手法，引導使用者發現學習進而建立起天象與時空的概念。

超時空戰士部分共分三個學習中心，星星相印、太陽系遊歷及銀河系傳奇，透過情境模擬，讓使用者學習到如何觀測星星、星座，如何尋找北極星，使用星座盤及認識太陽系、九大行星等等。

第十二輯：校園軟體創作 CAI 類得獎作品專輯

本專輯蒐集教育部所舉辦「校園軟體創作獎勵」八十二、八十三及八十四年電腦輔助教學類得獎作品，共有六套教學軟體。

1. 合力與分力：共分成學前測驗、教學、目錄、測驗及遊戲單元。
2. 河洛語教學系統：共分成來源、發音、課文、諺語及童謠單元。
3. 英語文教學及學習管理系統：共分成學習系統、學習管理系統、口試批改系統及課程編輯系統。
4. 稱稱看有多重：共分成教學（比比看、認識秤、秤秤看、算算看及想想看）、練習、測驗及遊戲單元。
5. CNC 車床動態模擬切削加工教學系統：本軟體提供 CNC 車床學習者或程式設計師，一個不須占用CNC車床母機，就可由電腦螢幕中看到真正CNC車床之刀具切削情形，並可檢測是否正確的學習工作環境。
6. 液氣壓學電腦輔助教學系統：本系統擁有液氣壓學 CAI、自動設計動作迴路、自動繪製控制迴路、設備圖及 16 個基本的動態模擬實習。

第十三輯：重編國語辭典修訂本光碟版

本系統在辭典部分，運用全文檢索功能，可作詞目或內文關鍵字詞的

檢索。辭典附錄與語文叢書部分採用瀏覽的方式，某些內容並提供超本文檢索關聯。

第十四輯：音樂入門篇

為提供國小四至六年級學生學習，及教師輔助教學、教學參考使用，藉由多媒體的功能，強化學習者音樂知識和技巧的學習，並培養音樂欣賞的興趣，亦是一般人士初學音樂之入門學習途徑。內容參考國民小學音樂課程標準中所列的音感、認譜、演唱、演奏、創作和欣賞六類教材，分成四大單元：「基礎樂理」、「音樂家作品與歌曲欣賞」、「樂器認識」、「樂曲創作」。

第十五輯：校園軟體創作民俗藝術類得獎作品專輯

1. 童玩天地：本套教學軟體裡，我們依據童玩的性質、做法及相關玩法分成四大類，包括：
   (1)益智類：仙人擺渡、連環變化、開心遊戲、仙人開鎖、金蟬脫殼、智開雙鎖。
   (2)操作類：紙編、摺紙飛機、捏麵人、竹槍。
   (3)小空間玩藝：尢仔標、一二三木頭人、橡皮筋、彈珠。
   (4)歌謠類：五〇到六〇年代的鄉土歌謠。
2. 籠球：介紹以各種「帶狀」的素材，編製成各種不同球體的方法。

第十六輯：台北市木柵動物園篇

為提倡國小學生多與大自然接觸，教育部委託開發「台北市立動物園」多媒體電腦輔助教學系統，希望藉由多媒體的功能，教導學習者對動物的認識，培養愛護動物的觀念，讓學生們對自然界有夠深層的了解。

第十七輯：台灣鄉土文化資訊系統

本專輯之各網頁建置，係鑑於目前網路上中文資料之缺乏，遂委託國內之大專院校，以專題開發方式建置了國內部分縣市之鄉土文化系統，初期成果皆建置於網路上供各界使用。並於八十七年度委請政治大學進行整合，系統內容包括彰化縣、南投縣、嘉義縣市、台南縣市、高雄市及台灣原住民文化。本專輯亦加入教育部八十五、八十六學年度舉辦之中小學網

路競賽的得獎作品，及中山大學提供之高雄學習網中適合幼兒及兒童學習之諸多單元。

第十八輯：生命現象

本系統介紹動物的形態、分類、棲息環境及校園的環境與常出現的小動物。藉著電腦輔助教學與多媒體的結合製作出生動活潑、學習者能參與其中的軟體教材。本計畫的目標，在使學生認識一級分類標準下動物的形態、分類及棲息環境。進一步從觀察校園周遭環境、本土環境及棲息其中的動物中，培養出愛護小動物及愛護自然、保護環境的情操。

第十九輯：掌中天地寬

教育部為了將校園軟體創作獎勵競賽中民俗藝術類得獎作品推廣至各級學校，製作本輯光碟提供各級學校教學使用。本軟體將一般只能在戲台上觀看的傳統布袋戲搬到眼前，除了將傳統布袋戲做有系統的介紹，帶領使用者深入了解傳統布袋戲內涵；也藉由電腦多媒體的特性，讓使用者能更容易親近我們的傳統文化，進而珍愛此一傳統藝術。

第二十輯：國語文教育叢書第一輯

本專輯提供 18 種國語文教育叢書，內容包括譯音符號、標點符號、部首、標準字體四字體、量詞、筆順、常用字辨識、國語辭典編輯報告書、國語辭典簡編本字詞頻統計、標準字體研討原則、閩南語字彙、一字多音審訂結論、八十四年常用語詞調查報告、新詞語料彙編等。由所涵括內容來看，有字形、字音的規範標準，有部首、筆順的參考資料，有字詞統計的結果，有國語辭典的編輯資料，有方言文字整理的初步成果。這些都是今日使用國語文的重要資訊，對教育與學習國語文必有相當的參考價值。

⋯→ 三、研討會

各級教育行政機關為協助全國中、小學推行電腦輔助教學，提供 CAI 研究人士發表研究心得機會，及與國外學者研討，汲取新知、促進學術交流，推動辦理各類國內、國際 CAI 相關研討會。歷年所辦理的研討會包括下列幾種（教育部電子計算機中心，民 87）：

(一)中華民國電腦輔助教學研討會

教育部與國科會配合台灣省政府教育廳、台北市及高雄市政府教育局，自民國七十六年起辦理中華民國電腦輔助教學研討會，每年由省教育廳、台北市及高雄市教育局輪流主辦，參加人員以中小學教師為主，至八十六年止共舉行 11 屆研討會。活動內容包括：

1. 表揚電腦輔助教學暨資訊教育有功人員。
2. 邀請國內、外電腦輔助教學專家做專題演講、理論之探討，或實作經驗與技術之傳授。
3. 優秀學術論文之發表。
4. 展示及發表優秀作品與商品。
5. 電腦輔助教學之相關問題研討。

(二)國際電腦輔助教學研討會

教育部與國科會自七十八年起，每兩年舉辦一次。至第三屆因辦得相當成功，已提升至國際化水準，成為亞太地區之國際會議，由AACE Asian-Pacific Chapter負責籌劃。而基於國內從事相關領域之研究人口日增，對研究成果發表、學術交流園地之需求日趨迫切等考量，本研討會之舉辦方式於八十四年改為一年一次。活動主要模式為：

1. 邀請國內、外專家學者進行專題演講。
2. 論文發表。
3. 學生研討會以及業界研討會。
4. CAI 軟體展示。
5. 座談會。

(三)中華民國電腦輔助教學發展趨勢座談會

邀請國內電腦輔助教學學者專家、業界與相關單位人員參加，座談內容有專題演講及問題討論，係針對國內外最新電腦輔助教學理論與發展技

術之趨勢發表，及軟體發展方向、品質之提升及落實推廣管道等問題探討。

　　本座談會於民國七十八年三月首次舉辦，至八十六年四月止共舉行了六次。各次會議之召開不但對於教育部電腦輔助教學發展及推廣計畫執行方向、政策之訂定助益良多，且亦提升國內資訊工業水準，及促進教學與研究善用新技術。

㈣學科教學觀摩研討會

　　為訓練與提升教師使用 CAI 的能力，克服教師使用新媒體之心理障礙，教育部、省市教育廳、局每年不定期舉辦教學觀摩研討會，針對不同學科軟體做內容介紹，並研討其在實際教學之應用，期使CAI軟體之推廣更為落實。

1.好學專輯系列推廣說明會

　　⑴教育部於八十三年十二月舉行好學專輯㈣及㈤推廣說明會。
　　⑵教育部委託台灣省政府教育廳、台北市及高雄市政府教育局所屬學
　　　校，於八十四年四月、五月間分別辦理國中及高職階段說明會。

2.資訊教育觀摩會

　　高雄市政府教育局自七十五年起每年分別舉行資訊教育觀摩會，針對資訊教學課程內容，分成若干單元舉行教學觀摩會，並遴聘專家學者指導。

⋯→ 四、發行《資訊與教育》雜誌

　　教育部、台灣省教育廳及台北市、高雄市教育局為加速落實全國資訊教育，於七十六年十月開始發行《資訊與教育》雙月刊，提供資訊新知、交換資訊教學心得，並報導最新活動訊息。發行對象為全國高中職以下學校，並且接受自由訂閱。

　　本刊物每期除邀請專家學者提供教學新知外，並開放教師發表教學、研究心得。對CAI的發展、觀念與理論、技術、研究心得加以介紹，並對各級學校電腦輔助教學推展現況做深入報導。八十年六月及八十四年六月

並彙集發表過之電腦輔助教學相關文章成冊，贈送各級學校，為相關研究人員及教師提供一連續且完整之參考資料。除此之外，每年亦舉辦若干次座談會，邀請教育行政人員、學者專家、大專及中小學教師共同參與，就資訊教育與教學議題廣泛交換意見及進行研討，並將座談會紀要刊登於雜誌上供各界參考。

···→ 五、資訊教育軟體與教材資源中心

資訊教育軟體與教材資源中心之組織與工作項目摘要如下（教育部電子計算機中心，民87）：

(一)成立宗旨

為整合資訊教育軟體與教材資源，提供教師及學生共享教學資源；及教學與學習經驗交流園地，達到資源流通、縮小城鄉差距之目的，特成立「資訊教育軟體與教材資源中心」。

(二)組織架構

成立「全國資訊教育軟體與教材資源中心」統整連結各資源中心網站、成果資料蒐集等，各資源中心執行各學科軟體與教材資源之蒐集、製作、問題解答；及全球資訊網（WWW）網站建置、管理與維護等事務，並依學級區分為國小、國中、高中及高職組，第一年建置重點以國中、國小組為優先。

1.「資訊教育資源推動小組」

本小組依據「教育部電腦輔助教學推動委員會設置要點」第五條設立，由教育部電算中心主任擔任小組召集人，原則上每季召開會議一次，為教學資源中心之諮詢及指導單位，協助各教學資源中心負責學科之分工與協調；及輔導資源中心之建置、管理、維護與未來發展等。

2.「全國資訊教育軟體與教材資源中心」

「全國資訊教育軟體與教材資源中心」主要負責工作包括：

(1)規劃建置網站及管理與維護，如 Web 網站建置、設計 Homepage、各資源中心共同 Homepage（LOGO），及連結（link）整合各資源中心等等。

(2)辦理相關活動：如辦理各「資訊教育軟體與教材資源中心」建置成果競賽等。

(3)彙整各「資訊教育軟體與教材資源中心」建置成果資料。

3. 各「資訊教育軟體與教材資源中心」

(1)提供任一學級學科資源及相關服務

軟體資源、教案設計與資訊教材庫：彙整合法授權之多媒體 CAI 軟體或素材（學科教材圖形資料庫、影片資料庫等），蒐集金學獎與通過國立編譯館審查之優良軟體資訊等，提供使用者上線索取（download）或查詢。

公共討論區：提供線上教師教學經驗交流、學生學習困難解答及輔導等。

測驗題庫：蒐集學科測驗題庫，供師生應用，或辦理網路命題競賽活動。

相關動態資訊報導：公告研討活動消息等等。

連結相關領域之網路資源：相關 WWW 網站之連結。

(2)開發製作與蒐集多媒體 CAI 軟體、數位化素材，充實網站。

(3)辦理推廣活動：如相關領域學科教學活動研討會或展示活動，協助本部 CAI 軟體及相關活動之推廣等。

(三)建置進度

預計於八十六年十二月確認承辦單位及分工，八十七年四月底完成網路硬體架設或設備擴充，八十七年六月底完成網站基本架構建置或充實網

站內容及推廣應用，八十七年七月起持續充實網站內容及推廣應用、擴充服務項目。

㈣未來展望

本「資訊教育軟體與教材資源中心」由「資訊教育資源推動小組」協助建置、管理與運作，未來各資源中心學科內容、網站功能之擴增、群體合作學習活動之進行；及製作技術諮詢等服務項目之增列，亦期望藉由「資訊教育資源推動小組」之運作與策畫加速建構完成，加強資訊化學習資源之質與量，達到資源共享、縮小城鄉差距之目的。

⋯→ 六、電腦輔助教學之推廣應用

㈠資訊設備之建置

電腦輔助教學之實施須有足夠且合適的電腦設備提供教學應用。教育部於民國八十二年八月對高職以下學校所做之電腦設備普查，發現各級學校之電腦設備急待充實及提升，才能滿足教學上的需要。因此，透過教育部「資訊教育基礎建設計畫」之實施，為電腦應用教學實施環境奠定良好基礎。自八十六至九十年度預計達成之目標為（教育部電子計算機中心，民87）：

1. 各國小皆擁有達部頒標準以上電腦教室。
2. 各國中皆擁有至少一間以上電腦教室。
3. 各高中皆可汰換並充實教學電腦設備。
4. 各高職皆可汰換並充實應用教學電腦設備。
5. 各專科皆可汰換並充實應用教學電腦設備。
6. 補助各縣市資訊推廣中心學校購置筆記型電腦供各普通教室使用。

另在推動台灣學術網路連線方面，八十六至九十年度預計達成下列目標：

1. 每一縣市設立 TANet 到中小學示範學校。

2. 將 TANet 之設備納入高中職及國中小電腦教室之設備參考標準中。

3. 完成小學網路連線比例達 80%。

4. 完成國中以上學校網路連線比例達 100%。

(二)落實管道

各級學校資訊教學環境漸漸建置完善後，校園內 CAI 軟體之使用亦漸趨普及，因此，教育部透過各種軟體試辦活動將 CAI 之功能和最新趨勢介紹給學生，以提升學生學習興趣；另一方面實地了解、評估融入教學之成效，作為改進軟體發展之依據及方向。教育部所舉辦之試辦活動有以下幾種（教育部電子計算機中心，民 87）：

1. 國民中、小學益智遊戲試辦方案

本活動目的為使學習者能在遊戲中學習，尤其是對國中小學生，除了教育性意義外，希望也能兼顧娛樂性，以達到寓教於樂的學習效果。

於八十二年度挑選 16 套益智遊戲軟體進行試辦，由全省 16 所國中及國小高年級學生共約 1,600 人進行為期一學期之試辦活動，利用午休及聯課活動時間開放電腦教室供學生自由上機使用。並委託台南師院吳鐵雄院長進行評估研究。

2. 好學專輯系列試辦方案

目的為評量教育部近年發展之多媒體電腦輔助教學軟體應用於實地教學中之成效，以為發展及推廣之參考。教育部將所發行之好學專輯二、四、五、六輯，於八十四年十一月至八十五年五月間，分別在省市八所高職的 16 班相關科班級試用，採用正常上課、課餘時間在學校上機使用，以及學生將好學專輯帶回家上機使用方式進行，並蒐集參與實驗學生之基本資料、前後測成績及學生、教師之問卷資料等，委託中興大學朱延平教授進行試辦方案之評估。

→ 第五節　數位學習的發展

　　隨著電腦科技的進步及網路在國內的日漸普遍與應用，網路上的教學與學習資訊日漸豐富，網路學習的觀念也就慢慢取代電腦輔助教學，再逐漸轉型為數位學習。

　　國內有關數位學習的工作有兩方面：其一是由國科會自行規劃執行的學術研究，主要是由國科會透過學門規劃，向大學或國內學術單位主動徵求研究計畫。其二是由行政院責成國科會負責督導的「數位學習國家型科技計畫」，此計畫一部分與國科會所執行的學術研究結合，由學術單位進行數位學習理論、學習內容、數位學習平台新技術開發，或數位學習系統研發等。另方面則由行政院各部會配合政策推動的需要，所提出的數位學習相關計畫。關於數位學習的學術研究部分將在第七章說明，本節只介紹「數位學習國家型科技計畫」的計畫目的與內容。

　　「數位學習國家型科技計畫」自民國九十二年為第一期五年計畫，到九十六年已執行完成。為協助國科會及計畫總主持人推動計畫內容、管考執行成效，及協調整合各分項計畫資源等目的，依據「國家型科技計畫作業手冊」及「數位學習國家型科技計畫總體規劃書」，設立「數位學習國家型科技計畫辦公室」。計畫辦公室之主要工作為負責整體計畫之落實，協調與確認各部、會、署之相關執行計畫是否符合總體計畫項目，並負責考核各項計畫之執行績效（「數位學習國家型科技計畫」辦公室，無日期）。此外，本國家型計畫共有七大分項計畫，原執行機構橫跨 10 個部、會、署，自九十四年度開始新增至 12 個部、會、署，為數甚多，各分項計畫與執行部、會、署間之整合；績效指標之訂立、評估；計畫執行進度控管等工作十分重要。為協助計畫之推動與整合，本計畫設有：「數位學習推動及人才培育分組」、「網路科學園區建制及技術與基礎研究分組」及「數位學習國際合作與標準推動分組」三項分組，分別負責各項業務之推動與執行。

以下僅就「數位學習國家型科技計畫」總計畫與各分項計畫之目標及內容摘要於下（「數位學習國家型科技計畫」辦公室，無日期）。

···➤ 一、計畫目標

本國家型計畫在規劃上有三大思考主軸：提升國家在知識經濟時代整體競爭力、帶動數位學習相關產業發展及推動新一波學術研究。其具體目標如下：

1. 創造可隨時隨地學習的多元化數位學習環境。
2. 提升全民數位素養因而提升國家整體競爭力。
3. 全面激發市場需求，擴大數位學習產業經濟規模。
4. 政策引導營造有利數位學習產業發展環境。
5. 推動台灣成為全球華文社群數位學習軟硬體研發中心。
6. 帶領台灣成為全球數位學習相關科技研究重鎮。

···➤ 二、計畫願景

此計畫的目標是創造一個有利環境，整合上、中、下游的研發資源，使得政府、產業界、學術界三方面密切合作，最終能實現社會、產業和研究三個面向的願景。

(一)在社會方面

透過國家型計畫的推動，使得我國成為「學習型社會」（learning society），進而成為「優質數位化社會」（e-society），提升知識經濟時代的國家整體競爭力。

(二)在產業方面

從「數位學習」切入，再引導其他應用領域，創造台灣內需的基本市場，作為資訊產業應用的孕育基地，建立良好的環境，促使我國成為「學習科技產業大國」，並從「資訊硬體製造大國」擴展到「資訊產業應用大

國」。

(三)在研究方面

促使我國成為全球「學習科技」研究領先的國家之一，並加大與亞太地區其他國家研究水準的距離。

→三、各分項計畫內容

本計畫共分七個分項：

(一)全民數位學習

計畫構想是利用各現成地點，如各級學校、圖書館、職訓中心、民間社團、社區發展協會、活動中心、網咖、農漁會、營區等轉型成數位學習場所，並結合現有內容平台，如教育資源、職訓教材、技檢題庫、衛生保健教材、軍事訓練與圖書資料等數位內容，發展數位學習活動。數位學習活動的規劃涵蓋了全民學習的目的，即在所規劃的學習活動中，能讓在職勞工、待業勞工、學校師生、公務人員、現役軍人、家庭主婦、退休人員與農漁民等，從事多元化的數位學習。數位學習活動舉例如下：

1. 技職訓練與技能檢定

勞委會職訓局多年來與學術界通力合作，配合職訓發展中心開發多種技職訓練教材，同時推行技能檢定制度，並落實在各地區的職訓中心與各級職業學校。因此配合已開發完成的教材，利用網際網路管道將此功能推展到各類人員，以達資源共享，提升職業勞工的技能素養。另外，失業勞工的資訊能力訓練與專長再造訓練也是數位學習的重要目的。

2. 學校教育與課業輔導

配合九年一貫課程的實施需求，資訊融入教育占有 20%的課堂實施時間，而且目前網路上有相當多的學校教材資源，因此，培養學生在學習上的資訊應用能力也是當務之急。另外，協助學生的課業理解，幫助學生獲

取知識，也是數位學習的重要目的。

3. 師資培訓與第二專長

　　政府對全國各級學校的教師規劃了提升專業素養活動，舉辦各種研習活動，也補助教師做長期進修。同時，由於九年一貫課程採用領域教學，因此，老師們的第二專長訓練也成為教育單位的主要工作。另由於資訊功能的提升而提高了老師應用資訊作為教育工具的需求，故老師的 e 化能力也是重要的專長訓練。由於老師人數眾多，欲全面地用傳統方式做師資培訓有困難之處，而且為了讓老師能有更多機會運用電腦，養成 e 化習慣，並能「隨時進修」，開啟數位學習的管道有其必要性。故如何在老師每學期需有 18 小時進修活動的規定中，納入數位學習，是值得探討的事項。

4. 在職教育與人力培育

　　在資訊時代知識量的成長與日遽增，使得在職教育成為企業發展的重要工作，然而企業教育實施的軟硬體成本相當高，除了大企業外很難負擔，同時有些基層勞工也很難有機會接收在職教育的機會。為了全面提升我國勞工素質，使能面臨 e 化的挑戰，除了建立勞工們的職業技能外，e 化能力的培訓也刻不容緩。

5. 社區大學與推廣教育

　　目前全台灣共有 38 所社區大學，普及於各縣市，成為社區終身學習與推廣教育的重要管道。目前社區大學多採集中式教學，較無效率，利用數位學習可達社區大學學員自行學習的目的，若再配合社區大學中的面授教學，更能提高學習效果。

6. 公務培訓與國防教育

　　公務人員的進修對政府 e 化而言相當重要，而且目前也規定公務人員需要在職訓練，為了能增加學習管道，數位學習也是重要途徑之一。另外，公務人員的 e 化能力對政府的行政效率提升相當有助益，如何在數位學習管道中落實公務人員的在職教育與 e 化能力培育，是值得研究的問題。在

國防教育上，對軍官已實施多年資訊能力培訓工作，然而義務役士官兵的軍事 e 化能力培訓與專長訓練的數位學習，不但有助於軍力的提升，也提升義務役士官兵退伍後的就職能力。

7. 社會教育與社區活動

此分項的主要目標是藉由多元化數位學習管道來推動全民數位終身學習，以提升社群民眾的數位學習活動，其主要策略是由社群做導入點。本分項的願景可分為國內整體環境和社群環境兩個方面來看：在國內整體環境方面，包括：創造就業市場、提升數位學習產業、推動數位服務、建立便民數位管道等；在社群環境方面，包括：落實社群數位教育、整合社群資源、推動社群生活 e 化等。

(二)縮減數位落差

數位落差（digital divide）是一種社會現象，它是指擁有使用電腦及網路能力者與無擁有使用電腦及網路能力者之間的差異。這種差異表現在社會面上有資訊取得不易、教育機會少、工作機會少、收入偏低等等；因此，如果不正視數位落差的嚴重性，隨著資訊科技的日益進步及資源的分配不均，資訊富人和資訊窮人，包括區域、群體與組織之間的差距將難以弭平。

根據經建會委託資策會的調查發現，學歷、年齡、城鄉在網路的使用均有可能造成數位落差；在產業別方面，高科技產業與傳統產業之間也有明顯的差距。常見的數位落差種類包括：

1. 群體數位落差

特殊群體一般泛指身心障礙、低收入、原住民等傳統上被認為弱勢的群體，由於受到學習能力、經濟能力及生活型態等因素的影響，往往無法跟上數位學習的腳步。另外，年齡與學歷也間接代表學習能力、經濟能力及生活型態，因此，數位落差也反映在年齡與學歷的差異上。

2. 城鄉數位落差

根據經濟部技術處委託資策會電子商務應用推廣中心FIND進行的「我國網際網路用戶數調查統計」顯示，截至民國九十年十二月底為止，我國網際網路使用人口達 782 萬人，網際網路普及率為 35%。在網路用戶快速增加的過程中，由於地區的因素導致數位落差也逐漸形成，以八十八年我國家庭上網普及率為例，最高的縣市是台北市（36.2%），相對最低的是嘉義縣（4.4%），相差 8.23 倍。而在眾多縣市中，高於全國平均（19.6%）的縣市也僅有台北市、高雄市、新竹市、台中市等四個縣市。可見城鄉差距也是形成數位落差重要因素。

3. 產業數位落差

根據 FIND 最新調查，我國企業連網普及率達 26.4%，其中高度電子化的產業包括電機電子業、車輛業、3C 流通業、綜合零售業等，而造紙業、補教業、食品業、成衣服飾業、旅遊業則電子化程度相對較低。此外，大型企業上網交易占全部交易金額比例為中型企業的 1.5 倍左右，可見產業之間電子化程度因產業特性與企業大小而有所差異。

計畫的目的在於發掘數位學習潛在的問題，並提出具體的改善策略，進而開創無障礙的數位學習方式與環境，來縮減數位落差，以減少失業人口及社會成本，進而推動永續經營學習環境，創造優質生活，並提升國家競爭力。整體目標包括：

1. 建立各種數位落差的指標。
2. 分析各種數位落差形成之因素，並提出對策。
3. 建立相關示範模式，包括弱勢群體、偏遠地區學生及家庭、傳統產業等示範模式。
4. 結合政府、學校及民間資源，透過本計畫的推動建立資源整合機制。
5. 建立數位落差資料倉儲，找尋隱性的數位落差群體，以擴大服務層面。
6. 建立數位落差指標及管考機制，提出對政策及法規的修訂建議。

7. 規劃長遠的推動組織。

8. 透過政策推動,提升產業商機。

(三)行動學習載具與輔具——多功能電子書包

　　本分項之主要目標有下列四大項:第一是協助產業界完成行動學習載具軟、硬體的設計規範,讓產業界有產品製造規範可循,以縮短產品開發時間,並增加產業競爭能力。第二是協助業者完成行動學習載具共通平台之研究與開發,以降低參與廠商之研發成本,另也有助於國內數位學習內容之開發,進而提升我國e-learning的市場規模。第三是協助業者研究行動學習載具的可能使用模式,增加國內學習者之使用意願,以利行動學習載具之銷售,進而提升數位學習產業之國際競爭力。最後,則是結合產、官、學、研的力量推動組織行動學習辦公室,以利行動學習建立起上、中、下游相關產業之垂直與水平整合,使台灣成為全球應用與推廣行動學習的重鎮。為達成以上目標,本分項規劃完成以下工作:

1. 完成行動學習載具軟硬體設計規範。

2. 執行行動學習載具軟體發展平台之研發。

3. 配合數位學習網路科學園區共同規劃數位內容資料格式及其付費機制。

4. 規範與制訂行動學習載具教學應用平台。

5. 規範與制訂教學應用軟體開發工具。

6. 規範與制訂行動學習載具數位內容開發工具。

7. 規劃學習輔具的設計與開發。

8. 研發優質的行動學習模式,建立完善的數位學習環境。

9. 規劃行動學習的使用示範實驗及成效評估。

10. 推動台灣成為全球華文社群行動學習載具與輔具之研發與應用中心。

11. 規劃行動學習載具推動辦公室組織及其運作機制。

㈣數位學習網路科學園區

本分項計畫擬在網路上建置一個數位學習內容之科學園區,而科學園區包含各項服務中心,並造成產業聚落、技術聚落、人才聚落。在策略上,以擴充政府原有的數位學習計畫以建立數位學習產業市場,再加上產業輔導計畫,建立我國數位學習產業之領先地位,使我國能夠經由數位學習產業,以及數位學習技術,快速、有效提升我國之技術、人力與國民素質。

網路科學園區計畫之推動,主要是希望藉由政府原有之數位學習有關計畫,再加上新的輔導計畫,以產出我國的數位學習初期產業規模,由此建構出我國的數位學習產業。再加上有了網路科學園區的推動(成立),使我國廠商能夠在初期產業規模的帶動下,成為數位學習內容的設計與製造大國,同時也成為將學習內容加值為數位學習內容之重要國家。

「數位學習網路科學園區」主要是利用網路的特性,快速地建立起一個園區,如同新竹科學園區扶植國內資訊電子產業般,建立起我國的數位學習產業。數位學習使得學習(教育)成為產品,可以快速地在世界各地行銷,後進的數位學習國家有可能將會成為教育輸入國。

希望結合產、官、學、研各界,在五年內與第一分項共同建立三類20個示範單位,以具體數位學習方式消除學習障礙,提升學習效率與人才培育速度。數位學習產業之規模可以供應大量數位學習內容,並且以此「示範單位」之推廣,建立我國成為數位學習社會。

在產業支援方面,就由網路科學園區來達成,網路科學園區希望能夠在網路上建立起產業支援的電子流程。事實上,各服務中心還是實體存在的,但是它可能分散於各單位與地區。支援的部分主要是:(1)技術與市場和(2)平台與品保二個方面,同時也負責國內產業與國外合作的部分。在學界與業界有創新產品可以透過育成與輔導中心建立企業,或有優秀產品也可以透過推廣中心加以推廣。

㈤前瞻數位學習技術研發

本分項「前瞻數位學習技術」之定義，是指目前尚不存在或尚不成熟，而須花數年時間研發才可實現之先進數位學習相關技術，並以此作為研究發展之方向依據。

本分項研發範圍包含數位學習內容之開發保護與管理，各式新數位學習平台之研發，以及軟體工具之發展。此外，為使產、官、學、研各界之努力能累積起來產生相加乘之效果，標準規格及認證亦屬重要工作。因此，本分項中將數位學習相關前瞻技術分為四類：平台、內容、軟體工具及標準認證。

㈥數位學習之學習與認知基礎研究

本分項計畫從學習與認知的角度切入，進行數位學習相關的基礎研究工作，重點將聚焦在「科學、技術和數學」的學習上，並預計建置以下與數位學習相關的資料庫：學生應具備之數位素養資料庫、新的數位學習／教學／評量模式資料庫、數位學習策略與行為資料庫、數位學習對幼童和學生的生理及心理影響之資料庫。立基在這些資料庫之上，希望初步開創出本土「科學、技術和數學」之數位學習理論與架構，並希冀提供其他分項計畫一些有關數位學習行為、模式、理論的寶貴資料。

本分項計畫初期重點將聚焦在「科學、技術和數學」的學習上，期能藉由本分項計畫規劃之相關重點基礎研究工作的努力，蒐集並獲致許多國內實證之研究數據和資料，進而建置相關之「科學、技術和數學」數位學習的資料庫，並希望初步發展出「科學、技術和數學」的本土數位學習理論。後期重點則期待將「科學、技術和數學」數位學習的相關理論與成果應用，或遷移（transfer）到其他的學科領域中。

基於前述之分項願景，本分項計畫共有下列六點目標：

1. 將數位學習相關文獻做有系統且深入的探討與整理。
2. 進行深入的基礎研究，以取得「科學、技術和數學」數位學習的相

電腦輔助教學

關實證數據，並建立研究資料庫。

3. 建立本土之「科學、技術和數學」數位學習的初步理論架構。

4. 提供寶貴且重要的訊息給未來數位學習平台或系統的設計、數位學習／教學模式的建立、數位學習環境的營造、數位課程與教學教材的研發，以及數位學習評量系統的研擬。

5. 推廣研究成果，應用於九年一貫與中、小學「科學、技術和數學」相關課程，以及其他與數位學習相關的教育情境中。

6. 根據研究結果，針對目前學校的數位學習、課程、教材、教學與評量，以及未來的基礎研究，提出建議及改進方針。

(七)政策引導與人才培育

面對二十一世紀數位學習產業之競賽，競爭力的元素、永續發展的動力將取決於知識資財。人才是科技發展的根本，唯有高素質人力的源源不斷供應，方能促使創新產品的開發生產、尖端技術的推陳出新。因此，亟須積極培育兼具科技專長、人文素養、全人格、高品質的科技人才，務使人才的培育能適應知識社會的環境變遷，在質與量上都能滿足數位學習科技發展的急切需求。

國內各界發現沿自二十世紀工業社會的產業規範與政策，無法適用於「無體財產」的數位學習產品與技術之產銷流程行為，亟須一一檢視修正。數位學習為軟體產業，擁有高素質的數位學習人力資源乃是數位學習產業競爭力的核心關鍵，與其他投入數位學習產業之國家相比，國內在相關人力之培育的措施上，亦須迎頭趕上。因此，提高數位學習知識工作者的生產力是已開發國家的優先建設課題，誰能在此智價革命競賽中先馳得點，就擁有成功的優勢。

優質的政策規範是產業發展環境的基石，而人力資源更是知識產業的智價資本，唯有提供此二養分的土地上，才能長出壯碩的數位學習產業大樹。本分項計畫將就產業發展環境政策與數位人才培育兩大構面進行，提出以下五項目標：

1. 修改法規政策，鼓勵廣泛利用數位學習科技進行職業技能訓練。
2. 提供良好政策及環境，早日邁入數位學習化社會。
3. 以數位學習科技加深加廣職業技能訓練，促進產業升級及增加就業人口。
4. 培育優質數位學習內容產製之專業人力，構建優質數位學習產業。
5. 營造優質數位產業發展環境，進軍華人市場。

　　九年一貫課程綱要終將資訊課程取消，代之以融入各科教學，數位學習的觀念開始受中小學注意。台北市政府教育局為協助其國民中小學，特別推動數位學習政策，於九十二年十月，擬定「台北市政府教育局推動網路線上學習三年計畫」，並成立「網路線上學習推動委員會」，作為該局推動數位學習的諮詢與督導組織。為有效推動網路線上學習，於推動委員會下再設四個工作組，分別為行政規劃、研習進修、教學推廣與諮詢服務等四組，進行各項線上學習相關工作之推動（韓長澤，民94）：

㈠行政規劃組

　　由教育局資訊室負責，規劃辦理推動線上學習成效評估，與統合協調各級學校線上學習資源與推動事宜。

㈡研習進修組

　　由台北市教師研習中心負責，研訂線上學習相關研習及進修課程、辦理教師線上學習相關訓練課程與教學輔導，與規劃建置網路多媒體教材資源中心。

㈢教學推廣組

　　由各層級學校相關教師代表組成，負責規劃辦理教學設計與教材製作事宜、辦理線上學習與教學應用活動與教學觀摩、規劃辦理班級經營與親師聯絡系統之推廣活動、線上學習教材內容與課程發展規範之規劃、審定及訂定。

㈣諮詢服務組

　　亦由各層級學校相關教師代表組成（主要由各輔導團成員協助），負

責提供教師有關線上學習之技術諮詢服務，規劃建置線上學習諮詢服務專屬網站，提供線上學習資源之仲介服務。

在推動方式上，則結合高中、高職、國中、國小各級學校，建置統整性學習平台，供教師及學生使用。讓教師能結合資訊科技，展現創意教學，提升教學品質。學生則利用資訊科技，上網學習，培養自主學習之能力，與養成自主學習之習慣。將各項學習資源經由網路，相互流通、共享資源（韓長澤，民94）。

此計畫擬在三年內完成下列工作（韓長澤，民94）：

1. 精緻數位化教育模式，並實施教學觀摩、訂定數位教材交換標準、製作數位教材範例。
2. 訂定數位課程製作流程與標準規範。
3. 建置「數位教材製作研習中心」及統整性的「資源管理及交換中心」。
4. 分校或分梯辦理教材製作研習及訓練，辦理數位課程甄選。
5. 遴選重點學校，並協助其課程發展、辦理數位學習課程發展研討會。
6. 充實數位課程內容與分享，辦理學生使用數位教材學習成效評估。

自九十二年十月成立「網路線上學習推動委員會」後，經過半年多的努力，終於在九十三年六月建立「台北市數位學習網」，正式啟用對外服務。首先提供的課程內容，就是由國小數學科輔導團教師群所錄製的「國中小學數學銜接課程」，內容包括分數的乘法、分數的除法、等量公理等七個銜接課程（韓長澤，民94）。

在此同時，台北市教師研習中心也建置完成「數位教材製作研習中心」，共建置五間小型數位攝影棚，與一間多媒體教材製作室，至九十二年底，參與研習的教師就有540位。預期台北市教師研習中心在九十四與九十五年度，亦將分別再訓練900位具有數位教材製作的老師（韓長澤，民94）。

此外，台北市政府教育局在各級學校亦依行政區設置小型數位攝影棚。在九十二年有建成國中、三玉國小等兩所學校設置小型數位攝影棚，九十

三年有興雅國小、內湖高工等兩所學校設置小型數位攝影棚,九十四年則有玉成國小一所學校。因此,在台北市已有10間小型數位攝影棚,提供老師錄製數位學習的內容。預計未來在每一行政區設一間小型數位攝影棚,方便老師錄製數位學習的內容(韓長澤,民94)。

綜上所述,台北市在發展數位學習方面,已建立學習平台與小型數位攝影棚,老師製作與錄製的能力也大幅提升。當「台北市數位學習網」啟用之初,該平台僅有40個學習單元,但到九十三年底已增至293個學習單元,而九十四年製作的有1,004個學習單元。總計至九十四年底,將有近1,300個學習單元,提供各學程的學生及老師使用。至九十五年底累積已有2,800個學習單元,提供各學程的學生及老師使用(韓長澤,民94)。

參考文獻

英文部分

Baker, J. C. (1978). Corporate involvement in CAI. *Educational Technology, 18* (4), 12-16.

McLagan, P. A., & Sandborgh, R. E. (1977). CAI's past: We've come a long way. *Training* (September), 52.

Wu, T. H. (1987). CAI in Taiwan: State and problems. *Journal of Computer-Based Instruction, 14*, 104-106.

中文部分

吳鐵雄(民71)。電腦輔助教學。載於李進寶(編著),**電腦輔助教學選集**(頁17-30)。台北:國立台灣師範大學電子計算機中心。

吳鐵雄(民75)。電腦輔助教學的教育層面。載於中國教育學會(編著),**有效教學研究**(頁357-393)。台北:台灣書店。

吳鐵雄(民78)。我國 CAI 的過去、現在及未來。**電腦輔助教學,12,**

3-7。

吳鐵雄（民80）。中華民國電腦應用教學與電腦輔助教學。**資訊與教育，24**，8-14。

李進寶（民71）。電腦輔助教學於世界各國發展的概況。載於李進寶（編著），**電腦輔助教學選集**（頁1-16）。台北：國立台灣師範大學電子計算機中心。

林燕珍（民84）。電腦輔助教學之發展、推廣與整合計畫。**教育部電子計算中心簡訊**，3-9。

省立彰化高級商業職業學校（民80）。**七十九學年度台灣省「電腦在專業科目上的應用」綜合小組工作報告**。台灣省政府教育廳。

唐山（民77）。電腦在專業科目上的應用。**資訊與教育，3**，31-34。

張建邦編著（民67）。**淡江大學電腦輔助教學**。台北：淡江大學電腦教學中心。

教育部（民75）。**高工及高商電腦輔助教學四年推動計畫**〔台（75）電15307號〕。台北。

教育部（民81）。**「電腦輔助教學軟體發展及推廣五年計畫書」**〔台（81）電55881號函〕。台北。

教育部、國家科學委員會（民73）。**教育部、國科會電腦輔助教學實驗工作計畫**〔台（73）電字第24850號函〕。

教育部、國家科學委員會（民76）。**教育部、國科會電腦輔助教學實驗工作計畫總檢討會資料**。教育部、國家科學委員會。

教育部電子計算機中心（民77a）。**教育部電腦輔助教學發展計畫**〔台（77）電45718號〕。台北。

教育部電子計算機中心（民77b）。**我國資訊教育現況，教育部資訊教育叢書**㈨。台北：教育部電子計算機中心。

教育部電子計算機中心（民87）。**教育部光碟集錦介紹專輯**。台北：教育部電子計算機中心。

教育廳（民80）。**台灣省教育廳高職電腦輔助教學軟體發展中心計畫（八**

十教三字第 84444 號）。

曾錦達（民 73）。**電腦輔助教學在高中數學、物理實施課後輔導之研究**。
國立台灣師範大學碩士論文，未出版，台北市。

「數位學習國家型科技計畫」辦公室（無日期）。**數位學習國家型科技計畫**。2008 年 7 月 20 日，取自：http://elnpweb.ncu.edu.tw/a/a44.htm

韓長澤（民 94）。台北市數位學習的願景。**教師天地**，**136**，13-15。

學校行政電腦化

　　學校行政工作是老師教學與學生學習的後盾，學校校務工作如果能有效又快速地處理，將有助教學效果的提升。過去學校的行政工作都依賴人工作業，常常同一項業務需要重複做好幾次，不但費時費力，有時甚至可能產生困難，尤其經年累月累積下來的資料越來越多，幾乎已超出人工所能控制的範圍（吳鐵雄，民 72）。傳統人工作業最嚴重的問題是資料散處多處，不能有效統整應用，資訊更不能流通交換，也無法作為決策的參考。

　　資訊時代來臨，電腦化是不可抗拒的趨勢。推展資訊教育的目標應不只是安排一些電腦課程，灌輸基本電腦概念、程式設計、文書資料處理或繪圖應用等，最重要的是在使一般人都能接受資訊時代的環境，能適應資訊時代在學習、生活及工作上之變遷（教育部電子計算機中心，民 79）。

　　校務行政電腦化可以提供電腦化的環境，使學校教師、學生及行政人員都能有接觸電腦、使用電腦的機會，利用處理成績、學籍、課程安排、班級事務、家長聯絡、公文處理、財務管理等業務。因此，校務行政電腦化的推動，不但能提升學校行政效率、節省人力物力，也是推展資訊教育重要的一環。

　　我國校務行政工作電腦化從大專院校開始，當年都使用中型或小型電子計算機系統。到民國七〇年代初，個人電腦在國內生產之後，開始有高級中等學校試行學校行政電腦化，剛開始大部分學校都開發一些獨立的程

式，用來處理學生成績，慢慢才發展學籍、排課、薪資及財產管理等程式。至於比較完整的校務行政處理系統的開發，是民國八十年以後的事。

在民國七十年初，中小學電腦師資缺乏，有能力設計電腦程式的人力更少，因此，學校行政電腦化工作除極少數學校可以自行開發程式外，絕大多數學校都要依賴政府主管部門統一委託開發校務行政電腦化軟體。教育部國民教育司曾委託國立台灣師範大學資訊教育系發展國民中學校務行政電腦化軟體，但各校行政處理的方式與規定又有若干差異，統一開發的校務行政電腦化軟體無法滿足各校的個別需求。因此，台灣省政府教育廳曾在豐原教師研習中心辦過一次校務行政電腦化軟體展售會，由各校將開發的校務行政電腦化軟體在會場展示，教育廳則補助全省所有高中職每所學校十萬元購買合適的軟體。到民國七〇年代末期，各中小學的電腦人力慢慢充實，多數學校已有能力自行開發校務行政電腦化軟體，唯一要注意的就是各校電腦化之後，各項資料可以交流。因此，教育部便於七十九年委託國立台灣師範大學資訊教育系吳鐵雄教授成立研究小組，規劃校務行政電腦化軟體輸出入資料規格與格式，為全國學校行政電腦化預作規劃。以下將就我國高中高職以及國民中小學發展校務行政電腦化之狀況做一說明。

▶ 第一節　高中職學校

⋯▶ 一、台灣省政府教育廳

台灣省政府教育廳自七十三學年度起實施資訊教育三年計畫，以推展一般資訊教學為主，為期雖僅三年，績效卻相當良好。在此期間，更有部分學校充分利用資訊教學設備，試行推展校務行政電腦化工作（台灣省政府教育廳，民78）。但試辦學校負責教師反應：學校要求電腦教師用教學設備來嘗試推展校務行政電腦化工作，一方面個人能力有限，一方面各校同時推展，大多業務內容類似而格式未能統一。為避免全省各校重複浪費

投資人力、物力於開發校務行政電腦化程式，遂建議教育廳統一開發校務行政電腦化程式，提供各校使用。為此教育廳於七十三年十月委託台中縣私立明道中學研究開發學籍管理、成績處理、學生缺曠課管理、活動資訊管理、人事薪資管理、財務會計管理及財產管理等套裝程式。七十五年五月至十一月，遴調所有公私立高中職有關人員參加操作研習後，將程式提供各校參考試用（羅秀芬，民78）。如果學校已有自行發展的軟體，仍可繼續使用原有軟體。差不多同一時間，台中縣私立青年高中也投入高中職校務行政電腦化的軟體開發（江文雄，訪談記錄，民96）。

當時學校教學設備普遍使用八位元微電腦，為考慮電腦科技的發展，決定針對十六位元微電腦（IBM 相容 PC/XT）開發程式，又同時考慮各校電腦化使用之廠牌不一，明道中學選擇當時多數學校使用之廠牌IBM5550、宏碁、精業及全亞等廠牌電腦分別設計四套程式，並將原始程式、資料流程、系統流程、檔案說明及操作說明等文件無條件公開，以便使用其他廠牌之學校可自行轉換程式。而對原系統設計不滿意之學校亦可自行修改與維護（羅秀芬，民78）。

民國七十六年教育廳辦理「台灣省各級學校實施資訊教學發展計畫」研討會，針對七十三年所訂「台灣省各級學校實施電腦教學」三年計畫做全盤檢討，並同時決議要擬定未來三年「資訊教學」發展計畫，該項計畫共分五項子計畫。校務行政電腦化為其子計畫之一，並指定省立草屯高級商工職校負責推動該項計畫有關事宜（台灣省政府教育廳，民78）。

自七十六年七月，教育廳為了解各校推展校務電腦化現況，特函請各校填報校務電腦化問卷調查，經統計結果顯示，各校仍普遍缺乏校務電腦化之體認與決心；大多數學校實施項目僅侷限於成績處理和薪資處理等系統，未能跨出學校處室各行其是之範疇。如何配合實際狀況與需求，對校務電腦化做前瞻性與整體性規劃，達到資訊互通與資源共享之理想，是教育廳與學校共同努力之方向（教育部電子計算機中心，民79；羅秀芬，民78）。

校務行政電腦化涉及之問題與考慮之層面最多，為兼顧各學校類科性

質、辦學特色、行政要求及軟硬體設備等不同需求，台灣省政府教育廳特邀請學者專家與該廳相關主管共同研擬「台灣省高級中等學校校務行政電腦化四年實驗計畫」草案。其中因專家學者有鑑於以大專院校推行校務行政電腦化，猶有窒礙難行之處，豈能要求中等學校四年完成，且完成該計畫所需經費甚為龐大，因此除第一年計畫先行推動外，其餘後續計畫則考量以後經費預算之調度配合，再擇期推動實施（台灣省政府教育廳，民78）。

教育廳基於推展資訊教育，培育各級資訊人才，進而提升我國資訊工業水準，是國家既定政策。而各機關行政業務電腦化即是其中一環，為能順利推展校務行政電腦化，特別訂定校務行政電腦化推展的三項目標（羅秀芬，民78）：

㈠提高校務行政處理的效率

現今電腦功能越來越強，速度亦越來越快，操作越來越簡易，以電腦來處理行政業務如文書處理及運算統計等例行而繁瑣的工作，可以節省人力、物力及時間，並減少錯誤，卻可提高行政效率，收立竿見影之效。

㈡加強整合校務行政系統

藉著行政電腦化做系統分析，釐清行政工作流程，界定校內各單位工作權責；使分工更明確，合作更緊密，促進校務行政工作合理化、系統化，並使行政首長更充分掌握學校各種資訊，俾作為行政或決策參考，讓學校與其他單位之行政系統更能有效整合。

㈢校務電腦化是整體資訊教育的一環

資訊教育的內涵並不是在教學上安排電腦課程，使學生對電腦有簡單的概念，或者學會程式設計、文書處理便算了。推展資訊教育真正的目的，是在使人人都能接受資訊時代的環境，適應資訊時代在生活、工作、學習等等各層面的變遷。不只是學生要接受資訊潮流的洗禮，老師和行政工作

人員都要體認資訊時代來臨，電腦化是不可抗拒的趨勢。校務電腦化可以使行政工作人員、教師、學生都更進一步置身於電腦化的環境，從而落實資訊教育。所以，校務電腦化的工作是推展資訊教育不可或缺的一環。

⋯→ 二、台北市政府教育局

台北市各級學校校務行政電腦化之發展，早自民國七十年初期，即有部分學校尋求社會資源或利用教學設備，開始使用電腦處理學校行政業務（台北市政府教育局，民86）。民國七十六年，台北市政府教育局成立資訊教育輔導團，其目的在提升資訊教育水準。在此期間，各校在該局的經費補助下，逐年更新或擴充資訊教學設備，部分學校並充分利用這些教學設備，作為發展校務行政電腦化之用，藉以提高行政效率（鄭麗雪，民82）。

民國七十六年十一月，有鑑於學籍管理行政業務之龐大，且各職校學籍管理工作模式大同小異，因此，台北市教育局認為有必要發展一套職校通用的學籍管理系統，以節省人力，達到教育局統一管理的目的，故委託大安高工訂定「學籍管理系統作業規範建議書」。民國七十八年七月，針對高職校務行政電腦化之需求，由內湖高工召集進行「校務行政電腦化之整體規劃研究」，目的在於釐訂校務行政電腦化之工作範圍、發展順序及人力經費預估，並研訂呈報教育局格式，作為各校發展之依據。此外，該局並委託內湖高工及士林高商開發個人電腦用之各種行政軟體，供各校選用，使規模小而無人力來發展的學校也能推動校務行政電腦化工作。所開發完成的系統包括：學籍管理系統、成績管理系統、薪資管理系統及財產管理系統等（鄭麗雪，民82）。並於七十九學年度辦理已開發完成之行政電腦化軟體研習，對象為各校之業務承辦人員。待訓練完成後，行政軟體將提供給各校使用。該局並選定內湖高工繼續開發個人電腦用之其他行政軟體系統。另外，並委請松山工農及內湖高工兩校著手規劃應用於超微電腦之行政電腦化作業，將藉由兩校實施的模式，作為其他學校發展之參考，以減少人力重複的浪費。一方面由兩校完成系統規格書，作為學校發展之

依據；另方面設法取得行政軟體的拷貝權，供其他學校使用（鄭麗雪，民82）。

台北市教育局認為，推動校務行政電腦化之主要目標在提高校務行政處理的效率，並希望能整合各種校務系統，但電腦化過程相當繁複，該局特別訂定電腦化實施的步驟，以便能順利進行各項工作（鄭麗雪，民82）：

1. 設置電腦化指導委員會（steering committee）。
2. 成立電腦化小組（special interest group）。
3. 電腦化小組對指導委員會提出研究企劃案。
4. 對相關人員介紹電腦化之觀念與做法。
5. 進行資料蒐集及業務研究。
6. 分析各項業務運作程序與資料。
7. 訂定整體電腦化系統一般規格。
8. 讓使用單位同意一般規格。
9. 研定整體電腦化系統技術規格。
10. 完成電腦化規劃報告。
11. 逐次開發各電腦化應用系統。
12. 評估電腦化績效。

台北市政府教育局為配合行政電腦化的推動，於民國七十八年訂定「七十八學年度高職校務行政電腦化」計畫，此項計畫時程為兩年。茲將其計畫重點摘錄如下（台北市政府教育局，民79）：

(一)目的

配合台北市政府推動行政電腦化工作，研究發展高級職業學校校務行政電腦化系統。

(二)組織與成員

為使工作能順利進行，該計畫特成立指導委員會，並分組辦事。

1.指導委員會

成員包括教育部電算中心潘晴財主任、台灣師範大學工教研究所饒達欽所長、銘傳商專電腦中心陳振南主任、教育部技職司代表、市政府電子處理資料中心張蘊真組長、譚分析師、陳局長漢強、蔡榮桐副局長、單主任秘書小琳、李科長錫津、洪督學文向、陳督學煥源、王專員秀美。

2.第一組

召集學校：台北市立內湖高級工業職業學校。

委員兼召集人：吳燦陽校長。

副召集人：王邦義。

行政組：王乃仁、謝明珠、王煥新。

研發組：鍾天正、賴銘欽、黃金塗、陳榮家、盧文貴、吳宗德、林明志。

3.第二組

召集學校：台北市立士林高級商業職業學校。

委員兼召集人：李咸林校長。

副召集人：何耀彰。

行政組：劉正鳴、劉澤華。

研發組：張耀中、黃瑞萍、李東明、陳一馨、饒東昌。

㈢工作項目

第一組：

1.研究發展設備財產管理系統。

2.研究發展薪資管理系統。

第二組：

1.研究發展教務處學籍管理系統。

2.研究發展教務處成績管理系統。

···→ 三、高雄市政府教育局

為提高行政效率及品質，高雄市教育局自七十六年起開始進行行政電腦化工作，集合各校優良教師成立工作小組，撰寫高中職學籍管理、成績處理、人事及訓導等系統，逐年發展成校園網路系統，並積極整合各校已開發之行政電腦化系統。另外，各校體認學校行政電腦化之必要性，多自行或委託研發相關子系統在校內使用，以提高行政效率（黃淑娟，民88）。

高雄市教育局配合校務行政電腦化工作，於八十三年委託資策會規劃，並設計教育局和全市中小學行政業務電腦化系統，第一期合約於八十六年完成（黃淑娟，訪問記錄，民97）。該局為能順利推動行政電腦化業務，特別為行政人員（自校長至工友）辦理資訊研習，內容包括電腦軟硬體設備之選購，及資訊教育之推展方法或基本操作等。八十五學年度再度全面調訓各級學校校長，授以網路新資訊及行政電腦化之推展方法。全市校長、教師、職員及工友均給予基本網路課程，以配合資訊化業務之推動，期使高雄市資訊教育之推展更落實。民國八十六年該局行政電腦化已完成第二期發包作業，完成各項應用系統，引導學校加速行政電腦化。另外，亦完成公文製作電腦化，並進行公文收發電子化，以提升行政效率，並節省人力、物力（黃淑娟，民88）。

➡ 第二節　國民中小學

···→ 一、教育部

依據國民中學課程標準規定，國民中學「工藝」課程中有「資訊工業」一項；另在「實用數學」選修課程中，亦有電子計算機介紹及操作課程內容。部分國民中學為求工藝及數學科教學之正常化，多年來即陸陸續續加強資訊設備之充實；且為簡化行政工作，提高行政效率，都朝行政作業自動化之方向邁進。為減輕學校教職員工作負擔，促進工作效率，行政電腦

化實有推動之必要（教育部電子計算機中心，民 79）。

為提升國中行政效率，減輕人力負擔，國中應實施校務行政電腦化。自七十七會計年度起，教育部與教育廳、台北市、高雄市政府教育局分三年以二對等方式編列預算，補助國民中學行政電腦化專用硬體設備費每校10 萬元，用以推行校務行政電腦化。教育部並擬定「國中行政電腦化微電腦設備參考規格」，以提供參考（教育部電子計算機中心，民 79）。

省市教育廳局在推動國民中學校務行政電腦化時，各校有感國中學校數目頗多，各校之校務運作大致相同，由各校自行開發校務行政電腦化軟體，一方面學校有電腦程式設計能力之人力不足，無法勝任龐大繁複之軟體開發工作；另方面各校所要開發的校務行政軟體大致相同，大家重複做相同的工作是人力的浪費。因此紛紛向教育部反應，希望由教育部統一開發校務行政電腦化軟體，提供給全國國民中學使用。

教育部國民教育司便於民國七十八年以補助專題研究計畫方式，委託國立台灣師範大學資訊教育系發展「國民中學校務行政電腦化系統」，該計畫於七十九年六月完成，由研發單位拷貝整套系統的原始程式，免費提供給全國國民中學使用。該套校務行政電腦化系統可處理國中校務行政中最重要且最常用的工作，分九大子系統，包括（方炎明、吳鐵雄，民79）：

1. 學籍管理系統：主要作業包括新生基本資料輸入、資料變更、查詢及列印。

2. 成績管理系統：本系統包含段考、評量考及學期成績處理。

3. 訓導管理系統：本系統包含出缺席、請假登錄作業與獎懲作業等訓導業務處理。

4. 人事管理系統：本系統功能有人事資料之登錄、查詢、修改及各項考核作業與報表列印。

5. 文書管理系統：包含收文管理、發文管理、公文稽催及開會通知管理等。

6. 出納管理系統：本系統包括各項出納資料的輸入、修改、異動、查詢及列印。

7. 財產管理系統：針對動產部分做工作規劃及分析，幫助管理者處理財產帳目的維護，及資料的登錄、查詢及報銷等工作。

8. 非消耗品管理系統：針對一般公用物品，其質料較堅固，不易損耗，使用期限不及兩年之物品等資料之輸入、查詢、更正與列印等工作，並兼具庫存管理功能。

9. 圖書管理系統：包括借閱者基本資料輸入、系統管理及圖書登錄、查詢、出納和列印。

為協助各國中能熟悉並順利操作使用本系統，教育部曾分批調訓相關行政人員，但各校在使用本系統時仍然產生許多問題。蓋各國中的行政工作程序與內容雖然大致相同，細節仍有頗多差異，例如成績計算時各項分數所占的百分比不同，若干作業流程也互異，而多數學校又無程式設計人力，紛紛要求研發單位協助修改程式，以滿足各校的個別需求。研發單位實際上也無法應付龐大的工作負荷，最後實際使用本系統的學校也不多，花費經費與龐大的人力投入，未能收預期的效果，因此教育部決定不再統一發展校務行政電腦化軟體，誠屬可惜。

⋯→ 二、台灣省政府教育廳

民國七十八學年度台灣省政府教育廳分三年編列經費補助全省各國中，其中各縣市中心學校 40 萬 6,000 元，大型學校 23 萬 6,000 元，中型學校 15 萬元，小型學校八萬元，購置校務行政電腦化的有關配備，此項設備係委由資訊工業策進會所規劃的基本設備（賴源聰，民 80）。

在七十九年之前，台灣省有部分國中率先推行校務行政電腦化工作，其所需軟體的來源大致上有四個途徑：學校有專門人才自行開發、委託軟體公司開發、採用他校開發之軟體或向軟體公司購買其發展之軟體使用（賴源聰，民 80）。台灣省政府教育廳鑑於各校電腦硬體規格不齊、軟體無法通用，又缺乏整體規劃，為求各校行政業務之統一，資源之互通互補，人力資源之整合應用，乃於七十九年二月起委請資策會開發「台灣省國民中學校務行政電腦系統」，分四期開發 29 個子系統（賴源聰，民 80），但

是到第三期則改由台中市向上國中負責軟體開發。教育廳委託資策會發展之第一、二期國民中學校務行政電腦軟體共 20 個子系統，三百多項功能（賴源聰，民 81）：

1. 教務業務：新生入學作業、學籍管理、段考成績管理、學期成績管理、畢業成績管理、單科學習評量管理、學習成就測驗管理及配課管理等八個子系統。
2. 訓導業務：訓導資料管理、獎懲作業管理、勤惰作業管理、德體群成績管理及生活競賽管理等五個子系統。
3. 人事業務：人事資料處理、人事考核處理、保險福利作業管理、退撫資遣作業管理及人事資料統計管理等五個子系統。
4. 總務業務：薪資管理一個子系統。
5. 輔導業務：綜合資料管理一個子系統。

民國八十一年教育廳依據「台灣省國民中小學資訊教學與推展計畫」，在各縣市設立電腦輔助教學中心學校，補助各中心學校 40 萬元作為購置校務行政電腦化設備經費。八十二學年度再補助 410 所國小各 12 萬元，作為購置校務行政電腦化設備經費。

在委託資策會所發展的第一、二期校務行政電腦化軟體驗收後，教育廳覺得全面推廣的時機已臻成熟，乃於八十一年四月底訂頒推廣計畫，請各縣教育局切實配合辦理，該計畫主要包括三項工作（賴源聰，民 81）：

(一)加強宣導

教育廳於八十一年五月二日邀請各縣市教育局長及中心學校校長，辦理全省軟體推廣說明會。各縣市則分別召開所屬國民中學校長及有關人員辦理軟體推廣說明會。

(二)辦理「行政電腦化種子教師推廣培訓班」

委託資策會辦理，各縣市推薦六位種子教師參加培訓，結訓後回各縣市負責軟體使用人員之培訓工作。此項培訓共辦三梯次，每梯次三天。

(三)各縣市配合辦理「行政電腦化操作人員推廣訓練班」

每所國中教務、訓導、總務、輔導及人事等處室至少派一人參加，研習共七天，由主辦單位分發各子系統使用手冊、管理手冊及系統磁片等，由各校受訓人員帶回學校列入財產管理並執行工作。

為了能順利推動全省國民中學校務行政電腦化工作，教育廳於台中市向上國中成立「省維護中心」綜理全省行政電腦化之推動工作，並責成各縣市選擇一所國中成立縣市維護中心，負責各該縣市校務行政電腦化業務，以此方式建立台灣省國中校務行政電腦化的推動架構，其組織與工作職掌如圖 4-2-1（賴源聰，民 81）。

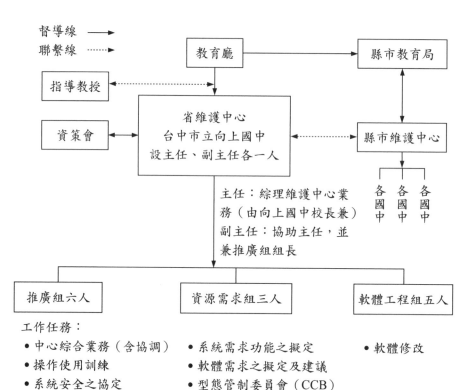

圖 4-2-1　台灣省與縣市校務行政電腦化組織與職掌架構

···➡ 三、台北市政府教育局

民國七十八年初，台北市教育局以任務編組方式，成立國中資訊小組，開發學籍管理系統，供該市各公私立國中使用（台北市政府教育局，民86）。

八十二年十月「台北市各級學校行政電腦化推動小組整體規劃報告」，期程自八十四至八十八年，國小各校原則上依此規劃報告規劃及執行（台北市政府教育局，民86）。

···➡ 四、高雄市政府教育局

高雄市政府教育局在推動學校行政電腦化業務，向來採取全市統一步調的方式，因此，國民中小學的行政電腦化推動工作與高中職一樣，請參閱第一節高雄市部分。

➡ 第三節　行政電腦化相關措施

···➡ 一、教育部

我國各級學校校務行政推動過程中，最先是由各校自行發展軟體，在民國七〇年代初期，由於各校具有電腦程式設計能力的教師不多，因此只有少數學校能進行校務電腦化的工作。多數學校都無法自行處理程式設計，於是便要求政府主管部門統一發展軟體，以供全部學校使用。但是這樣的做法也有窒礙難行之處，因為各校的行政作業雖然大致一樣，但仍有少部分作業流程不同，或是處理方式互異，致統一研發的軟體也無法一體適用，終致各校使用不多。台灣省教育廳委託明道中學開發的高中職行政電腦化軟體，以及教育部委託台灣師範大學資訊教育系設計的國中行政電腦化系統，就是最明顯的例子。

到民國七〇年代末期，由於中小學資訊教育推動成效良好，政府已經

為各級學校培育相當多的資訊教師，各校程式設計人力已不是問題。為了顧慮各校行政作業不完全相同，統一設計軟體效果又不盡理想，但又要考慮教育資料能互相傳遞與流通，教育部中教司於是決定不再統一發展行政電腦化軟體，而只規定校務資料規格和電腦輸出入規格一致，能達到資料傳遞流通的目的就可以，便於七十九年委託台灣師範大學資訊教育系吳鐵雄主持，邀集省市廳局相關人員一起規劃資料及輸出入規格。到八十一年因吳鐵雄接掌台南師範學院校務，此計畫便由何榮桂教授接續，共規劃了教務、學務、人事及財物等規格。

⋯→ 二、台灣省政府教育廳

　　台灣省政府教育廳為了解各校推動校務行政電腦化現有基礎與困難情形，以為未來全面規劃與推動之參考，於民國七十六年七月通函各校填報推動校務行政電腦化問卷調查表，並經統計分析，結果顯示各校推動校務行政電腦化之規劃仍普遍缺乏，實施電腦化之項目及設備亦多侷限於成績處理或少數處室單位，且各系統軟體規格及所使用之電腦語言，亦缺乏整合的可能性。而七十三學年乃委託私立明道中學統籌規劃研究開發供各校使用之校務行政電腦化六大系統，各校實際使用者極少，有鑑於此，為實地了解如何在各校現有基礎上推動校務行政電腦化工作，遂依據該廳「校務行政電腦化四年實驗計畫之第一年計畫暨經費預算」之規定，擬定「七十六學年度全省公立高級中等學校校務行政電腦化訪視計畫及訪視問卷表」，並選定全省 24 所推動校務行政電腦化較具成效之高中高職，進行實地訪視。其目的主要有四（台灣省政府教育廳，民 78）：

1. 了解各校校務行政電腦化軟、硬體規劃執行與發展之狀況。
2. 明瞭教育廳前委託明道中學發展，並提供各校參考之校務行政電腦化軟體使用之效果與改進意見。
3. 發掘各校推行校務行政電腦化使用之系統軟體中，值得推介給他校參考使用者。
4. 了解各校利用教育廳七十七會計年度充實省立高級中等學校行政用

微電腦設備，進行中文文書處理電腦化暨其他有關作業執行情形。

該次訪視結果對台灣省政府教育廳日後推動校務行政電腦化工作，具有相當大的影響，茲將訪視計畫之主要內容，以及訪視結果和重要建議事項說明如下（台灣省政府教育廳，民78）。

(一)訪視目的

1. 明瞭各校推動校務行政電腦化之實施計畫、推動項目及發展現況。
2. 發覺各校推動校務行政電腦化過程中所遭遇的困難或缺失，並共同研討解決問題的方法。
3. 蒐集各校推動校務行政電腦化文件資料，作為系統分析、研擬需求規格之參考。
4. 根據訪視結果，選定校務行政電腦化各項工作小組負責召集學校及經費補助之優先順序，以積極推廣本項工作。
5. 編撰訪視報告作為推動校務行政電腦化之參考。

(二)訪視重點

1. 推動校務行政電腦化之計畫。
2. 推動行政電腦化已實施之項目。
3. 推動校務行政電腦化硬體設備及使用情形。
4. 系統軟體之功能
   (1)系統軟體之來源。
   (2)使用之語言及適用之機種。
   (3)能列印之報表文件（含線上查詢）。
5. 以發展校務行政電腦化項目功能規格之設計，及系統分析之文件資料。
6. 各校一致性之報表文件電腦化之處理情形。
7. 系統整合實施情形。
8. 各校推動校務行政電腦化之困難所在，與亟待解決之問題。

9. 其他與推展校務行政電腦化有關之問題。

㈢訪視方式

1. 現況調查：各校依「台灣省高級中等學校校務行政電腦化訪視調查表」三份詳細填寫後，於四月十八日前連同有關已電腦化之文件資料，寄交省立草屯商工轉送訪視委員，以便事先評審。

2. 實地訪視：由訪視小組依據「台灣省高級中等學校校務行政電腦化訪視調查表」所列項目，及各校自行填寫結束後，選擇重點學校實施訪視。

3. 座談：訪視人員與學校校務行政電腦化有關之行政人員或教師舉行座談，以了解各校實施校務行政電腦化之實際狀況，進而能發掘問題及解決問題。

在完成此次訪視之後，訪視委員針對各校推動執行校務行政電腦化工作相關問題，提出綜合建議事項，以供台灣省教育廳決策之參考。其訪視結果綜合建議如下：

1. 設備購置方面

⑴各校對軟、硬體設備需求甚殷，希望教育廳在預算上能盡量寬列。

⑵教育廳所補助添購之微電腦在各校之使用情形不甚理想，其因素是：沒有專人負責管理；系統之功能不熟悉。

⑶推動校務行政電腦化所需之個人用電腦普遍不足，對於表現績優之學校建議補助添購。

⑷偏遠地區之硬體維修不易，影響校務行政電腦化之推動。

⑸硬體設備以IBM十六位元相容型PC居多，然而廠牌機種相當複雜，對於共同軟體之相容性問題尚待探討。

⑹現有之應用系統均為單一功能使用處理，下一階段可考慮硬體與軟體之整合。在硬體方面可朝向多用戶或個人用電腦網路方向拓展，宜考慮不同應用系統間資料共通性。

(7)電腦資源已充分運用，但數量上仍不足，可逐年添購十六位元電腦，以期使校務行政電腦化之推動更為順暢。

2. 軟體開發方面

(1)明道中學所提供之校務行政電腦化軟體不甚實用，在文件與操作手冊方面不完整，以致於各校之評價不高。

(2)自行設計軟體能力極為缺乏，所設計之系統各自獨立，缺乏整合性，造成重複建檔、異動與管理，致資料不完整不一致，且多未利用dbase III，查詢相關資料之功能受到限制。

(3)現有各應用軟體之系統文件與操作手冊缺乏，應建立一套標準之文件。

(4)系統之設計所使用之軟體工具應考量到整體性，避免相同資料重複輸入情形。

(5)系統設計時所使用之軟體工具應加以評估，以免影響將來之整合工作。

(6)目前各系統雖提供基本功能，因設備未連線，造成不同系統中相同資料重複建檔，下一階段可考慮硬軟體之整合。

(7)中文系統在使用上應注意其互通性，以免造成各檔案間之資料無法交換。

3. 人力運用方面

(1)各校受訓教師實務經驗不足，以致於在系統規劃、程式製作及文件撰寫尚有待再教育。

(2)應給予行政人員參加電腦訓練之機會，將來行政電腦化真正使用者是他們。

(3)行政電腦化績效較優異之學校均依賴一、兩位老師之個人興趣、義務奉獻及熱心推動，因此，所發展之方法多偏重彼等所熟習或掌理之業務，難以顧及全校整體均衡之發展。

4. 行政配合方面

(1)教育廳補助之中文文書處理用電腦，由於中文系統不熟悉，訓練亦嫌不足，故放置之單位頗不一致，未能充分發揮應有之功能。

(2)目前實施電腦化之作業多以教務處之成績、學籍、註冊等為主，總務處之薪資、人事、會計次之，實習業務、輔導活動、圖書館再次之，操行成績及出缺勤管理之功效似不夠顯著。

(3)應經常舉辦電腦研習會，鼓勵有關之教職員參加，以消除部分同仁對電腦之畏懼感。

5. 建議事項

(1)因東部學校地處偏遠，對於電腦設備之維修，廠商常有延誤時效情形，針對本項缺失，採購電腦時，擬建議規定得標廠商須在本地區覓妥一家廠商，負責就近維修，以配合電腦化業務之推展。

(2)各校呈報教育廳之表格，常非一般的電腦印表機所能列印，建議上級單位訂定可由印表機印製的一致表格，使各校能有所遵循。

(3)為鼓勵教職員自行設計軟體，宜對於軟體之品質、難易度、所需工時等，建立客觀且具體之標準，以便預估或評量。

(4)推行校務行政電腦化的軟體設計，礙於時間之不足，而影響系統品質，若能由區域內各校以分工合作方式進行設計並予以整合，效果將會更好。

(5)集合各校軟體設計能力優良之教職員，分組制訂電腦化作業規範，分出「必須具備」、「最好有之」及「可有可無」等功能，並列出重要相異點，供他校發展之參考依據。在研究軟體之設計具備易於修改之彈性，使用者略加修改就能適合各校之需求。

(6)經費問題為發展校務行政電腦化之瓶頸，因此希望教育廳能撥專款給各校，對已發展完成之軟體而深具使用價值者，予以補助或獎勵，並對專利版權之保護應予重視及專款補助。

(7)電腦維修費之標準建議逐年提高，以期使硬體設備能正常運轉。

(8)培養資訊方面之人才仍應加強訓練，課程內容可以再深入，以提升軟體之品質，並縮短發展時間。

(9)教師須同時負責教學與支援行政任務，工作甚為繁重與辛勞，對擔任行政電腦化工作之電腦教師建議酌減基本授課時數，以利各處室推行行政電腦化之工作。

校務行政電腦化軟體的發展，必須兼顧各校類科性質、辦學特色、行政要求，及軟硬體設備等不同需求，因此，在電腦化項目內容與執行進度上勢難採取同一步調，齊一要求。綜合此次訪視24校所推動校務行政電腦化較具代表性之高中高職，結果發現：各校具有之行政電腦化的功能需求與實質效益，相差頗大，人力素質與設備水準亦參差不一，在現有基礎上，要以一致性步調推動校務行政電腦化，確實有實際上困難，各校亦難適應。因此，未來發展的做法擬從二方面著手：

(一)建請教育部辦理事項

1. 盡速制訂公布教育資料標準化代碼，以利各校發展軟體時有所遵循。
2. 各校成立電腦中心，納入正式人員編制，負責人員一人比照組長待遇，並加專任幹事一人，以負責有關行政電腦化、電腦設備管理維護及電腦教學等業務。

(二)建請教育廳規劃辦理事項

1. 就校務行政電腦化優先順序選定分組召集學校，除邀請專家學者參與外，並就該項行政電腦化推行績優之學校遴選教師成立研究發展小組。
2. 定期舉辦有關行政電腦化研習會。
3. 編列預算補助硬體設備。
4. 為使校務行政電腦化在推展上更為落實，應定期舉行訪視評鑑。
5. 協助學校獲取系統軟體版權，個人用之系統軟體版權，可與廠商協議，並簽訂合約後再交由各校共同使用，以避免各校非法使用，同

時可減少各校重複投資之浪費。

6. 訂定辦法補助或獎勵推展校務行政電腦化有效之學校及有關人員（包括操作人員），使行政電腦化蔚為風氣。

⋯➔ 三、台北市政府教育局

㈠行政電腦化整體規劃

依八十二年十月「台北市各級學校行政電腦化推動小組整體規劃報告」，研究規劃出教務處管理系統、訓導處管理系統、總務處管理系統、人事室管理系統、會計室管理系統、輔導室管理系統、實習處管理系統、幼稚園管理系統及校務資訊服務系統等九大系統（台北市政府教育局，民86）。

㈡強有力的行政支援

台北市政府教育局為推動資訊教育，自民國八十七年開始規劃兩期「資訊教育白皮書」：第一期白皮書計畫自八十八年開始，為期三年；第二期白皮書自九十年起，也是規劃三年。在第一期白皮書中，並未特別提到校務行政電腦化工作。第二期白皮書共規劃五項重點工作，其中第五項重點為「強而有力的行政支援」，此項重點擬推動七項工作，其中有兩項工作與校務行政電腦化有關，茲說明如下（台北市政府教育局，民90）：

1. 提升局本部及各校行政人員之資訊素養

局本部及各校行政人員之資訊素養應加強培訓及強化，尤以公文電子化及各單位之聯繫作業方式改變，對人力精簡及效率提升會有積極明顯之改變。

2. 建立功能強大之教育行政資訊系統

(1)未來將走向以資料中心（data-center）架構，由教育網路中心集中管理，各校於校內處理完成後，相關資料將上傳至網路中心，彙整成

各項統計資料。

(2)除改進現有校務行政系統外，亦積極開發 web base 架構之校務行政系統，使教師透過簡易共通之人機介面，完成各項作業。

···→ 四、高雄市政府教育局

(一)建立師生教育資料庫

　　教育行政電腦化為服務型政府重要指標之一，高雄市在發展資訊教育規劃中，不但著力於資訊教學上，對於教育行政電腦化的規劃也積極進行。民國九十年度起，著手規劃該市師生教育資料庫，以期能完整建置全市教育人員人力資料庫及學生的教育基本資料庫，配合各項教育行政應用系統的規劃與建置，建構完整之教育資料庫，提供教育行政決策之重要教育統計資訊，並整合現有政府人事資料庫，完成「Epass單一認證」機制。另為配合政府公文電子化政策，自民國九十年起，各級學校已全面實施公文電子化作業。民國九十一年為配合九年一貫課程之實施，著手規劃該市國民小學學生教育資料庫，配合學生學籍系統及校園行政電子化系統，預期建構一完整之師生教育資料，作為未來發展該市教育行政資訊系統及各級學校校務行政系統之重要基礎（高雄市政府教育局，民94）。

(二)加強行政人員運用資訊處理能力

　　我國政府於民國八十四年研訂 NII 的推動計畫，以加強國家競爭力。在該計畫下，行政院特別成立一跨部會之「國家資訊通信基本建設計畫專案推動小組」，分設五個執行組，其中教育部負責「人才培育及基礎應用組」。教育部為配合該項計畫之推動，陸續研訂「改善各級學校資訊教育計畫」、「電腦輔助教學及推展計畫」及「資訊人才推展教育計畫」，並於八十七年七月開始實施「資訊教育基礎建設計畫」、「NII 人才培育中程發展計畫」、「遠距教學中程發展計畫」及「社會教育發展計畫」等，期望將資訊教育全面延伸至中小學（高雄市政府教育局，民87）。

因此，高雄市政府教育局為加速配合此等重大計畫之推動，並為該市資訊教育規劃跨世紀藍圖，特研訂「高雄市資訊教育白皮書」，執行期間自八十七年七月至九十一年六月止，期使該市各中、小學及社教機構於四年計畫中，充實電腦及網路資源，培育具資訊素養人才，充分發揮資訊教學成效，進而提升本市資訊水準（高雄市政府教育局，民87）。該白皮書訂定該市資訊教育六大推展的目標，其中推展目標三為「加強行政人員運用資訊媒體處理業務之能力」。此項目標又分三項子目標及其推展策略：

1. 加強校務行政電腦化系統之開發與應用

(1)採用 web 技術整合開發各校共通之校務行政電腦化軟體。

(2)各級學校與教育局之行政業務往來，統一行政及公文體例，各業務人員全面遵循使用。

2. 建立行政人員資訊學習登錄卡制度

(1)舉辦校內研習活動，鼓勵行政人員參加校內外研習。

(2)配合規劃開辦行政人員之各類資訊研習課程。

3. 提升行政人員的資訊能力

(1)優先進用具電腦素養之行政人員。

(2)研訂獎勵辦法，鼓勵行政人員應用資訊，改善行政效率。

(3)建立網站即時公布教育行政及活動訊息。

為能順利推動校務行政電腦化工作，教育局編列 8,944 萬元經費，補助該市各級學校行政用電腦硬體設備，其詳細資料如表 4-3-1。

(三)建置教育行政資源環境

高雄市政府教育局於民國九十四年規劃第二期資訊教育白皮書，在其子計畫一「建立優質資訊教育環境」的推展目標與策略中，特別提出推展目標五「建置教育行政資源環境，提升教育決策效益」，其策略有二（高雄市政府教育局，民94）：

表 4-3-1 高雄市政府教育局八十七年資訊教育白皮書編列行政電腦經費

（單位：萬元）

學校別	88 年	89 年	90 年	91 年	合計
國小	300	900	600	500	2,300
國中	335	350	473	661	1,819
高中職	1,000	1,200	1,200	1,200	4,600
特殊教育	55	55	55	60	225
合計	1,690	2,505	2,328	2,421	8,944

資料來源：修改自高雄市政府教育局（民 87）。

1.建置教育人力資料庫，推動教育行政電子化

此項策略總共編列經費 1 億 4,000 萬元，預期進行的推展項目有四項：

⑴訂定系統資料共同交換規格，促進行政系統資料流通

此項目的具體做法為公告教育行政電子化資料交換規格。

⑵整合教育人員及學生基本資料庫，奠定教育行政電子化基礎

在此項推展項目該局訂定的評鑑指標為：九十四年教育人員資料庫
達 100%，學生基本資料庫達 25%；九十五年學生基本資料庫達
50%；九十六年學生基本資料庫達 75%；九十七年學生基本資料庫
達 100%。

⑶配合教育人力資料庫，發展教育行政決策系統

本項目標的具體做法為：建置 Epass 單一認證入口網站，完成教育
行政知識管理、人事行政管理、研習進修管理等教育行政電子化系
統。

⑷配合師生人力資料庫，建置校務行政管理系統，強化行政支援教學
功能

本項工作預期能建置完成學生學籍、健康資料、輔導資料等校務管
理系統。

2. 建置教育行政電子化環境，提升教育決策效益

本項策略也編列 1 億 4,000 萬元經費，預期完成下列推展項目：

(1)提升行政電腦人機比例，促進教育行政電子化及教學研究發展

本項之預期指標為：九十四年達 16：1；九十五年達 12：1；九十六年達 8：1；九十七年達 4：1。

(2)教育行政資訊軟體環境的建構

本項推展目標最後希望達成所有行政資訊設備軟體 100%合法性。

參考文獻

方炎明、吳鐵雄（民 79）。**國民中學校務行政電腦化系統研究：使用手冊**。台北：作者。

台北市政府教育局（民 79）。**台北市政府教育局辦理「七十八學年度高職校務行政電腦化」實施計畫草案**（北市教一字第 24828 號）。台北：台北市政府教育局。

台北市政府教育局（民 86）。**台北市資訊教育的實施現況與需求**。台北：台北市政府教育局。

台北市政府教育局（民 90）。**台北市資訊教育白皮書第二期計畫**。台北：台北市政府教育局。

台灣省政府教育廳（民 78）。**台灣省公立高級中等學校校務行政電腦化訪視報告**。

吳鐵雄（民 72）。電子計算機在教育上的應用。載於李國鼎等（編著），**資訊與教育**（頁 36-46）。台北：國立台灣師範大學電子計算機中心。

高雄市政府教育局（民 87）。**高雄市資訊教育白皮書**。高雄：高雄市政府教育局。

高雄市政府教育局（民 94）。**高雄市資訊教育白皮書（94 年）**。高雄：高

雄市政府教育局。

教育部電子計算機中心（民79）。**教育部資訊教育叢書**㈨。台北：教育部
　　電子計算機中心。

黃淑娟（民88）。高雄市資訊教育推動現況。**資訊與教育**，**61**，22-24。

賴源聰（民80）。如何落實國中校務行政電腦化。**師友**，**288**，6-11。

賴源聰（民81）。國中校務行政電腦化推廣的第一步——建立維護的觀念
　　和做法。**師友**，**301**，42-45。

鄭麗雪（民82）。台北市高職校務行政電腦化之過去、現在與未來。**資訊
　　與教育**，**22**，44-46。

羅秀芬（民78）。台灣省高中、高職校務行政電腦化之現況與展望。**資訊
　　與教育**，**2**，14-16。

中小學資訊教育
環境建置（一）

　　資訊教育的推動最主要的因素有三，即師資、課程與設備。本章「資訊教育環境建置」目的在介紹過去我國在推動中小學資訊教育時，各級政府機構為高級中等以下學校所建構的資訊教育環境，包括：資訊設備的專案補助情形，及相關的重大建設。這裡所稱資訊設備，包括各級學校電腦教學、電腦輔助教學，及校務行政電腦化所需的設備。本章也同時介紹各級政府所成立的中等以下學校資訊教育推動的組織，及各項相關措施，如各項資訊教育推動的重大專案計畫，以及各級政府的資訊教育白皮書等。各級政府推動資訊教育的各種組織，如涉及特定的工作所組成的，已分別在前面各章說明，此處就不再贅述。因為中小學資訊教育環境建置內容太多，因此分為兩章處理。本章介紹資訊教育推動之組織、軟硬體補助，及教育部各項專案計畫。第六章說明教育部及省市政府的重要整體計畫，如教育部的資訊教育總藍圖，以及台北市與高雄市的資訊教育白皮書。

第一節　各級政府推動資訊教育之組織

　　在我國大力推動中小學資訊教育時，為了讓全國各地都能普遍發展，並讓所有學校都能齊一步調推動，我國資訊教育推動採取由上而下的方式進行。一切資訊教育政策大致上由教育部訂定，再由教育部協調省市教育

廳局，由各縣市教育局分別執行，使得各個學校都能普遍受到照顧。

　　教育部及省市教育廳局為使資訊教育政策能順利推動，分別設立各種組織，作為規劃、執行與督導機制。以下介紹說明各級政府資訊教育推動組織架構。

…➔ 一、教育部資訊推動指導委員會

　　教育部電子計算機中心為推動資訊教育工作，原在教育部成立「資訊推動小組」，負責資訊應用教育推廣、行政業務電腦化之業務。到中小學逐漸實施資訊教育之後，教育部認為，落實推動各級學校資訊教育及普及資訊教育是一項長期性的工作，必須有一組織來統合規劃整體發展之推動計畫。因此，決定由「資訊推動小組」擴編為「資訊推動指導委員會」，其成員除原有人員外，並將省教育廳副廳長及台北市和高雄市教育局副局長納入為新成員；必要時，並可邀請省市教育廳（局）或縣（市）教育局相關主管與會。

　　資訊推動指導委員會為統籌各資訊推動及管理組織之最高指導單位，負責規劃、推動、協調、整合資訊教育及整體資訊業務各項政策之推展與發展改進事宜。教育部政務次長為召集人，電子計算機中心主任為執行秘書。其下分設「台灣學術網路管理委員會」、「教育部資訊推動小組」、「資訊教育推動委員會」、「電腦輔助教學推動委員會」、「圖書館自動化及網路整合小組」、「遠距教學推動委員會」，分別負責所屬資訊業務推展，其組織架構如圖 5-1-1。

　　其中與中小學資訊教育之推動比較有關的組織是「資訊教育推動委員會」，為負責資訊教育各項政策推展之組織，下設中小學資訊教育組、大專資訊教育組及資訊應用推廣組三任務小組。

　　其任務如下：

1. 資訊教育未來方向及政策制訂。

2. 資訊教育各階段協調、分工及實施之諮詢與指導。

3. 資訊人力與資源應用之整合。

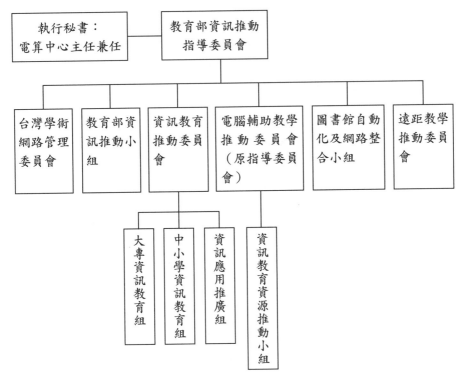

圖 5-1-1　教育部資訊教育推動組織架構圖

4. 資訊教育執行成效之評估等事項。

　　另外，「電腦輔助教學推動委員會」負責我國電腦輔助教學之規劃與推動，為加強推動資訊教育軟體與教材資源之建置、整合、共享與運用，在其下成立「資訊教育資源推動小組」。

　　「台灣學術網路管理委員會」負責學術網路管理運作與維護。台灣學術網路（TANet）納入中學等單位後，擴大為國家之教育與研究網路，此委員會由教育部電子計算機中心主任為召集人，委員包括原有「台灣學術網路管理委員會」之成員，以及部、廳（局）之相關業務之科長。其主要任務為下列幾項：

　　1. 台灣學術網路（TANet）擴編後之組織架構之規劃、推動、建置與

執行成效評核。

2. 台灣學術網路（TANet）資訊倫理及使用規範之擬訂。

3. 網路應用技術研發及人才培育、師資培育。

4. 研訂各級單位連接台灣學術網路（TANet）之推動策略及執行成效評核。

5. 先導性網路應用推廣實驗計畫之規劃與執行。

在管理委員會之下又分設兩個推動小組：

1. 區域性教育網路推動小組

由台灣學術網路之區域網路中心負責學校電子計算機中心主任為召集人，成員包括縣市政府教育局局長、資訊主管、所轄台灣學術網路技術小組之負責學校成員、縣市中心學校校長與專家學者。負責所轄區域縣市之網路建設及資訊應用推廣。

2. 縣（市）教育網路推動小組

由縣（市）教育局局長擔任召集人，成員包括縣（市）政府資訊主管、縣（市）中心學校校長與專家學者。負責推動縣（市）各級學校之網路建設與資訊應用推廣。

···→ 二、台灣省政府教育廳資訊教育推動指導委員會

台灣省政府教育廳在民國七十二年推動資訊教育時，為使工作能順利進行，特別簽請當時的廳長黃昆輝先生核定，成立資訊教育推動指導委員會，由廳長擔任主任委員。在指導委員會之下設立各種推動小組，掌理各項工作的規劃與執行。其組織已在第二章說明，此處不再贅述。

→ 第二節　中小學資訊教學軟硬體設備補助

從民國七十一學年度我國在高級中學實驗電腦教學開始，中小學電腦教學政策皆由上而下，教學所需之電腦軟硬體設備都由教育部及省市教育廳局編列經費補助。其中由於台灣省學校數眾多，教育廳教育經費不足，

因此，其所屬高中與高職所需之電腦設備，大多由教育部與省教育廳採二對等方式補助。而台灣省各縣市所屬之國民中小學，則由教育部、教育廳及各縣市教育局採三對等方式補助。至於台北市與高雄市所屬中小學，則全部由其教育局自籌經費補助。

在民國八〇年代初期，中小學電腦教學所需之設備，大多由教育部協調省市教育廳局於年度預算中編列經費挹注。至八十二年之後，教育部及省市教育廳局才推動一些大型計畫，並於計畫中編列電腦軟硬體設備所需之經費。如：「改善各級學校資訊教學計畫」、「資訊教育基礎建設計畫」、「資訊教育總藍圖」、「網路建設計畫」及台北市和高雄市資訊教育白皮書等。本節所述中小學資訊教學軟硬體設備補助僅包括八〇年代初期以前之補助情形，其他大型的資訊教育整體計畫則在後面幾節介紹。

⋯→ 一、教育部

民國七十一年，教育部在高級中學首先推動電腦教學時，中教司以統一採購方式補助 12 所實驗學校電腦設備，每校 15 部「全亞」八位元電腦，該批電腦為一部主機連兩部終端機，每兩位學生共用一部終端機。至七十二年高級中學課程標準公布，全國高中於七十四學年度全面開設「電子計算機簡介」課程，教育部乃全面補助全國高中電腦設備。

民國七十二年，教育部修訂公布國民中學課程標準（教育部，民72），在國中三年級上學期「工藝」課程中增列「資訊工業」的單元，及三年級下學期「實用數學」中，增列「電子計算機簡介」及「電子計算機的操作」，共計 23 小時。國民中學開始教電腦，八十年教育廳規定各國中可以彈性調整每週二節開授電腦課程。各校才開始由部、廳、局以三對等方式補助電腦設備 25 台。至八十三年教育部公布國中課程標準，國中全面實施電腦教學，各校電腦設備仍並不很理想，而電腦軟硬體設備為實施資訊教學之必備條件，但由於國中電腦設備老舊，國小大部分學校缺乏教學設備。因此，教育部於八十二年十二月頒布實施「補助國民中、小學電腦教室設備實施計畫」，全面補助國民中小學電腦教室設備，並制訂「國中、國小

電腦教室設備參考規格」，提供設置電腦教室之參考依據（參閱附錄5-2-1）。補助之電腦軟硬體設備規劃情形大致如下（葉晉華，民84）：

國中每30班，國小每40至50班設置一間電腦教室，每間教室設置彩色螢幕486相容個人電腦26部，並建立教學網路環境，每部電腦至多供兩個學生使用。同時為維護學生視力及使用安全，配合國家標準訂定電腦設備安全規格，規定要購入之機種必須送審通過檢驗標準。教學軟體方面，學校在經費許可時，可購置文書處理、電腦輔助教學軟體、繪圖、音樂等應用軟體。此外，教育單位每年亦發展電腦輔助教學軟體，免費寄發各級學校使用。

教育部「補助國民中、小學電腦教室設備實施計畫」至八十四年執行情形如表5-2-1（葉晉華，民84）。

表 5-2-1　教育部「補助國民中、小學電腦教室設備實施計畫」執行情形

校級	行政單位	學校數	補助校數	補助百分比
國中	台灣省	595	398	67
	台北市	69	50	72
	高雄市	36	30	83
	全國	700	478	68
國小	台灣省	2,468	281	11
	台北市	140	56	40
	高雄市	76	9	12
	全國	2,684	346	13

···→ **二、台灣省政府教育廳**

民國七十五年，台灣省教育廳為協助優良私立高級中等學校配合教育部「高中新課程標準」及該廳「高職實施電腦教學計畫」，於七十六學年度開設電腦課程，由教育部、教育廳及學校以三對等方式補助各校購置十

六位元教學用微電腦系統。為使各校充分了解此項補助計畫，教育廳特訂定「七十六會計年度補助私立高級中等學校購置教學用微電腦實施要點」。此項補助案為各校90萬元，由教育部、教育廳及學校各負擔三分之一經費。

▶ 第三節　改善各級學校資訊教學計畫

在邁入資訊化社會，使國民具備活用資訊的能力，是我國努力的目標，而在社會資訊化的過程中，教育扮演極為重要的角色，我們要造就足夠的專業人才從事研究開發資訊工作，要各行業從業人員能懂得利用資訊去處理其業務，要一般民眾能適應習慣於資訊社會的生活型態，在在要藉助於教育。因此，如何使我們的資訊教學由大專院校至小學，能有一完整的規劃推動，以因應未來資訊化社會之需求，是非常迫切而重要的課題（教育部，民81）。

到民國八十年之後，中小學資訊教育已相當普遍，教育部為能切實落實中小學資訊教育推動，特別於民國八十三年執行「改善各級學校資訊教學計畫」，計畫執行期間為民國八十三至八十六會計年度，為期四年，由教育部與省市政府配合經費，用以補助各中小學改善學校電腦軟硬體設備、師資培訓及課程規劃。其計畫大要如下，完整計畫內容請參閱附錄5-3-1。

⋯▶ 一、計畫目標

本計畫的主要目標大致有三：加強師資培育機構與中小學各級學校資訊課程綱要，以作為各校參考；培育中小學資訊師資與教師資訊應用能力；與全面提升各級學校電腦設備。

(一)資訊教學目標

1. 國小資訊教學目標為讓學生了解電腦與生活之關係，及簡易之電腦操作，以增進使用電腦的興趣。
2. 國中資訊教學目標為讓學生了解電腦基本知識，並以如何應用電腦

為主。

3. 高中資訊教學目標為讓學生了解計算機之基本原理，及培養學生程式設計的基本技能。

4. 高職資訊教學目標，除了讓學生了解電腦知識外，並以如何將電腦應用在各專業科目以備將來就業為主。

(二)設備補助

計畫分四年補助，至八十六年能完成以下目標：

1. 各國小皆擁有基本應用教學設備。

2. 各國中皆擁有至少一間以上電腦教室。

3. 各高中皆可汰換並充實教學電腦設備。

4. 各高職皆可汰換並充實應用教學電腦設備。

5. 各專科學校皆可增設至少一間應用教學電腦設備。

(三)教師資訊應用訓練

1. 至八十六年止，國小教師受過資訊應用訓練之比例為 25%。

2. 至八十六年止，國中教師受過資訊應用訓練之比例為 30%。

(四)課程

1. 至八十三年前規劃完成自國小至高中、高職學校連貫性的資訊基礎課程綱要。

2. 至八十三年前規劃完成師範學院資訊課程參考綱要。

(五)整體資訊環境配合

1. 加強各級學校尊重智慧財產權之觀念。

2. 八十三年先行建立實驗性全國教學資訊網路。

(六)其他行政措施

1. 建議高職設立一正式編制的電子計算機中心。
2. 高中、國中及國小視學校實際需要自行指定一專責單位或人員負責資訊教學推動與電腦教室管理等事宜。

⋯→ 二、計畫期間

本計畫自八十三會計年度起至八十六會計年度止，為期四年。

⋯→ 三、實施策略及方法

(一)計畫內容

1. 公私立國小、國中、高中、高職及專科學校之電腦硬軟體設備之補助。
2. 國小、國中、高中及高職連貫性資訊基礎課程之整體規劃。
3. 加強國中、小教師資訊應用訓練。

(二)分期（年）實施策略

1. 設備補助

(1)八十三至八十六年分四年補助專科學校充實電腦應用設備。
(2)八十三至八十六年分四年補助高職學校充實並汰換電腦設備。
(3)八十三至八十六年分四年補助高中學校汰換電腦設備。
(4)八十三至八十六年分四年補助國中學校充實並汰換電腦設備。
(5)八十三至八十六年分四年補助國小購置電腦設備。

2. 課程

(1)至八十一年底前研訂完成「國民中小學資訊課程範圍參考綱要」。
(2)至八十三年底前研訂完成國小至高職資訊基礎課程綱要。

(3)至八十三年底前規劃完成師範學院資訊課程參考綱要。

3. 師資訓練

(1)自八十二年起，每年有 4%的國小教師接受資訊應用訓練，至八十六年止，有 25%的國小教師受過資訊應用訓練。

(2)自八十二年起，每年有 5%的國中教師接受資訊應用訓練，至八十六年止，有 30%的國中教師受過資訊應用訓練。

4. 電腦輔助教學發展

本項工作另由教育部電算中心「電腦輔助教學發展與推廣計畫」執行，預計完成以下工作。

(1)自八十二年起至八十六年止，每年發展 160 個單元各級學校軟體。

(2)自八十二年起至八十六年止，成立北、中、南、東四個區域教育資料中心。

(3)至八十一年底前建立課程軟體審查制度。

(4)整合部、廳、局及相關單位已發展之CAI軟體，提供各級學校使用。

(三)主要工作項目及執行方案

1. 師範學院

(1)規劃師範學院資訊課程參考綱要，供各師院作為培養未來國小教師使具有完整電腦素養之參考。

(2)補助師範學院充實資訊教學軟、硬體之設備（不屬本計畫範圍，另由其他相關經費執行）。

2. 專科學校

(1)補助公私立專科學校設置一間電腦應用教學所需設備費用。

(2)加強電腦應用教學軟體之發展及補助購置經費。

(3)加強專科學校教師電腦應用教學軟體使用之訓練。

3. 高職

(1)建議盡速設立正式編制之電子計算機中心，以統籌全校有關資訊教學、業務電腦化及其他管理工作。

(2)中央及省市政府補助經費予學校汰換電腦設備。

(3)加強資訊應用教學。

4. 高中

(1)各校視實際需要自行指定學校一專責單位或人員負責資訊教學推動與電腦教室管理等工作。

(2)中央及省市政府補助經費予學校汰換電腦設備。

5. 國中

(1)課程

檢討目前工藝科及實用數學課程有關資訊課程執行之困難，及待改進之內容。

(2)設備

採中央及省市政府對等補助方式補助學校購置軟硬體設備，暫定補助金額及標準如下：

A. 60 班以上每校補助 150 萬元。

B. 60 班以下每校補助 80 萬元。

(3)在職教師電腦應用訓練

至八十六年六月前，全國國中教師至少有 30%以上教師受過三學分以上電腦應用訓練。

(4)行政措施

將電腦教室列入國中設備標準。

6. 國小

(1)課程

A.確立國小資訊教學目標，並擬定資訊課程範圍標準參考綱要。

B.實施對象以四年級以上學生為宜。

C.實施內容以資訊應用及提高學習興趣為主。

(2)設備

擬分四年採中央及省市政府對等補助方式補助學校購置軟硬體設備，暫定補助金額及標準如下：

A. 61 班以上每校補助 100 萬元。

B. 37 到 60 班每校補助 80 萬元。

C. 19 到 36 班每校補助 60 萬元。

D. 18 班以下每校補助 40 萬元。

(3)在職教師電腦應用訓練

預定在八十六年六月全國國小教師有 25%的教師受過三學分以上的電腦應用訓練。

(4)行政配合措施

A.編寫適合國小資訊教學之教材試用本。

B.補助國小增建電腦教室所需經費。

C.各縣市設置一所國小資訊教學中心學校。

7. 整體資訊環境之配合

(1)建立全國教育資訊網路系統。

(2)發展各級學校電腦輔助教學軟體。

8. 國中小教師資訊應用訓練計畫

(1) 10 星期以上密集訓練：由教育部顧問室「第二期資訊人才推廣計畫」委託資策會執行。該計畫包括教育部委訓之「國中小種子資訊師資培訓」（每年 300 人，即納入本項計畫之部分）、「地區性電腦應用訓練」、「高中職資訊教師技術提升訓練」及青輔會委訓之「大專待業青年資訊專長培育」，合計每年訓練約 600 人。

(2)三學分以上BCC訓練：預計由教育部顧問室委託各地區大專院校利用寒暑假執行。

(3)三學分以上CAI訓練：由教育部電子計算機中心「電腦輔助教學發展及推廣計畫」項下委託三所師範大學及師範學院、淡江大學、中興大學等執行。

(4)至八十六年累計之比例，國小部分為 20.10%，如考慮廳局舉辦部分應可達成 25%之計畫目標；國中部分為 25.02%，如也考慮廳局舉辦部分應可達成 30%之計畫目標。

本項計畫各訓練班各年度預計要調訓之國中、小學教師人數如表5-3-1。

表 5-3-1　國中小教師資訊應用訓練計畫表

訓練別	區分	至 81 年	82 年	83 年	84 年	85 年	86 年	訓練單位及計畫
10 星期以上訓練	國小	380	80	200	200	200	200	資策會第二期資訊人才推廣計畫
	國中	895	80	100	100	100	100	
三學分以上 BCC 訓練	國小		100	2,000	2,000	2,000	2,000	各大專院校執行委託（本計畫項目）
	國中		100	2,000	2,000	2,000	2,000	
三學分以上 CAI 訓練	國小	2,800	400	800	1,080	1,080	1,080	四所大學及九所師院（電腦輔助教學計畫）
	國中	1,760	280	320	320	320	320	
合計	國小	3,180	580	3,000	3,280	3,280	3,280	
	國中	2,655	460	2,420	2,420	2,420	2,420	
訓練累計數	國小	3,180	3,760	6,760	10,040	13,320	16,600	
	國中	2,655	3,115	5,535	7,955	10,375	12,795	
累計百分率以80年度教師數為基準	國小	3.85	4.55	8.19	12.16	16.13	21.10	
	國中	5.00	6.09	10.82	15.55	20.29	25.02	

···→ 四、資源需求

㈠所需人力需求

1. 師資訓練人力需求

(1) 10 學分以上密集訓練由資策會第二期資訊人才推廣計畫之下訓練教師負責。

(2) 三學分以上 BCC 及 CAI 訓練由大學校院資訊專業教授負責支援。

2. 電腦輔助教學軟體發展及推廣計畫

本計畫奉行政院八十年十二月二十三日台 80 經字第 41620 號函原則同意。

㈡經費需求

1. 財務需求方案

(1) 設備補助部分

本項經費中央及省市各年度編列數如表 5-3-2。

表 5-3-2　中央及省市各年度編列設備補助經費

（單位：千元）

年度	中央	台灣省	台北市	高雄市	私校
83 年	395,099	284,924	32,799	17,376	64,125
84 年	386,099	284,924	32,799	17,376	64,125
85 年	357,601	284,924	32,801	17,376	64,125
86 年	360,601	284,924	32,801	17,376	67,125
小計	1,499,400	1,139,696	131,200	69,504	259,500
總計	3,099,300				

(2)國中小教師訓練費用

各年度中央編列國中小教師訓練費用如表 5-3-3。

表 5-3-3　各年度中央編列國中小教師訓練費用

（單位：千元）

年度	中央預算
82 年	*
83 年	30,000
84 年	30,000
85 年	30,000
86 年	30,000
總計	120,000

*八十二年度未列預算

(3)全國教學實驗網路費用

僅編列八十三會計年度所需費用。

A.選擇五所師範學院協助本實驗網路之進行，並補助每所師院網路服務工作站設備 150 萬元，計 750 萬元。

B.選擇 30 所高中、高職及專科學校試辦連線，包括數據專線及網路服務工作站等，每校補助 52 萬元，30 所合計 1,560 萬元。

C.選擇 70 所國中小作為終端連接使用，每所補助終端及網路設備 30 萬元，合計 2,100 萬元。

D.舉辦相關研討會、諮詢及服務等費用 30 萬元。

本部分經費合計 4,440 萬元。

(4)設備維護費

A.國中小維護費用盡量爭取縣市政府在中央補助經費內支應。

B.各校在所收電腦選修實習費用中支應。

2. 經費之編列方式

省市廳局編列如表 5-3-2 所需經費,中央編列部分如下:

(1)國中小教師訓練費用及全國教學實驗網路費用編列於顧問室「科技教育」業務計畫之「改善各級學校資訊教學計畫」項下,合計 7,440 萬元。其中「國中小教師訓練費用」,八十三至八十六年度,每年約 3,000 萬元,教學實驗網路部分,八十四年以後之經費視爾後實驗需求再行納入。

(2)設備補助屬中央部分,分別編列於:

A.國中國小:編列於國教司「國民教育補助計畫」項下。

B.高中:編列於中教司「中等教育補助」項下。

C.高職:編列於技職司「職業教育補助」項下。

D.專科:私立專校部分編列於「私校重點儀器設備補助」項下,國立專科學校部分,則自行納入概算中。

各項目各年度之經費如表 5-3-4。

表 5-3-4　中央各年度各項補助經費編列表

（單位：千元）

項目	83 年度	84 年度	85 年度	86 年度	合計
國民教育補助	245,287	245,287	245,288	245,288	981,150
中等教育補助	34,062	25,062	25,063	25,063	109,250
職業教育補助	69,250	69,250	64,750	64,750	268,000
私校重點儀器設備補助	22,500	22,500	22,500	25,500	93,000
國立專校（自行納入概算）	24,000	24,000			48,000
合計	395,099	386,099	357,601	360,601	1,499,400

→ 第四節　資訊教育基礎建設計畫

行政院為厚植國家競爭力，提出建設台灣為科技島之構想，在面對資訊化世紀的競爭中，資訊科技與各項建設——亞太營運中心、金融中心等皆息息相關，提升競爭力必須全面提升各項資訊軟硬體建設，建立相關制度、法規及提升人力素養。資訊教育基礎建設計畫重點即在建構資訊化校園，使資訊教育延伸至國中小，使全民具備資訊基本應用能力，全面提升國小至專科資訊環境，為科技島做紮根的工作（教育部電子計算機中心，民87）。

資訊科技不僅激發全民的資訊教育，也衝擊現行的教育制度，在種種教育的改革瓶頸中，資訊科技可突破教學環境限制，改變傳統以老師主導的團體教學模式，透過多媒體電腦輔助教學、電腦網路與學習資料庫所創造的多元化與全方位的學習環境，使學生可依個人能力與興趣自我學習；老師則扮演啟發的角色輔導學生學習，實現因材施教、發展潛能與終身學習的教育理想（教育部電子計算機中心，民87）。因此，教育部在「改善各級學校資訊教學計畫」、「電腦輔助教學軟體發展與推廣計畫」兩項計畫即將結束時，依據配合行政院提升國家競爭力政策、行政院八十五年四月二十四日第十九次政務會談決議、中華民國教育報告書邁向二十一世紀的教育遠景，與行政院教育改革審議委員會第二期諮議報告書等的精神，於民國八十六年提出本計畫。本計畫為我國長期發展資訊教育的大型計畫，全部期程總共十年，其中又包括「改善各級學校資訊教學計畫」、「電腦輔助教學計畫」及「TANet 至中小學計畫」，這些計畫將分別在本章其他各節說明。在此僅將此計畫（參見附錄 5-4-1）內容簡要摘錄如下（教育部電子計算機中心，民87）。

···→ 一、計畫目標

為配合資訊時代的需求，建置完善的資訊教學環境，本計畫短期目標

為「改善各級學校資訊教學計畫」、「電腦輔助教學計畫」及「TANet 至中小學計畫」等各項重點工作之延續與拓展。長期目標則為建置一個全方位的資訊教學環境，普及全民資訊教育。為實現此既定目標，教育部特別訂定中小學各級學校之目標，以及短長程具體目標。

㈠各級學校資訊教學目標

1. 國小

(1)導引學生接近電腦，了解電腦與生活上的關係。

(2)培養學生具備應用電腦的基本知識，熟悉電腦的簡易操作與使用。

(3)培養學生學習正確使用資訊的態度與習慣，以培養具電腦素養的國民。

2. 國中

(1)導引學生認識電腦科技對日常生活的影響。

(2)導引學生獲得電腦科技的基本知識。

(3)培養學生在日常生活中應用電腦的基本技能。

(4)培養學生對電腦科技的正確態度與學習興趣。

3. 高中

(1)導引學生學習電腦科學的概念與原理。

(2)培養學生應用電腦解決問題的能力。

(3)奠定學生進一步學習電腦科學的基礎。

4. 高職

(1)導引學生了解電腦的基本構造及功能。

(2)培養學生應用電腦解決問題的能力。

(3)使學生了解電腦對相關行業的應用。

由上述目標得見，國民小學主要在了解電腦與生活的基本關係，以及應用電腦的基本知識；國民中學在認識電腦科技對生活的影響，以及獲得

電腦的基本知識與應用電腦的基本技能；高中職則是在了解電腦的基本概念、原理、構造與功能，並培養利用電腦解決問題的能力。

(二)短期目標（八十六年七月至九十年六月）

1. 充實資訊教學資源

(1)設立資訊教育軟體及教材資源中心，提升教學資源之質與量。

(2)整合各界資源，鼓勵民間企業開發教學資源。

(3)專款補助各校基本教學資源（軟體）需求，提升教學資源之質與量。

2. 改善教學模式

應用電腦科技建置多元化教材及學習環境，先選重點學校和重點科目，實施資訊應用教學，以實驗教學成果再推廣至其他學校和其他科目。

3. 加強人才培訓

加強在職教師資訊素養，使 70%國小至高職教師具資訊基本素養。

4. 推動調整組織制度

結合各校圖書館人力，擴大圖書館功能，朝教學資源中心發展。

5. 提升設備

(1)每校至少有一間電腦教室，且電腦設備規格不低於部頒之參考標準。

(2)逐步朝教室有電腦方向發展，補助所有推廣中心學校購置筆記型電腦供普通教室使用。

6. 延伸台灣學術網路

所有高中、高職皆連上台灣學術網路（TANet），國中、國小約 80%學校連上 TANet。

7. 普及資訊素養

資訊教育向下紮根，所有國中學生具備電腦操作能力，所有國小學生

有機會接觸資訊教學環境，依興趣學習。

8. 1,000 間學科教室有電腦且可上網

㈢長期目標（九十年七月至九十六年六月）

1. 充實教學資源

(1)各校具有製作與創造教學資源之環境與能力。

(2)各校編列經費採購。

2. 改善教學模式

電腦輔助教學融入各科、結合網路資源與隔空學習環境，突破傳統以老師主導之教學模式，落實多元化、個別化的學習。

3. 加強人才培訓

教師皆具資訊基本素養。

4. 調整組織制度

各校資訊化環境建置完成、各單位組織人力重整。

5. 提升設備

(1) 50%教室有電腦。

(2)國中、國小各教室視聽媒體與電腦結合運用。

6. 延伸台灣學術網路

所有學校皆連上台灣學術網路，且有 40%以上學校普及至學科教室。

7. 普及資訊素養

(1)所有學生皆具備資訊基本素養。

(2)普及全民資訊教育。

8. 建構教育行政資源共享的環境

    (1)教育行政資源交換認證機制維運。

    (2)教育行政系統執行環境建構。

⋯⋯➔ 二、預期績效指標及評估基準

為期各級政府和學校能了解本計畫的執行成效，教育部特訂定計畫執行之預期績效指標及評估基準，其詳細指標如表 5-4-1。

表 5-4-1　資訊教育基礎建設績效指標及評估基準

績效指標	評估基準
1. 台灣學術網路連線指標	各級學校連線台灣學術網路之比例
2. 電腦教室普及指標	各級學校設置電腦教室之比例
3. 學校電腦普及指標	各級學校電腦人機比例
4. 資訊課程指標	各級學校開設資訊課程之總時數
5. 上網人次指標	台灣學術網路每日上網人次
6. 網站設置指標	縣市教育網路中心設置數目
7. 在職教師培訓指標	在職教師接受部、廳、局開設資訊相關課程培訓比例
8. 教學推廣成效指標	資訊推廣中心學校應用電腦輔助教學學校之比例
9. 資訊素養普及指標	上過資訊相關課程學生比例
10. 資訊系統應用及安全指標	教育行政資料交換比例

⋯⋯➔ 三、實施策略及方法

(一)計畫內容

    1. 設立資訊教育軟體與教材資源中心，整合國內各界資源，提升教學資源之質與量。

2. 加強國小、國中、高中及高職在職教師資訊應用訓練與培訓電腦輔助教學設計能力。

3. 補助國小、國中、高中、高職及專科學校之電腦軟硬體設備，使電腦教學設備達部頒參考標準。

4. 台灣學術網路往下延伸至高中、高職、國中及國小。

5. 加強課程橫向設計，將資訊科技融入各學科教學中。

6. 結合民間力量，共同推廣資訊教育，普及全民資訊素養。

(二)分期實施策略

本計畫之執行分兩期實施，每一期均有其計畫目標與實施策略，茲分別說明如下：

第一期自八十六年七月至九十年六月，本期有八項計畫目標，其詳細目標與實施策略如表 5-4-2。

第二期自九十年七月至九十六年六月。其計畫目標依第一期實施成效再配合長期目標予以調整，大致如下：

1. 配合九年一貫課程綱要之修訂，推動資訊科技融入各科教學。

2. 將重點學校教學成果推廣至各校實施，使資訊科技之應用在各學科中落實。

3. 持續開設資訊相關課程，培訓在職教師，使 100%的教師具資訊基本素養。

4. 將資訊素養列入教師資格檢定之項目之一。

5. 協助學校朝教室有電腦方向發展，且使網路延伸至各教室。

6. 各校結合圖書館，設置教學資源中心，專人負責推動資訊事務。

7. 推動修改相關法令制度，使有線電視與電信網路得以整合應用。

8. 運用安全認證機制，普及教育行政電腦化之應用。

表 5-4-2　第一期計畫目標與實施策略

目標	實施策略
充實資訊教學資源	建置全國資訊教育軟體與教材資源中心，整合軟體資源。
改善教學模式	加強資訊科技融入各科之教案設計，推動各科觀摩教學。
加強人才培訓	開設電子計算機概論班、電腦輔助教學設計班、台灣學術網路技術管理班等課程，培訓在職教師，使 70%教師具資訊基本素養。
推動調整組織制度	建立推動組織持續規劃、推動資訊教育相關事務。
提升設備，建置電腦教室並逐步推動教室有電腦。	逐年補助國小至專科充實及汰換電腦軟硬體設備，達到部頒參考標準，使 100%的國小有電腦教室。 逐年補助資訊推廣中心學校購置筆記型電腦供普通教室使用。
延伸台灣學術網路	逐年推動高中、高職、國中、國小連線台灣學術網路，高中、高職、國中學校已於 86 學年度完成連線，配合擴大內需方案政策，國小學校預定在 87 學年度百分之百連線。
普及資訊素養	國中自 87 學年度開始實施電腦必修課。 辦理資訊教育相關推廣活動。
建置安全認證維運機制	各縣市教育局建立教育行政資料交換中心，提升網路運用安全。

(三)主要工作項目

1. 設立推動組織、整體規劃、推動資訊教育之建設。各委員會之委員除部、廳、局業務相關主管人員外，並依各委員會之任務與功能分別邀請該領域之學者專家、學校代表及業界代表共同參與，期使結合產官學研各界力量，一起推動資訊教育的建設。

2. 擬訂長期計畫、凝聚地方共識、整合教育資源及結合省市政府教育廳、局配合實施，使資訊教育的建設與發展得以兼顧國家整體發展及地方差異性。

3. 資訊建設向下紮根，加速網路建置，結合 TANet 至中小學計畫推動到各校，進而至各教室。

4. 設立資訊教育軟體與教材資源中心。

　　⑴重點規劃軟體融入各學科之教學設計。

　　⑵整合全國教育軟體與教材資源。

　　⑶蒐集與整合數位化素材及相關學習資源，建置資料庫。

　　⑷結合網路建置（TANet 至中小學）提供快速流通之軟體與資訊教材。

　　⑸發展多媒體 CAI 光碟軟體——好學專輯系列暨 WWW title。

5. 擴大辦理金學獎、校園軟體創作獎勵等活動，激勵民間及學校主動參與軟體及素材之開發。

6. 結合民間力量，配合 NII 之發展，朝多媒體、多樣化平台發展遠距教學教材，發展內容依教育部擬訂之「電腦輔助教學之發展、推展與整合計畫」之分工原則，政府單位做重點式、示範性開發，業界為開發之主力，本項實施策略已納入教育部「遠距教學中程發展計畫」另行處理。

7. 開設電子計算機概論班、電腦輔助教學設計班及一般電腦應用班等課程，部、廳、局依培訓目標分工、規劃，委由大學校院與資策會等單位依多元化方式辦理（教育部另依 NII 所需人才：網路管理種子教師、資訊媒體製作種子教師等，擬定「NII 人才培育中程發展計畫」報行政院）。

8. 訂定資訊教師資格，配合師資培育法的實施，使資訊教師來源多元化。

9. 針對特殊教育及偏遠地區教師開設專門班別，增加培訓機會；對各校行政主管人員開設專門課程，提升其資訊素養及對資訊教育重要性之認知。

10. 與省市政府教育廳局共同分攤補助國小、國中、高中及高職電腦教學軟、硬體設備，使各校電腦設備達教育部頒參考標準。

11. 鼓勵大學成立巡迴服務隊，對鄰近中小學資訊校園發展提供諮詢服務。

12. 配合資訊發展趨勢，每年重新修訂各級學校資訊基礎設備標準，提供各級學校採購參考。

13. 協調省市政府教育廳局對各校設備管理維護事宜，由下列方式著手解決：

    (1)電腦採購時廠商提供二至三年保固期。

    (2)學校電腦種子老師或具資訊素養與技能之老師，以減授課時數方式管理電腦教室。

    (3)於學校設備組調整現有人力擔任電腦管理人員，或請學校調整現有書記、幹事人員具備電腦維修能力專長者擔任。

    (4)加強教師電腦維修訓練，減輕管理人員負擔。

    (5)研究授權學校收取電腦管理費之可行性。

    (6)結合民間資源建置、維護電腦教室。

14. 規劃「開放國小教室資源與社區共享方案」暨「民間捐贈各級學校電腦硬體實施要點」，結合民間資源加速校園資訊環境建置。

⋯➔ 四、資源需求

㈠所需資源說明

整體而言，本計畫經費由教育部、省市政府教育廳局共同編列，依預算程序分年實施。

台灣學術網路延伸至中小學、在職教師資訊應用培訓及補助高職和中小學電腦教學軟硬體設備所需資源，比照原「改善各級學校資訊教學計畫」之執行方式，由教育部、台灣省政府教育廳、台北市政府教育局及高雄市政府教育局自相關業務項目之預算配合編列經費逐年實施。網路建置與師資培訓所需人力資源則委由大專校院及區域網路中心學校辦理。設立資訊教育軟體與教材資源中心及推廣CAI活動所需資源，則依原「電腦輔助教

學軟體發展暨推廣計畫」方式，由教育部電算中心編列人力與經費。

(二)人力需求

本計畫延續並整合了原有之三項中程計畫（「改善各級學校資訊教學計畫」、「電腦輔助教學發展與推廣計畫」及「TANet至中小學計畫」），業務龐大且繁重，但為配合行政革新之政策，所需人力延用原電腦輔助教學軟體發展及推廣計畫11名人員，以利整體業務之推動，及全國資訊教育軟體與教材資源中心之建置。有關在職老師培訓及TANet至中小學所需人力，將由大學校院及各網路中心支援。說明如下：

1. 在職師資訓練人力需求
   (1)網路管理種子教師、資訊媒體製作種子教師等訓練，由NII人才培育中程發展計畫規劃。
   (2)一般電腦應用班、電子計算機概論班、偏遠地區教師班及特殊教育教師班等，委由大學校院辦理。
2. TANet至中小學人力需求
   網路建置及人才培訓、推廣等人力由各區域網路中心暨縣市教育網路中心支援。
3. 全國資訊教育軟體及教材資源中心之建置與運作所需人力，由原「電腦輔助教學軟體發展及推廣計畫」之既有人力11名負責。

(三)經費需求

自八十六年七月至九十年六月，四年之間所需的淨預算包括下列幾項：

1. 電腦輔助教學軟體發展費用 3,600 萬元

預計每年度示範性發展好學專輯光碟二輯，所需經費約新台幣600萬元，及每年度發展全球資訊網路服務系統（WWW）教學軟體所需經費約新台幣300萬元，四年度所需經費為新台幣3,600萬元。

2. 電腦輔助教學軟體維護及更新費用 800 萬元

好學專輯系列經推廣使用成效良好者，將增加光碟壓製數量或推展多元化版本（如：網路版等），同時視教學使用及評估情形，增修光碟內容及功能。預計每年度所需經費約新台幣 200 萬元，四個年度所需經費為新台幣 800 萬元。

3. 電腦輔助教學軟體試辦及教學觀摩研討活動費用 800 萬元

對於已發行之軟體每年度辦理試辦及教學觀摩研討活動作評估與推廣，所需經費為新台幣 200 萬元，四個年度所需經費為新台幣 800 萬元。

4. 推廣活動費 6,400 萬元

電腦輔助教學推廣活動包括有電腦輔助教學優秀作品創作獎勵、中華民國電腦輔助教學學術研討會、有功人員選拔、國際電腦輔助教學學術研討會及巡迴展示活動等。預計每年度所需經費約新台幣 1,600 萬元，四年度所需經費為新台幣 6,400 萬元。

5. 資訊教育軟體與教材資源中心費用 8,700 萬元

(1)八十七年度：3,300 萬元

(2)八十八至九十年度：5,400 萬元

6. 人事費：3,312 萬元

上述經費由教育部電算中心編列，如表 5-4-3。

7. 在職教師資訊應用培訓費用 1 億 5,500 萬元

八十七至九十年每年度開辦電子計算機概論（BCC）班 50 班、電腦輔助教學設計班 24 班、網路管理班 22 班、特殊教育班八班、離島教師班四班，及一般電腦應用班 25 班，每班 50 名學員，總計每年度需 3,875 萬元。本經費由教育部電算中心編列。

表 5-4-3　資訊教育基礎建設第一期各項推廣活動經費需求表

（單位：千元）

會計年度項目	87 年度	88 年度	89 年度	90 年度	總計
軟體發展費	9,000	9,000	9,000	9,000	36,000
維護更新費	2,000	2,000	2,000	2,000	8,000
試辦及教學觀摩研討活動	2,000	2,000	2,000	2,000	8,000
推廣活動費	16,000	16,000	16,000	16,000	64,000
資訊教育軟體與教材資源中心	33,000	18,000	18,000	18,000	87,000
人事費	8,280	8,280	8,280	8,280	33,120
年度合計	70,280	55,280	55,280	55,280	236,120

8. 電腦軟、硬體設備補助費用 42 億 9,341 萬元

(1)推動 TANet 至中小學網路建設費用 11 億 7,691 萬元

自八十七年度起，逐年補助高職、高中、國中、國小連線台灣學術網路，及建置並維護縣（市）教育網路中心，共需 11 億 7,691 萬元。本項經費採中央、地方對等補助原則。

(2)電腦教室設備費用：30 億 7,900 萬元

此項經費之分配為：

國小電腦教室設備費用為 27 億 240 萬元。

國中電腦教室電腦教學軟體費用為 1 億 6,240 萬元。

高中電腦設備補助費為 2 億 1,420 萬元。

(3)補助重點學校購置筆記型電腦供普通教室使用費用：3,750 萬元

補助各縣市資訊教學推廣學校、CAI 推廣學校、網路中心及行政電腦化推廣學校，每校購置三部筆記型電腦，八十七年度補助高職 20 所，八十七、八十八年度補助高中、國中、國小各 46 所；八十九、九十年度補助國中、國小各 46 所，每所 15 萬元。

上述軟硬體設備補助除第(3)項補助中心學校經由本部全額補助外，其餘經費皆採中央、地方分攤補助之原則編列。

本項計畫第一期自八十七至九十年度總計需經費新台幣 46 億 8,4530 千元，中央編列 25 億 2,942 千元，地方（省市政府教育廳局）編列 21 億 5,5105 千元，詳如表 5-4-4。

表 5-4-4　資訊教育基礎建設計畫第一期年度經費一覽表

（單位：千元）

單位	87 年度	88 年度	89 年度	90 年度	總計
中央	716,710	601,515	602,480	608,720	2,529,425
地方	634,895	502,500	505,735	511,975	2,155,105
總計	1,351,605	1,104,015	1,108,215	1,120,695	4,684,530

本計畫第二期所需經費待第一期執行完畢，依實施成效修正改進後再召集各單位共同編列。

第五節　擴大內需計畫

教育部推動資訊教育基礎建設對教育改革有相當大的影響，結合電腦輔助教學、網路等資訊科技融入各科教學，可改善教學模式，提升教學品質，且面臨資訊化社會的到來，及早將資訊教育向下紮根，以培育具有資訊素養之國民，對我國邁向二十一世紀之資訊時代，發展科技島，都有實質之助益（韓善民，民 87）。

加速資訊教育基礎建設計畫的推動，對資訊相關產業也有正面的幫助，除了學校所需購置之資訊設備，可直接擴大對產業界的產品需求外；在學校中的教學也擴大了家庭對電腦的需求。因為電腦科技發展極為快速，學校的環境尚難以滿足所有學生使用電腦及上網的需要，因此影響所及，將使家庭及社會對資訊設備需求量呈倍數增加，如此不但可帶動資訊產業的提升，也可普及社會大眾對電腦的應用，加強國家競爭力（韓善民，民87）。

教育部為加速資訊教育基礎建設，並配合擴大內需政策，於八十八會計年度追加預算 64 億 7,000 萬元，再加上教育部原編列的正常預算 10 億元，總共有 74 億 7,000 萬元，以補助中小學購置電腦軟、硬體設備及連線台灣學術網路設備、加強在職教師資訊應用能力培訓、充實教學軟體資源，提前完成中小學電腦教學環境之建置，並推動應用資訊科技，以改進各學科教學品質（韓善民，民 87）。這是我國自推動中小學資訊教育以來最大的一次補助款。本方案執行完成之後，使我國所有中小學不但全部增加或更新電腦設備，更重要的是百分之百的中小學均架設網路，是我國推動資訊教育的一個重要里程碑。茲將該方案簡要說明如下（韓善民，民 87）：

⋯➔ 一、計畫目標

資訊教育基礎建設對資訊教育的推動甚為重要，擴大內需政策所追加之預算，正可加速達成基礎建設既訂之目標，其預期達成之目標如下：

1. 提前完成中小學電腦教學環境建置。
2. 提升中小學教師資訊素養。
3. 擴充縣網中心以加速推動 TANet 到中小學。
4. 加速充實教學軟體資源。
5. 補助資訊推廣重點學校購置可攜式電腦，供普通教室使用，結合電腦輔助教學與網路等資訊科技融入各科教學，改善教學模式。

具體而言，資訊教育基礎建設計畫（第一期）原定達成指標如表 5-5-1。

表 5-5-1　資訊教育基礎建設計畫（第一期）原訂達成指標

（單位：百分比）

項目		87 年	88 年	89 年	90 年
電腦教室補助	國小	40	60	80	100
網路連線補助	國小	20	40	60	80
在職教師培訓	中小學	40	50	60	70

而擴大內需方案實施後，有關資訊教育預定指標可提前兩年完成原定目標，達成率如表 5-5-2。

表 5-5-2　擴大內需方案實施後，資訊教育指標達成率

（單位：百分比）

項目		87 年	88 年
電腦教室補助	國小	40	100
網路連線補助	國小	20	100
在職教師培訓	中小學	40	100

···→ 二、重點工作

擴大內需方案實施後，在「電腦教室」、「網路連線」及「在職教師培訓」等，可提前兩年達成目標，而此方案之重點工作如下所述。

㈠補助中小學資訊教學軟硬體設備，使所有國小都有電腦教室，並以上電腦課一人一機為目標，重點工作如下：

1. 補助國中小建置電腦教室、補助達成一人一機目標及舊電腦設備汰換。

2. 補助國中小學校購置教學軟體費用。

㈡補助中小學連線設備建置及偏遠地區學校通信費用，使所有學校均可用專線連接網際網路，重點工作如下：

1. 補助國小電腦教室網路建設費用。

2. 補助偏遠地區國中小學校通信費用。

㈢補助中小學在職教師資訊應用培訓費用，使所有中小學教師均有機會獲得基本資訊素養之培訓，重點工作如下：

1. 補助國民中小學辦理教師資訊應用培訓費用。

2. 補助各縣市政府辦理資訊素養培訓費用（對象包括教師、主任及校長等）。

㈣補助設置國中小及高中職資訊教育軟體與教材資源中心，充實中小學學科網路教材，八十七學年度已設置全國及縣市國中小軟體與教材資源中

心計 45 所，八十八學年度將擴展至高中職。

㈤補助資訊推廣重點學校購置兩部可移動式電腦，試行教室有電腦教學。

㈥推動台灣學術網路（TANet）到中小學，補助各縣市教育網路中心、連
線機房及各網路中心設備、運作維護費及業務推廣費用等。

㈦補助無障礙電腦工作站供特殊學校使用。

㈧補助九所師範學院購置電腦教學設備。

　　以上各項計畫中之細項，在加速實施完成後，使各級中小學及師範學
院之資訊教學環境，進入另一新的局面。

⋯→ 三、各縣市配合事項

　　長期以來，教育部推展資訊教育基礎建設，除了籌措經費與訂定政策
外，實際的行動均有賴地方政府、各級學校、關心資訊教育之學者專家及
學校老師等的配合與協助，才能收到效益，為加速資訊教育基礎建設，期
望各級政府配合事項說明如下：

㈠各縣市政府成立「資訊教育推廣執行委員會」，由教育局長擔任召集人，
委員會成員至少包括學者專家、中心學校（含縣市網路中心、電腦輔助
教學中心學校及資訊教育軟體與教材資源中心學校等）人員及縣市政府
相關行政人員等。負責辦理各縣市資訊教育基礎建設設備採購、執行師
資培訓、推廣活動等相關事宜。

㈡各縣市調查並彙總所屬學校之電腦教室、網路連線設備及在職教師資訊
素養培訓之需求，報教育廳彙總進行初審，以為教育部召開資源分配會
議核定補助經費之依據。

㈢為協助各縣市加速作業流程，教育部將提供下列參考規範，以利業務進
行：

　1. 電腦教室建置參考規範

　　含電腦教室安裝與建置規範、投標需知、相關文件、合約草稿、招標
建置及驗收流程、驗收表單、電腦教室設備使用規範、電腦教室維護
及管理規範等。並辦理相關研習會且提供諮詢服務。

2. 中小學資訊教育教師在職進修與教學應用參考規範

含教師資訊素養指標、教師培訓課程綱要、培訓時數、參考教材、相關應用範例、評量參考指標、國小課程綱要、相關應用及網路競賽等，並辦理相關研習會、網路競賽及網路博覽會提供諮詢服務。

3. 電腦教室網路建置參考規範

含分析解決中小學同時上網可能發生的問題、建置測試環境、協助各校 domain name 規劃及解決 IP 不足問題等，並辦理相關研習會且提供諮詢服務。

㈣設備採購將由各縣市資訊教育推動執行委員會統一規劃辦理招標作業，並得依學區或需要分案招標。

㈤網路中心設備之採購方式，各縣市視實際需要可選擇「PC 教室設備」與「網路設備」合併或分別辦理，網路設備包括學校及縣網中心工作站與 proxy 伺服器。網路設備標案應包含縣市網路終端之連線所需設備及維護服務。

㈥各縣市之採購作業最遲應於八十七年十二月底前完成公告作業，最遲應於八十八年二月十五日前完成決標作業，且八十八年六月前完成設備驗收。

㈦各縣市教育網路中心及中小學均應配合建置學校之首頁（homepage）及網站，鼓勵學校師生使用電腦。鼓勵教師將電腦運用於教學中（如以電腦出考題、上線查教學資料等），並辦理相關競賽活動（如查資料比賽、網頁競賽等），且參加教育部舉辦之網路博覽會。

···→ 四、各中小學配合工作

學校師生能普遍應用電腦於教學或學習，以提升教學品質及學習成果，是資訊教育基礎建設之終極目標，基礎建設之履行有賴學校全力配合，重點如下：

1. 電腦教室在課餘時間應開放供師生使用。
2. 建議校內所有教師應具備電腦基本素養。

3. 建議教師多應用電腦，如以電腦出考題、利用電腦教學等。

4. 鼓勵學生多使用電腦，如上網查資料、做作業等。

5. 鼓勵參加網路競賽（如：查資料比賽、首頁設計競賽、教案設計觀摩賽等），帶動電腦學習風氣。

6. 鼓勵參加全國各級學校網際網路博覽會，展示學校網站建置成果。

▶ 第六節　網路建設

⋯▶ 一、台灣學術網路

　　教育部為配合國內各大學學術研究之需要，並提升我國的網路應用，於民國七十九年建置台灣學術網路（Taiwan Academic Network，簡稱 TANet）。台灣學術網路為教育部與各主要國立大學共同建立的第一條學術資訊高速公路，其主要目的是為了支援全國各級學校及研究機構間之教學研究活動，以相互分享資源並提供合作機會。TANet 具有骨幹（backbone）和區域（regional）的網路架構，為國內各級學校與學術單位相關資訊應用之基台（information infrastructure）（曾展鵬，民88）。其基本架構分校園網路、校際網路，及國際網路三個層次。網路骨幹係以教育部與國家高速電腦中心及台灣大學、政治大學、中央大學、交通大學、中興大學、中正大學、成功大學、中山大學、花蓮師範學院與東華大學等區域網路中心之間，以 T1 或 T3 高速數據線路連接，為我國最早以促進教學研究活動及學術交流為目的之電腦網路（教育部電子計算機中心，民87）。

(一)管理組織

　　TANet 的管理規劃為三個階層式組織，包括「台灣學術網路管理委員會」、「區域網路管理委員會」與「推動小組」。「台灣學術網路管理委員」係由教育部電算中心邀集教育部各司處、省市教育廳局、區域網路中心及縣市教育網路中心之主管與相關學者專家共同組成，負責網路長期規

劃推動等工作。其下設有「TANet技術小組」及「TANet調解評議小組」，由連線單位之專業人員所組成。教育部電算中心負責 TANet 骨幹及國際網路運作，各區域性之連接與管理由各區域網路中心負責。TANet 管理委員會及技術小組定期召開會議，針對管理及技術上之相關問題共同研商處理，為 TANet 之正常有效應用，已訂定下列相關辦法（曾展鵬，民 88）：

1. 台灣學術網路使用規範。
2. BBS 站管理使用公約。
3. 台灣學術網路管理規則。
4. 台灣學術網路連線單位配合防制網路犯罪處理要點。
5. 台灣學術網路之連線規則。
6. 區域網路中心負責之業務。
7. 縣市教育網路中心負責之業務。

(二)台灣學術網路之網路架構

TANet 網路架構分為三個階層（曾展鵬，民 88）：

1. 骨幹網路

由教育部及區域網路中心負責國內骨幹網路維護工作，國內骨幹網路及國際電路，皆以 ATM 交換器互連，國內骨幹網路頻寬為 T3（45Mbps），國際電路頻寬為 24 Mbps。

2. 地區網路

各地區網路經由區域網路中心與骨幹網路相連接，並且視需要建立地區性之骨幹線路，基本上每個縣市成立該縣市教育網路中心，縣市內中小學校連接至教育網路中心，縣市教育網路中心規劃、服務並推動該縣市資訊建設，區域網路中心則協助、輔導並推動該地區網路。

3. 校園網路

單一之研究單位、教育行政單位、社教機構及學校校園之區域網路，

依單位規模之大小、需求應用情況、使用網路之經驗及經費之多寡，可建立具有骨幹之校園網路或簡易之網路，再逐步擴充之。由學校電算中心或類似之單位負責。

(三) TANet 骨幹網路

1. 國際電路

TANet 國際電路從教育部電算中心連接到美國西岸加州，電路頻寬為 T3（45Mbps），此電路費用由中央研究院、國科會及教育部共同分攤支付。TANet 所能夠使用的頻寬為 24 Mbps，為了有效運用有限頻寬，並維持網路順暢及正常運作，將其中 16Mbps 提供 proxy 伺服器、DNS 及 mail relay 等使用，其餘 8Mbps 作為一般用途使用。

2. 國內網網互連

HINet 在民國八十三年初成立時，即以 T1 於台北和 TANet 互連，半年後提升為兩條 T1，同時 SEEDNet 也以 ethernet（10 Mbps）和 TANet 互連。至民國八十六年初，與 HINet 及 SEEDNet 互連速率分別提升至 T3（45Mbps）和 FDDI（100 Mbps），半年後 TANet 便與 HINet 及 SEEDNet 開始進行多點互連。目前 HINet 及 SEEDNet 台北有一路 T3（45Mbps）數據專線，中壢、台中、雲嘉、台南、高雄各有一條 T1 數據單線，新竹二路 T1 數據單線互連，與 SEEDNet 在台北有一 FDDI（100 Mbps），中壢、台中、台南、高雄各有一路 T1 數據專線互連。

3. 國內骨幹

國內骨幹網路由北到南設立網路中心，分別為台北：教育部電算中心、台灣大學、政治大學；桃園：中央大學；竹苗：交通大學；台中：中興大學；雲嘉：中正大學；台南：成功大學；高屏：中山大學；花東：花蓮師院、東華大學、台東師院等區域網路中心，以 ATM 交換器經由高速（T3）線路連接，並包含骨幹必要之備援線路，各區域之臨近學校及研究單位則

連至各區域網路中心，其網路專線速度則視連線單位的需要自行決定。

　　台灣學術網路是採開放性架構，連線單位不斷增加，到民國八十五年所有大專學校都已和 TANet 連線，教育部為推動「E-mail 到中小學」計畫，使資訊教育向下紮根，也將連線範圍擴大至教育廳、局、高中職、國中小及圖書館、博物館、美術館、社教館及文化中心等單位。到八十五年連線單位已超過 400 個，初步估計台灣學術網路超過 10 萬個電腦節點，使用人數也超過 35 萬人（教育部電子計算機中心，民 85）。

　　目前台灣學術網路係以兩條 T1 專線連接美國 STOCKTON，與全球網際網路 Internet 上著名網路彼此互通，由統計資料量顯示國外使用者使用國內之資源與國內使用者使用國外資源的頻率都相當高，表示 TANet 已進入與國際 Internet 雙向溝通的時代（教育部電子計算機中心，民 87）。

　　台灣學術網路的推動與發展，可為我國 NII 未來的推動建立一個穩固的基礎平台，亦為教育部推動 NII 在相關教育應用上扮演非常重要的角色。目前每一縣市至少有一個教育網路中心，使全國之教師、學生及教育行政人員皆能夠透過此一完整之網路，來使用其所需之資源，並可交換各類的資訊。

⋯→ 二、「E-mail 到中小學」計畫

　　在知識經濟時代，世界各國紛紛重視資訊應用與社會資訊化，一九九三年美國政府提出「國家資訊基礎建設」計畫（National Information Infrastructure，簡稱 NII）後，備受各國重視，均相繼訂定其 NII 的計畫。

　　八十三年六月行政院成立國家資訊通信基本建設專案推動小組，負責規劃推動「國家資訊通信基本建設計畫」，建構國家資訊高速公路，積極建立與推廣電腦與高速網路各項應用，培育相關研發、設計及應用的各類人才。

　　綜觀各國推展資訊基礎建設，其目的皆在使所有國人都可以使用這項基礎建設，以達成經濟繁榮與社會富足安定的發展，而且皆將教學與研發之網路建設與資訊應用列為首要目標。在台灣地區每四個居民之中，就有

一位是在學的學生，因此，如何透過教育來提升全民的資訊素養及應用資訊的能力，已是現階段刻不容緩的教育改革工作（教育部電子計算機中心，民 87）。

教育部在民國八十二年就已開始規劃「中小學實驗性網路」，八十三年配合行政院推動 NII 計畫，其中「E-mail 到中小學」（參見附錄 5-6-1）係依據八十三年八月十五日「國家資訊通信基礎建設專案推動小組」第一次會議決議規劃。被 NII 推動小組列為優先推動之工作項目，茲將此計畫的大致情形介紹如下（教育部電子計算機中心，民 87）：

(一)計畫目的

「E-Mail 到中小學」是國家資訊通信基礎建設的一項重要計畫，其主要目的是要使得中小學師生能培養利用網路上各項資訊的能力，以及培養在生活上應用所取得資訊的習慣，並藉著這項計畫來推動中小學校園的資訊化。

(二)計畫目標

1. 初期目標（八十六年六月以前）

　(1)完成專科以上學校校園網路專線連接教育與研究網路。

　(2)建立各縣市教育網路中心。

　(3)提供撥接方式使用該縣市教育網路中心之資源。

　(4)完成中學以上學生使用 E-mail 及網路資源比例達 30%。

2. 中期目標（八十六年七月至八十八年六月）

　(1)建立中小學資訊服務系統，改變傳統教學方式。

　(2)配合電信網路建設時程，進行多媒體資訊交換。

　(3)完成中小學以上學生使用 E-mail 及網路資源比例達 60%。

3. 長期目標（八十八年七月以後）

(1)廣設服務據點，每一電路區設置一教育網路中心。

(2)完成中小學以上學生使用 E-mail 及網路資源比例達 80%。

(3)網路資訊應用普及化、早日達成全民資訊化目標。

(三)現階段重點工作

1. 完成專科學校連線台灣學術網路。

2. 成立各層級推動委員會。

3. 建置縣（市）教育網路中心，提供至少 30 所學校可上線使用。

4. 各縣（市）教育網路中心建置具有 E-mail 功能之 BBS 站。

5. 辦理軟體競賽，開發適合各級學校之簡易中文使用介面。

6. 分工建置各級學校所需之各種資訊應用系統，例如題庫系統、教育資源資料庫及全國圖書館系統等。

7. 訂定網路使用規範，建立資訊倫理。

8. 舉辦網路應用及技術研討會，培育網路資訊人才。

(四)未來執行策略

1. 推廣高中職、國中小校園網路之建置，四年內完成中期目標 60%學校使用網路資源。

2. 提升國內各層級及國際網路線路頻寬。

3. 應用 ATM 網路建立多媒體及隔空教學、虛擬博物館等。

4. 完成長期目標：80%學校使用網路資源。

5. 建立全面性教育行政電子資訊交換系統。

6. 建立各類資料庫，結合有線電視，提供終身學習環境。

(五)推動組織

1. 教育部資訊推動小組

　　為健全我國國家資訊基礎建設，首在推動各級學校資訊教育落實與普及資訊教育紮根，此為一長期性之工作，必須有一組織來統合規劃未來整體發展之推動計畫。此組織由負責教育部資訊應用教育推廣與行政業務電腦化之「資訊推動小組」負責主導，並依任務需要，得另組成專案小組，執行小組所決議之政策、計畫或方案。「資訊推動小組」除原有成員外，省教育廳副廳長、台北市和高雄市副局長亦為新加入成員；並可依需要邀請廳（局），縣（市）相關主管與會。

2. 資訊推動小組下分設專案推動小組

　　各國推展國家資訊基礎建設，皆將教學及研發之網路建設與資訊應用列為首要目標，加強建設我國之教育與研究網路為刻不容緩之工作。因此，為規劃建立健全之資訊使用環境，來推動多項必須積極進行之工作，便計畫成立下列專案小組：

　　(1)台灣學術網路管理委員會

　　　　原台灣學術網路（TANet）納入中學等單位後，擴大為國家之教育與研究網路，因此，將原有委員會納入教育部資訊推動小組。其任務包括下列幾項：

　　　　A.TANet 擴編後之組織架構之規劃、推動、建置與執行成效評核。

　　　　B.TANet 資訊倫理及使用規範之擬訂。

　　　　C.網路應用技術研發、人才培育及師資培育。

　　　　D.研訂各級單位連通 TANet 之推動策略及執行成效評核。

　　　　E.先導性網路應用推廣實驗計畫之規劃與執行。

　　(2)區域性教育網路推動小組

　　　　由台灣學術網路之區域網路中心負責召集，負責所轄區域縣市之網路建設及資訊應用推廣。各地區負責學校及其服務範圍如表 5-6-1。

表 5-6-1　台灣學術網路各區域網路中心提供服務之區域

地區	負責學校及單位	提供服務之區域
台北地區	教育部 台灣大學 政治大學	台北市、台北縣、基隆市、宜蘭縣、花蓮縣
桃園地區	中央大學	桃園縣、金門縣、連江縣
竹苗地區	交通大學	新竹市、新竹縣、苗栗縣
台中地區	中興大學	台中市、台中縣、彰化縣、南投縣
雲嘉地區	中正大學	雲林縣、嘉義市、嘉義縣
台南地區	成功大學	台南市、台南縣
高屏地區	中山大學	高雄市、高雄縣、屏東縣、台東縣、澎湖縣

(3)縣（市）教育網路推動小組

　　由縣（市）教育局負責召集，負責推動縣（市）各級學校之網路建設與資訊應用推廣。

(4)台灣省教育廳網路資源中心

　　成立台灣省教育廳網路資源中心（國教輔導團），正式開始運作，並建立各縣市教育網路中心，每一縣市中心至少提供 32 線電話撥接及 E-mail、BBS、Gopher 及 WWW 等服務系統。完成 25 個縣市教育網路中心，各縣市教育網路中心，如表 5-6-2。

表 5-6-2　各縣市教育網路中心一覽表

縣市	教育網路中心
宜蘭縣	教育局（宜蘭國中）
基隆市	海洋大學
台北市	教育局（台灣大學、政治大學）
台北縣	教育局（大觀國小）
桃園縣	中央大學
新竹市	交通大學
新竹縣	交通大學
苗栗縣	聯合工專
台中市	教育局（居仁國中）
台中縣	教育局（新龍崗中心）
南投縣	暨南大學
雲林縣	雲林技術學院
嘉義市	嘉義農專
嘉義縣	中正大學
彰化縣	彰化師大
台南市	教育局（大港國小）
台南縣	教育局
高雄市	教育局
高雄縣	教育局（五甲國小）
屏東縣	屏東技術學院
台東縣	台東師院
花蓮縣	花蓮師院
澎湖縣	澎湖海專
金門縣	教育局（金城國中）
連江縣	教育局（介壽國中）

㈥經費預估

本計畫總經費為 9,824 萬 2,238 元，其第一年及第二年之經費分列於表 5-6-3 與表 5-6-4。

表 5-6-3　E-mail 到中小學計畫第一年（八十四年度）預算

1. 縣市教育網路中心建置 BBS、Gophor、E-mail 及訓委會輔導網路資料庫等系統及運作費	23,763,206
連線費用	1,460,086（1,096,480 ＋ 171,850 ＋ 191,756）
電腦通訊設備	10,700,000（820,000 × 7 ＋ 620,000 × 8）
電腦硬體設備	7,500,000（500,000 × 15）
電腦撥接費	3,903,120〔（217,600 ＋ 7,040）× 15 ＋ 533,520〕
維護管理	200,000（20,000 × 10）
2. 教育推廣訓練（兩個月）	450,000
3. 未連線專科學校 25 所，以專線連接區域網路中心或縣市教育網路中心	12,500,000（500,000 × 25）
4. 省教育廳巡迴輔導團教育資訊網路應用展及教育資料建置費	1,000,000
合計	37,713,206

⋯➔ 三、TANet 骨幹網路改善計畫（或稱 TANet 到中小學計畫）

「E-mail 到中小學計畫」主要目的是要使得中小學師生能培養利用網路資訊的能力，以及培養在生活上應用這些資訊的習慣，增加國家競爭力，並藉著這項計畫來推動中小學校園的資訊化。「TANet 骨幹網路改善計畫」

表 5-6-4　E-mail 到中小學計畫第二年（八十五年度）預算

1. 縣市教育網路中心運作費	46,029,032
線路租金	19,969,752
維護管理	6,250,000（250,000 × 25）
增設十個示範點線路費用	19,809,280〔（238,848 ＋ 1,742,080）× 10〕
2. 教育推廣訓練	10,500,000（35,000 × 12 × 25）
3. 高中學校數據機撥接上縣市教育網路中心	1,900,000（10,000 × 190）
4. 高職學校數據機撥接上縣市教育網路中心	2,100,000（10,000 × 210）
合計	60,529,032

則是因應使用者倍數成長，而多媒體新興應用亦開始盛行，網路頻寬需要不斷擴充，建設國內學術資訊高速網路，以提供各項資訊快速交換的管道，滿足使用者之需求，期望未來資訊化社會來臨時，所有國民都能適應資訊化生活，站在時代潮流的尖端（江麗蓮，民 86；教育部電子計算機中心，民 85）。

　　美國總統柯林頓曾在舊金山兒童科學中心演說時表示，全美各地學校將在 10 年內完成網路連結，並把推動各級學校連結 Internet 視為非常重要的資訊紮根工作。「TANet 到中小學」亦是我國 NII 八大重點工作之一的重要計畫，在以大專院校及研究機構為主要的台灣學術網路構建完成後，教育部正計畫使高中、高職、中學、小學也都能夠應用該網路資源，因此在校園學術網路的建構基礎上，希望能夠達到「縮短城鄉差距，均衡城鄉教育發展」的功效（江麗蓮，民 86）。

　　本項計畫（參見附錄 5-6-1）自民國八十六年開始，分為初、中、長三期進行，其目標、實施策略及重要措施分別說明於下（江麗蓮，民 86；教育部電子計算機中心，民 85）：

(一)計畫目標

1. 建構資訊化校園，縮短城鄉教育差距。
2. 善用資訊科技，創造多元教育環境。
3. 改善傳統教學模式與制度。
4. 資訊教育向下紮根及網路使用普及。
5. 塑造民眾終身學習的環境，普及網路之使用。

(二)重要工作項目

1. 初期目標（八十六年度）

(1) TANet 骨幹以 T3 串接，並逐步提升部分縣市教育網路中心以 512 專線串接 TANet。

(2) 持續各縣市教育網路中心之運作。

(3) 提供電話撥接方式使用該縣市教育網路中心之資源。

(4) 完成中學以上學生使用 E-Mail 及網路資源比例達 30%。

(5) 在每一縣市建立示範性高中、高職、國中、國小連線學校，以專線或 ISDN 連線 TANet，使用網路資源。

2. 中期目標（八十七至八十八年度）

(1) 完成高中學校連線台灣學術網路。

(2) 配合電信網路建設時程，進行多媒體資訊交換。

(3) 建立中小學資訊服務系統，提供多元化教學環境。

(4) 完成中小學以上學生使用 E-mail 及網路資源比例達 60%。

(5) 完成縣市教育網路中心以 512Kpbs 或 T1 專線串接 TANet。

3. 長期目標（八十九年度以後）

(1) 完成國際專線以 T3 專線連接 Internet。

(2) TANet 骨幹預期以 ATM 串接。

(3)廣設服務據點，每一電信電路區設置一教育網路中心，並以 T1 專線串接 TANet。

(4)完成中小學以上學生使用 E-mail 及網路資源比例達 80%。

(5)網路資訊應用普及化，早日達成全民資訊化目標。

(三)實施策略

為了達成上述目標，教育部審慎仔細地規劃了下列各項推動工作：

1.加強資訊教育及資訊課程

(1)加強資訊師資培育及資訊教育人才培育

A.加強師資培育

目前資訊師資品質有待提升，各級學校教師資訊素養亦尚未普及，且現階段以「資訊種子班」方式集訓在職教師，可能尚不符未來國中小資訊教育的教學需求。因此，為培育充足的資訊師資，將再加強師資之培育策略之執行：

(A)持續執行「資訊人才推廣教育計畫」，提供在職教師進修資訊專業課程的管道。

(B)以「改善各級學校資訊教學計畫」及「電腦輔助教學發展與推廣計畫」繼續推動在職教師資訊應用訓練。

(C)八十六年前將國小教師所受過資訊應用訓練之比例，提高為25%。

(D)八十六年前將國中教師所受過資訊應用訓練比例，提高為30%。

(E)並加強師範校院資訊教學課程，改進國中小資訊師資養成教育。

(F)配合「師資培育法」的實施，使資訊教師之來源多元化，逐步使每位老師均具備資訊素養。

B.加強資訊教育人才培育

(A)充實各大專院校電腦教學實驗設備、改進課程、鼓勵參與建教合作，使教學與資訊產業之需求契合，同時並充實中小學資訊

教育基本軟體設備。

⒝在各科系所中規劃資訊應用教學課程，使學生皆能活用資訊工具於各領域，使全國國中、小學每校至少擁有一間電腦教室。八十六年起，將電腦課程列為國中二、三年級之必修課程，同時鼓勵國小學生在畢業前至少修習五節以上之電腦課，使其具備基本的資訊素養活用資訊的能力及資訊倫理概念。

⒞繼續推動執行「資訊人才推廣教育」計畫，使電腦知識與技能普及到社會大眾。

⑵課程一貫性設計，使資訊教學內容系統化、連貫化

各級學校在教學應用資訊時，由於學校資訊課程缺乏一貫性設計，以致課程綱要與教材設計有些重複，有些不能相互連貫，使整體資訊教學不易由淺入深、循序漸進而環環相扣。為使資訊課程能達一貫性，以提高教學效果，教育部規劃完成國小至高中職連貫性資訊基礎課程綱要，及師範學院資訊課程參考綱要，使各學程中的資訊教學內容能夠系統化、連貫化。

⑶應用電腦多媒體輔助教學，改善教學環境

為改善傳統教學模式與制度，使教師在教學時可突破傳統教材的限制，利用多媒體電腦輔助教學結合聲音、影像、動畫及文字等功能，使教學呈現多元化，並以模擬、練習、測驗等多元化方式設計教學內容，學生可依自己的學習進度及興趣學習；老師教學模式不再是重複敘述教學內容，而是啟發與輔導學生學習。因此，教育部自七十九年開始實施電腦輔助教學發展與推廣計畫，陸續發展千餘套國小至專科之各科軟體，並制訂電腦輔助教學課程軟體審查制度，以確保進入校園之電腦輔助教學軟體品質。

2. 加強推動校園網路建置及推廣資訊應用

⑴成立各層級推動委員會

A.成立資訊推動委員會及台灣學術網路管理委員會，邀集相關專家

學者、教育部各司處、省市教育廳局及區域網路中心之主管參與委員會工作，負責全國資訊教育各項工作之籌劃與推動考核等工作。

B.各區域網路中心視需要成立區域管理委員會及技術小組，並增加區域管理委員會之成員，如各級學校代表及圖書館應用之代表等等，負責協助服務範圍之縣市教育局與學校，進行各項推動工作。

C.建立區域網路中心對各區域教育網路管理之合法權限，可以處理一些不當的行為，來約束其合理使用教育資源，以建立資訊倫理與遵守使用規範之機制。

(2)建置縣市教育網路中心，提供學校使用網路資源

每一縣市建置縣市教育網路中心，連接台灣學術網路區域網路中心，提供該縣市內學校以專線或電話撥接方式，使用網路資源。

A.由網路使用與管理經驗豐富之區域網路中心協助各縣市教育網路中心建置教育網路中心。

B.每一教育網路中心必須建置小田鼠系統（Gopher）、電子布告系統BBS及電子郵件（E-mail）等應用服務系統，初期提供32線電話撥接服務，鼓勵該縣市之師生以撥接方式使用TANet資源，第二階段再以專線直接連線，擴大使用範圍。

C.各縣市教育網路中心再將其校園網路規劃及建構經驗提供該縣市各級學校，協助其校園網路建置。

(3)建置各項應用系統

A.以整合規劃、分工開發建置之原則，協助建立各級學校所需之各項資訊應用系統，例如：教育資源資料庫、題庫系統及全國圖書館系統等等。

B.各師範大學暨師院成立區域教育資訊中心，協助該區域之中小學師生，利用網路進行各學科之互動教學與資訊交換、資源共享。

C.推動各校圖書館書目共享、館際互借，各大學目前正進行圖書館自動化工作，可透過網路提供各項圖書服務，將來將擴及各縣市

文化中心、圖書館，進行館際交流，資源互享。

D.研發適合各層級師生連線網路之簡易中文使用介面，以專案委託大專院校開發，或以校園軟體競賽方式，遴選適合在一般電腦的系統，如 DOS、Windows、UNIX 上執行的使用者介面，使得無使用電腦經驗的老師及學生，可以輕鬆地連接網路使用 E-mail、BBS、Gopher 等應用系統。同時，也可以促進網路各領域之使用人員，將各種資訊相互交換、交流與整合。

E.研發學校 PC 教室與學術網路之整合介面程式，同樣以委託專案或競賽之方式開發一般學校內封閉之網路（例如一般學校 PC 教室之 Novell 網路）E-mail、Gopher、WWW 等系統，透過資料之傳輸轉換（gateway）介面程式，可直接與 TANet 相互交換資料、傳輸資訊。

F. 統籌訂定圖書館、校務行政自動化之相關作業及資料傳輸標準規格，建立資訊化之校園環境，將學術研發、教學及行政相關服務整合在一起。

(4)加強教育訓練

A.各區域網路中心協助縣市教育網路中心所需的專業技術人員及廠商之技術，進行教育訓練，協助其擔任教育網路中心之維護及諮詢工作。

B.由各區域網路中心及縣市教育網路中心負責該區及該縣市的短期和長期教育訓練。

C.將網路之應用列入種子師資訓練中；並定期或不定期舉辦研討會，快速擴散最新網路技術與經驗。

D.區域網路中心與縣市教育網路中心定期舉辦「教育與研究網路研討或研習」，除供專家學者發表網路系統開發及新應用之發表園地外，並可介紹網路之新知，促進技術交流。

(5)建立全國性教育資料庫，提供教育決策單位系統化與電腦化之教育資訊

全國性「教育研究資料庫」（database for educational research）的建立，其目的主要在於：

A.將各級教育原始資料系統化、電腦化，進而提供教育決策單位及教育研究者從事有關教育問題實證研究之用，並可提供教育決策者基本的教育訊息，以便即時了解當前教育的基本狀況，或提供民眾查詢，了解國家教育施政方針與施政成果等資訊。

B.全面整合國內各教育研究成果，並透過國際網際網路（Internet）與世界各主要國家的教育學術機構連線，逐步建立全國性的教育研究資料庫，可有效提供各級教育行政單位、教育學術機構以及各級各類教師參考，並同時提供民眾參閱。

(6)建立全面性教育行政電子資訊交換系統

教育部與政治大學、交通大學及中央大學三校進行公文電子交換先期實驗計畫，初期以開會通知單為實驗範圍，利用 E-mail 系統，透過台灣學術網路傳送。並將結合網路安全、認證、全文檢索等相關技術，將各功能模組化，以利未來推行各校時，可很容易地與各校公文製作及公文系統相結合。

(7)擴充 TANet 網路骨幹，使資訊能多元化快速傳輸、交流

爭取經費擴充國內外骨幹線路之頻寬，以使資訊能以多元化方式快速流通、傳播與交流。中央研究院、教育部、中央大學與中山大學曾經利用 Mbone 及 CU-seeme 在 TANet 上轉播李登輝前總統在康乃爾大學歐林講座之實況，教育部並繼續研究 ATM 及 VOD 等相關技術，以期未來能建立遠距教學、遠距圖書館及遠距醫療等新興應用環境。

㈣重要措施

1. 繼續推動各縣市「E-mail 到中小學計畫」各項工作。

2. 配合「改善各級學校資訊教學計畫」補助國中電腦教室設備使八十六年度前有 90% 之學校完成設置，可達教育部頒之設備標準以上；

30%以上之國小完成電腦教室設置。

3. 持續舉辦研討會及推廣活動。縣市網路中心每年對中小學教師舉辦約 260 場次推廣研討會，各區域網路中心每年舉辦 100 場網路應用研討會，此外每年舉辦全國性之 TANet 研討會。

4. 持續開設網路學分班，加強中小學網路師資培訓。

5. 評估 ATM 連接校園網路及 TANet 骨幹之可行性。

6. 預計三年內完成所有高中連線；預計五年內完成所有高職連線。

7. 建立高中職與國中小電腦教室與 TANet 交換資訊之應用環境。

8. 開發適合中小學師生的使用者介面。

9. 階段性逐年提升 TANet 國內、外骨幹電路。

10. 逐步開放國內網路業者經營之網路與 TANet 網網相連。

㈤預期成效

綜觀上述的推動計畫，教育部希望能夠配合政府推動「國家資訊通信基本建設」的目標，結合加強中、小學資訊教育的策略，加速資訊人才的培育，期望在邁向二十一世紀時，提供學生、教師及行政人員良好的資訊服務，以及最佳的校園資訊化環境，並預期能達到幾項成果：

1. 資訊化校園，縮短城鄉教育差距

利用校園資訊網路相互連通之開放式學習環境，提供各級學校隨時可取得各地之多元化教育資源。

2. 善用資訊科技，創造多元化教育環境

電腦結合網路，交換、分享全球各地資源，突破傳統時空限制，使用有限資源發揮最大效益。

3. 改善傳統教學模式與制度

各學校之教材教法與資訊科技相結合，邁入多元化媒體教學，提供啟發式、互動式、雙向交流之學習環境，提供各級學校學生的創造力與學習

效果。

4. 資訊教育向下紮根及網路使用普及

　　使國小、國中階段的學生具備電腦素養，從小培養資訊倫理及活用資訊能力，適應資訊化生活。高中職及大專學校資訊應用能力之增強，可提升我國國民應用資訊之能力，並提高我國資訊工業及各行業的競爭力。

5. 塑造民眾終身學習的環境，普及網路之應用

　　結合學校、圖書館及社教單位，擴大資源共享範圍，學生走出校園仍能善用資源，自我學習，再邁向教育之全方位終身學習目標。

▶ 第七節　縮減偏遠地區學校數位落差推動計畫

　　「教育機會均等」一直是教育的理想，希望能普遍照顧到所有的學生，讓學生都能有充分的受教育機會，以發展其潛能。上述我國在推動資訊教育採取「由上而下」的政策，其主要理由是政策容易貫徹，而且在中央訂定的政策下，全國所有中小學都能得到均衡的照顧，偏遠地區學校跟都會區學校一樣都能得到政府的補助充實設備，培育師資，落實資訊教育的實施。

　　但是無可否認的，多年來偏遠地區學校的資訊教育仍處於不利的狀況，因為地理上的偏遠，許多學校費盡苦心培育的資訊教師，只要有機會大多會調往都會地區學校服務，使得偏遠地區學校淪為都會區學校的「師資培育學校」。再者，偏遠地區學校資源缺乏，學校經費也較短缺，因此資訊設備的更新與維護都處於不利，尤其是網路的架設與通訊費用的籌措等，都顯得無法充分提供給學生一個比較良好的學習環境。為了改善偏遠地區學校的資訊設備與師資，教育部多年來編列額外經費，補助學校採購資訊設備、提供教師進修機會及網路設備，以縮短偏遠地區數位落差。民國九十一年教育部為有效縮短中小學城鄉數位落差，特別依據行政院「挑戰2008～e世代人才培育計畫」，開始推動「縮短中小學城鄉數位落差計畫」

（91～96），此為一個五年計畫。茲將過去多年來教育部在縮短城鄉數位落差的作為大致情況說明如下（教育部，民92）：

⋯→ 一、中小學資訊網路基礎建設

㈠資訊網路環境建置

　1. 全國各縣市 4,906 所國中小、高中職學校至少以 ADSL 連線使用，各中小學資訊教育所需環境尚能滿足資訊教育基本需求。

　2. TANet 提供全國各級學校網路及資訊教育所需之網路基礎平台。在全國設立 11 個區域網路中心，並在各縣市設立縣（市）教育網路中心。區網中心負責提供該區域範圍內縣網的連線、技術諮詢及教育訓練；縣網提供所屬縣（市）內學校網路連線及教育訓練等任務。

㈡資訊學習環境建置

　　依據教育部「資訊教育基礎建設計畫」並配合擴大內需方案，全國所有中小學都已建置電腦教室，上電腦課時一人一機，且專線連接網際網路。

㈢各縣市提報偏遠學校數合計 1,171 所；非 ADSL 連線學校計有 343 校（內含使用撥接九校，其他使用 T1 專線）。

⋯→ 二、補助偏遠地區學校連線電信費及維護費用

　　九十二年教育部補助偏遠地區改善資訊學習經費，預定補助偏遠地區學校共約 1,171 所學校，加強補助偏遠地區學校資訊設備，並鼓勵中小學教師及教師團隊購置電腦相關設備。

⋯→ 三、加強在職教師資訊應用培訓課程

　1. 九十一年由各縣市依需求提報縣內在職教師資訊應用培訓，共計培訓 17,345 人次。

　2. 九十二年起以「資訊倫理」、「資訊法律」、「資訊應用安全」、「資訊融入教學」及「e 世代角度探討生命教育」等資訊素養研習主題，以實際案例研討進一步建構在職教師資訊素養觀念。

3. 「種子學校教師團隊」由校長、主任及學科教師組成，依該校所規劃課程加強培訓。「種子學校教師團隊」訓練合格者將負責訓練及教導一般教師資訊融入教學模式及經驗分享，並以結合現有各學科輔導團制度推動為原則。九十一年度共計儲備培訓 184 校 736 位種子老師。

在上述中小學資訊教育建設情形下，教育部為進一步改善偏遠地區學校資訊環境，縮短數位落差，乃推動本計畫，從五大構面以求達到預定目標（教育部，民 92）：

···➤ 一、計畫內容

(一)均衡資訊環境基礎建設

1. 校園網路環境建置與管理

各校建置校園網路，於每間教室、圖書館（室）、其他教學與行政場所都普設網路接點，校園對外連線採用寬頻網路；各校依教學需要設置各種伺服器，人力不足學校由教育部分發替代役人員兩人負責管理，並可委由專業廠商負責維護。

2. 校園網路

學習活動應不受時空的限制，教師與學生必須擁有隨時可方便存取網路的環境。所以，除了有線的校園網路外，為提供更方便的資訊存取服務，以服務教師教學與學生學習的需求，各校應有光纖網路設施，提供教師與學生行動式電腦無障礙的網路接續環境。

3. 推動寬頻網路建設

結合中華電信公司或其他網路通訊業者的力量，引進新興網路通訊技術，保障偏遠學校師生獲得符合從事學習活動基本需求之網路服務，並透過共用網路教學平台方式與當地社區結合，扮演學校與社區學習中心之角

色。初期，以雙向512Kbps頻寬建構，達到視訊會議在校學習的效果，經由測試、實驗逐步加大頻寬1.5Kbps或更高，在實體線路無法達到的地方，亦考慮使用衛星廣播方式達到教學與學習功效。

4. 推動學校與社區成立學習中心

為使學習資訊隨手得及知識伴終生，推動學校學習中心（電腦教室、圖書室）與社區成立學習中心（圖書館、社教館所），運用民間團體、替代役人員、大專校院或高中職社團，協助學生在學習中心以網路與世界相連，突破時空限制，並透過開放共通教學平台，使網路教學資源共創共享，達到「隨時、隨地、隨意、隨身、隨手學習」的理想。

(二)樹立教學平台典範

為讓學生容易取得學習資源及網路管理，應樹立教學平台典範（如：學習介面、學習機制、檔案傳輸機制、網路連線管理、……等），並成為單一學習入口，為達此目的，將整合教育網站、個人化資訊服務、教材教案製作環境、教學素材庫、線上教學活動、教學軟體、學習軟體及行政軟體等各項資源，建立教育資源共享的開放教育平台，以幫助教師、學生、家長及行政人員獲得所需資訊與進行教學活動。

(三)充實網路學習內容

1. 統整現有學習資源網站

分析、設計各學習網共同的介面，並建構學習網通用系統平台，整合現有學習資源，如：九年一貫網站、學習加油站、亞卓市、司摩特網站、各縣市教育學習網、社教館所數位化資源……等。

2. 結合專家學者、教師團隊開發各學習領域之輔助教材

鼓勵由學術機構、軟體業者、專業人士與中小學教師發展適合中小學教學使用之教學資源，並透過教學觀摩會與研習會的辦理，發揮教學創新

的精神，促進教學與學習資源的整合，讓教學活動更生動活潑，散發學生無窮的潛力。

3. 與業者協商提供免費學習資源

為使資源充分運用，又免落入學習者經濟負擔，擬與內容提供業者協商，提供免費學習資源，或以使用者帳號管控，以利偏遠地區學校師生使用。

(四)加強教師資訊素養

1. 加強教師資訊能力養成教育

為培養學生適應未來資訊社會的生活，教師應適時教導學生正確的資訊學習素養與學習態度，加強學生倫理道德教育，並灌輸智慧財產權及隱私權的重要性，以建立校園資訊倫理自律規範。培養教師具備資訊融入學科教學的觀念及技巧，以利日後將資訊教育融入其所任教之學科中。

2. 全面培訓在職教師

對偏遠地區利用遠距教學提供多元培訓管道，並配合教師個人專業進修規劃，讓教師有信心及持續意願運用資訊科技在他們的教學上。

3. 推動種子學校與先導學校

在偏遠地區種子學校除了把資訊教育作為學校本身發展重點之外，最重要的任務是帶領同一地區的學校提升資訊教育的水準，包括培訓教師、分享及傳播本身經驗，著重在推廣性；而先導學校注重資訊教育的前瞻性，有研究、發展和實驗性質。

(五)結合大專校院與民間資源

1. 引進大專校院或學生社團力量，協助偏遠地區學校資訊服務事宜。
2. 號召民間組織及資源，投入偏遠地區從事資訊協助相關工作。
3. 補助社教機構及民間團體，認養或辦理偏遠地區學校資訊輔導工作。

⋯➜ 二、實施步驟與方法

㈠數位落差現況調查、評估與形成因素分析

1. 加強資料蒐集、整理與分析。
2. 了解差距形成原因及實際需求。
3. 訂定評估及評鑑指標。
4. 提出改善中小學學校均衡數位落差對策。

㈡改善偏遠地區學校資訊環境基礎建設

1. 改善偏遠地區學校資訊環境基礎建設，規劃分三年補助資訊應用系統：數位學習＋視訊會議＋ ADSL 雙向 512 Kbps，次年將提升至 1.5Mbps，及數位教學設備維運費。
2. 按偏遠地區各校師生比例租賃一定數量手提電腦供其借用，以利學習。
3. 每年補助網路電信及電腦教室維護費用。
4. 第一年教學平台典範雛形建構。
5. 第二年建置教學平台典範。
6. 持續統整現有學習資源網站。

㈢充實網路學習資源

1. 培訓偏遠地區教師資訊能力，每年 6,000 人次。
2. 建立各種形式之行動學習典範數位教材。

㈣辦理推廣資訊教育活動

1. 每年補助 300 隊大專校院或社團隊伍協助偏遠地區學校辦理資訊服務相關工作。
2. 推動社教館所與民間團體認養協助偏遠地區學校資訊服務事宜。

3. 建立相關數位學習示範模式，包括偏遠地區學校、身心障礙學校數位學習模式。

···→ 三、經費需求

本計畫共四年，其中第一年（九十二年度）未編列預算，由教育部電算中心相關項目經費勻支。其餘三年經費預算如表 5-7-1。

表 5-7-1　教育部「縮減偏遠地區學校數位落差推動計畫」經費

（單位：百萬元）

項目	93 年	94 年	95 年
1. 改善偏遠地區學校資訊環境基礎建設——數位學習＋視訊會議＋ ADSL 雙向 512Kbps（規劃每年補助三分之一偏遠地區國中小 400 校，每校 20 萬元，提升網路頻寬至 1.5Mbps，每校 30 萬元）	80	240	360
2. 改善偏遠地區學校資訊環境基礎建設——數位學習＋視訊會議＋ADSL 雙向 512Kbps（規劃每年補助三分之一國立高中職 105 校，每校 20 萬元，提升網路頻寬至 1.5Mbps，每校 30 萬元）	21	64	96
3. 改善偏遠地區學校資訊環境基礎建設——教學設備維運費（規劃每年中小學 505 校，每校 40 萬元）	202	404	606
4. 充實網路學習資源——數位教材建置（七大領域＊12 個年級＊12 個單元＊每個單元五萬元）	50	50	50

表 5-7-1 　教育部「縮減偏遠地區學校數位落差推動計畫」經費（續）

（單位：百萬元）

項目	93 年	94 年	95 年
5. 按各校師生比例租賃一定數量手提電腦供其借用（1,200 校分三年，每校 20 部手提電腦，以每部五萬元計）	400	400	400
6. 學校資訊教學設備開放社區教育服務（配置替代役男每校一人及維運費用每年 1,200 校，每校 39 萬 5,000 元）	474	474	474
7. 大專院校及民間社團協助偏遠地區資訊教育推展（每年 300 隊，每隊 48 萬元）	144	144	144
8. 社區資訊服務站（每年約 320 站，每站 12 萬元）	38	38	38
擬爭取三年 3,000 億擴大公共建設計畫：5,394 百萬元	1,409	1,814	2,168

參考文獻

江麗蓮（民 86）。「TANet 到中小學」之現況與展望。資訊與教育，**60**，2-9。

教育部（民 92）。「縮減偏遠地區學校數位落差推動計畫」（No. 台電字第 0920115840 號）。

教育部（民 72）。國民中學課程標準。台北：正中書局。

教育部（民 81）。改善各級學校資訊教學計畫。

教育部電子計算機中心（民 85）。**E-mail 到中小學暨 TANet 骨幹網路改善計畫**。台北：教育部電子計算機中心。

教育部電子計算機中心（民 87）。**教育部光碟集錦介紹專輯**。台北：教育

部電子計算機中心。

曾展鵬（民88）。台灣學術網路現況與展望。**竹縣文教**，11-15。

葉晉華（民84）。國民中小學資訊教育實施現況概述。**教育部電子計算機中心簡訊**，**8410**，3-9。

韓善民（民87）。資訊教育基礎建設～加速篇。**資訊與教育**，**68**，14-16。

中小學資訊教育環境建置（二）

→ 第一節　資訊教育總藍圖

　　為迎接二十一世紀知識經濟社會的來臨，提升國家競爭力與科技實力，我國應積極培養國民具備運用資訊科技主動學習與創新思考的基本能力，同時讓每個國民都能熱愛生命、尊重別人，擁有健全的社會價值觀與開闊的世界觀（教育部，民90）。世界各先進國家為了培育善用資訊科技的下一代，以面對全球化競爭環境的挑戰，如美國、芬蘭、加拿大、新加坡及日本等，相繼提出國家資訊教育白皮書或總藍圖，冀期運用資訊科技以革新教育環境，提升國家的競爭力。有鑑於此，行政院自八十七年進行擴大內需方案，加速「資訊教育基礎目標」的達成，教育部也於九十年規劃「中小學資訊教育總藍圖」（以下簡稱總藍圖），以確立我國資訊教育發展之願景、實施策略與評估指標，並因應「知識經濟發展方案」和「綠色矽島」等國家政策之發展（何榮桂、陳麗如，民90）。

　　「中小學資訊教育總藍圖」是教育部歷來所提出的第一個資訊教育白皮書，因此，教育部在規劃過程中特別慎重。中小學資訊教育總藍圖的對象為全國的高中、高職、國中和國小。總藍圖的推動以老師為起始點，然後藉由老師帶動學生、學生影響家長，進而提升全民運用資訊的能力與學

習素養。除了教師、學生與家長之外，在推動過程中，教育行政人員、產業與社區的參與也將扮演關鍵的角色（教育部，民90）。為使總藍圖能兼顧各方意見，教育部在規劃時所邀請之參與者，涵蓋資訊科技與教育等領域學者專家、教育行政人員及中小學教師（包括校長、主任、組長及學科教師等）等（何榮桂、陳麗如，民90），使參與之成員具有代表性。並將參與成員就資訊教育之願景、指標與評估；網路與硬體基礎建設；教材與軟體；學生、師資與學校；教育行政；城鄉均衡發展；社區參與及產業參與等議題分組規劃，以勾勒出未來資訊教育的願景。

總藍圖規劃工作由一系列諮詢座談會議開始，於九十年二月、三月舉辦四場座談，並於三月二十三日及二十四日於中央大學召開「中小學資訊教育總藍圖全國座談會」，邀集專家學者、教師、校長、教育局及縣市教育網路有關人員共約180餘人參與座談系列。於四月底完成了總藍圖初步的規劃，並透過網路公開向全民徵詢意見。各界建議經檢視、討論與融入，總藍圖終於民國九十年六月完成規劃並正式公布（教育部，民90）。總藍圖包括「願景、指標與評估」、「過去與現況」、「網路與硬體基礎建設」、「教材與軟體」、「學生、教師與學校」、「城鄉均衡發展」、「社區與產業參與」和「教育行政」等八部分（教育部，民90）。「中小學資訊教育總藍圖」計畫完整內容請參閱附錄6-1-1。以下僅摘錄主要內容：

···→ 一、願景

總藍圖開宗明義提出在新世紀教育中資訊應用的理想有四：

1. 希望學生能了解資訊與資訊科技的特色、結構及其對人類的影響。
2. 能具備運用資訊進行判斷、組織、決策與處理的能力，並能創造新資訊，有效傳遞資訊。
3. 能養成愛好學習、獨立學習的習慣，並能主動尋求資訊進行學習活動。
4. 能孕育獨立學習的能力，並能在全球化的網路學習社群中與他人進行合作學習，培養健全的社會價值觀與開闊的世界觀。

基於上述的教育理想，中小學資訊教育總藍圖提出四大整體願景是：

(一)資訊隨手得

各級學校擁有良好的整體資訊化環境，讓學校、學生及教師能以網路與世界相連，突破時空限制；透過開放共通教育平台，使網路教學資源共創共享；同時做到無障礙的科技化學習環境，城鄉均衡發展，數位無落差，達到「隨時、隨地、隨意、隨身、隨手學習」的理想。

(二)主動學習樂

將資訊科技融入各科教學，使學習管道多元化，學習資源更為豐富，增加學習的深度與廣度，提升學習的興趣，並可配合學生的需要，讓學生自主學習。

(三)合作創新意

運用資訊科技與網路平台，將學校轉變為社區中動態和創新的學習場所，培養學生成為好探究、具創意、既可獨立又可合作學習的學習者。

(四)知識伴終身

普及全民資訊與學習素養，發展以生命關懷為本的資訊教育，使學生都具備資訊科技與網路學習之基本能力與人文素養，以適應未來資訊與知識經濟社會的需求，終身進行學習，充實自我。

┅→ 二、策略

為實現上述願景，達到將資訊科技融入各科教學的學習情境，總藍圖分由六個構面進行規劃，提出 10 項策略：

1. 建設優質的資訊教育環境，學校都能達到點對點基礎網路頻寬。
2. 鼓勵師生購置資訊工具，善用電腦資源，增加設備使用效率。
3. 融合資訊科技於學校課程中，創新學習典範與形式，鼓勵各縣市發

展具地方文化特色教學資源。

4. 建置共通的資訊流通機制與開放的教育平台，發展整合素材庫，共享網路教育智慧財。

5. 培訓與支援教師運用資訊科技於其教學活動，鼓勵將資訊融入各科教學能力納入師資養成教育及教師遴聘標準。

6. 設立種子學校發展教學特色，鼓勵各校成立各領域資訊教學小組。

7. 促進城鄉教育均衡的發展，推動城鄉資源共享，締結資訊姊妹學校。

8. 學校結合社區，形成親、師、生共同學習社群；建立產學合作機制，鼓勵產業參與資訊教育的建置與推展。

9. 透過資訊科技簡化教育行政管理程序，提升教育行政人員資訊素養，使教學與行政能相互支援。

10. 針對網路對學生、學習、教師、教室、學校、家庭、社群、社會及國家的影響，持續進行評估與研究，適時反應於資訊教育相關施政中。

···➔ 三、指標

為達成資訊科技融入教學之基本目標，培養學生終身學習的習慣與態度，首先應規劃校園擁有完善的資訊科技環境，提升教師應用資訊科技的素養，發展充足與便於使用的數位化教材。此外，為因應教學環境的變革，行政組織及措施都應該相對調整，以發揮資訊科技在教學上應用的最大效果。為落實此等政策，訂定下列明確指標作為施行依據。

1. 師師用電腦，處處上網路。

2. 教師（含新任及在職）均能運用資訊科技融入教學，教學活動時間達 20%。

3. 教材全面上網，各學習領域均擁有豐富且具特色之教學資源（含素材庫、教材庫等）。

4. 學生均具備正確資訊學習態度、了解並尊重資訊倫理。

5. 建立逾 600 所（20%）種子學校，發展資訊教學特色。

6. 全面建構學校無障礙網路學習環境，縮短數位落差。

7. 各縣市教育行政工作均達資訊化、自動化、透明化。

總藍圖的計畫內容分六個層面，每一層面除計畫內容外，每一層面並包含評估指標。茲分述如下：

(一)網路與硬體基礎建設

策略

為了配合全面引入科技應用後的學習型態，須全面提升網路與硬體基礎建設的質與量，分由「建置校園網路」、「建構資訊化設備」及「整合人力物力資源」三個方向提出改善的策略：

1. 建置校園網路

(1)校園網路環境建置

各校建置校園網路，於每間教室、圖書館（室）、其他教學與行政場所普遍設網路接點，校園對外連線採用寬頻網路；各校依教學需要設置各種伺服器，人力不足學校由各縣市教育網路中心代管，並可委外由專業廠商負責維護。

(2)推動寬頻網路建設

結合電信主管機關及網路通訊業者力量，引進新興網路通訊技術，保障偏遠學校師生獲得符合從事學習活動基本需求之網路服務，並鼓勵各偏遠學校透過共用網路機房等方式與當地社區配合，扮演社區資訊中心之角色，藉以推動寬頻網路建設，並降低經費負擔。

(3)校園無線上網

學習活動應不受時空的限制，因此，教師與學生必須擁有隨時可方便存取網路資訊的環境。所以，除了有線的校園網路外，為提供更方便的資訊存取服務，以服務教師教學與學生學習的需求，各校架

設無線網路設施，提供教師與學生的行動式電腦無障礙的網路環境。

2. 建構資訊化設備

(1)維護電腦教室設備

協助各中小學維護電腦教室軟硬體設備，延長使用年限提升運用效益，老舊設備仍堪用者則補助其更新或升級，並協助學校規劃供作教室電腦或其他方式開放學生使用。對於開設資訊專業課程學校，定期補助更新與充實電腦教學設備，以符合其課程需求。

(2)充實各科教學公用資訊設施

依各校資訊融入各科教學需要，配置單槍投影機或其他顯示設備，以提供教學活動使用，各校亦可依教學需要配置適當之可攜式資訊化教具設備。

(3)降低設備使用成本

鼓勵業界開發適合學習者使用之資訊學習設備，降低成本以利學生購買。並鼓勵學校開放閒置電腦設備，以提供社經地位弱勢學生使用。

3. 整合人力物力資源

(1)整合民間業界力量，普及資訊教育設施

鼓勵民間業界發展資訊教育建設所需之軟硬體設施，降低建置成本，加速普及進程，並鼓勵民間力量參與教育資訊化工作。

(2)提升基層工作人力，落實資教建設

配合中小學行政資訊化，推動人力重整與組織再造，以員額總額管制方式合理調整組織結構，提升教育科技專業人力編配。

(3)鼓勵師生購置資訊工具

建立合理設備運用觀念，由政府提供必要之基本設施與良好之網路服務，並結合業界力量透過獎助、貸款或分期等優惠措施，鼓勵師生購置個人使用之資訊工具。

(4)提供無障礙學習環境

　　針對身心障礙學生特殊需要，提供適合各類學生學習特質之資訊化輔具，促進身心障礙學生健全學習發展，增進適應資訊化社會之基本能力。

指標

1. 中小學教室皆能普設網路接點。
2. 中小學校達到點對點基準網路頻寬。
3. 中小學校達到師生與電腦之基準人機比。

(二)教材與軟體

策略

　　為發揮教學創新的精神，促進教學與學習資源的整合，協助教學與學習社群的組織與運作，落實資訊科技融入教學（課前準備、課堂教學、課後學習）的理念，將建置共通資訊流通機制、建構開放教育平台及發展地方文化與特色的教學資源。此外，鼓勵由學術機構、軟體業者、專業人士與中小學教師發展適合中小學教學使用之教學資源，並視行政資訊化及線上教學需要，由各縣市網路中心提供。

1. 建置資訊流通機制

　　為讓資訊教育軟體與教材內容流通無障礙，讓教師善加利用學術機構、軟體業者、專業人士與中小學教師所發展的教學資源，建置資訊流通機制。

(1)建立網路教材與軟體登錄索引與目錄

　　為方便教師查詢以及取得現有的教材與軟體，需要建立完整的索引與目錄。建議國家機關與研究單位開放其典藏教材內容供教師使用。

(2)檢討現有常用及次常用中文字集

　　針對教育部公布之中文常用字集 5,401 字及次常用字集 7,652 字，考量多年時空演變，以及未來華文資料流通之需求，應加以檢討擴充，以符合資訊儲存、處理與傳播交換之需要。

(3)訂定學習資料流通共通標準

為確保教學資源互通，便利教材擷取，訂立通用學習格式（universal learning format）規準，以建立無障礙之教學環境。

(4)採用通用資料交換格式

各中小學校及各級教育行政機關所流通之電子資料格式，應採用開放性之國際標準，以確保資訊流通傳遞。

2. 建構開放教育平台

整合教育網站、個人化資訊服務、教材教案製作環境、教學素材庫、線上教學活動、教學軟體、學習軟體及行政軟體等各項資源，建立教育資源共享的開放教育平台，以幫助教師、學生、家長及行政人員獲得所需資訊與進行教學活動。

(1)結合各單位共同建構教與學之資源

應結合教學者、研究單位、社教單位及民間團體和企業的力量，群策群力，共同建構教育平台中的教學與學習資源。

(2)提供教與學之使用者全方位協助

舉凡教材、學習單、試題、教學計畫及課程等教學與學習過程中所需的資源應完全具備，提供教學者與學習者全方位的協助。

(3)彈性運用線上資源

教學者在課前擬定教學計畫時，可在線上針對各式教學與學習資源進行彈性的組合、調整或修改，以符合教學者的特定需求。

(4)配合多媒體設備使用

教學與學習資源應可供學習者課前預習、教學者在課堂中配合多媒體設備使用、學習者在課後進行複習或延伸學習及方便家長了解教學的內容和進度。

(5)規格分類教與學資源

配合國中小九年一貫課程綱要的學習領域與能力指標，以及高級中學的課程標準，將教學與學習資源做適切的定義與分類，以利後續

使用者的檢索與應用。

(6)提供簡易輔助工具

教學與學習資源的創作流程應該簡單清楚，並提供簡易的輔助工具，有效地協助創作者將心中的原始構想轉化為具體的教學或學習資源。

(7)清晰呈現學習資源

教學與學習資源的創作者應清楚地呈現自己的構想與理念，以供後續使用者參考。

3. 發展地方文化與特定教學資源

(1)為配合地方特色，將針對各地文化與地理環境設計之教學資源，可增加學生對其地方的認同感，將所學與生活配合，以及增進彼此的交流。

(2)提供無障礙學習環境，即針對身心障礙學生特殊需要，提供適合各類學生學習特質之資訊化輔具，促進身心障礙學生健全學習發展，增進適應資訊化社會之基本能力。

(3)為保障原住民教育文化，透過資訊科技加強原住民教育，增進交流互動，輔助母語學習，保存並發揚傳統文化資產，保障原住民在現代社會競爭環境下之受教育權益。

指標

1. 教材全面上網。
2. 建置網路資源共創共享平台。

(三)學生、教師與學校

策略

1. 改進學生的學習方式

(1)促進學生主動學習

主動學習是最理想的學習狀況，學習者未真正進行學習之前，就已經能夠自動自發，在思想或行動上對學習活動早已有所期待。在學

習過程中，良好的資訊科技融入教學方法，能協助教師掌握課堂上的氣氛，鼓勵學生主動學習，過程專注，對學習內容產生興趣。

(2)發展學生合作學習

合作學習是透過學生分工合作以共同達成學習目標的一種學習方式，不僅可以增廣知識，而且可以促進社會及情意方面的學習效果。合作學習將學生分成一個個小組，學生在同一個小組內自行協調，根據不同的專長予以任務編組，共同合作完成指定之學習專題或任務。

(3)鼓勵學生創意學習

資訊科技除了讓學生更容易了解並意識到日常活動經驗，引發好奇心和增加對創意活動的敏感度，擴展自身的創造能力。資訊科技並可以架構出一個分享與討論的機制，使創意源源不絕，增進個人自信心，引導學生做多方面思考發揮，運用綜合與分析發展高階思考的能力。

(4)落實基本資訊技能的學習

對於資訊環境不利學生的資訊落差，可經由學校的基本資訊技能教學的達成得以彌補。九年一貫課程在資訊教育議題中，對各年級學生資訊課程內涵中的能力指標，尤賴資訊教師的教學促其達成。使每個學生都能善用資訊科技工具，應用各科及各領域的學習。

2. 提升學生學習素養

為培養學生適應未來資訊社會的生活，不論在知識或技能方面，都應加強學生倫理道德教育，讓學生了解智慧財產權及隱私權的重要性，方能建立社會新秩序。在學校的教育中，應適時教導學生正確的資訊學習素養與學習態度，推廣資訊倫理教育與網路著作權及智慧財產權觀念，並建立學校資訊倫理自律規範。

(1)建立起學生的校園資訊倫理觀念

資訊倫理是由下而上透過溝通、討論與交流逐漸建立起來的觀念；相對的，教師必須有足夠的資訊素養與資訊倫理概念，以引導學生

正確的價值觀與資訊使用倫理，以建立校園資訊倫理自律規範。

(2)建立網路著作權及智慧財產權觀念

學校在教導學生有關資訊技術課程時，除講授相關技術外，也應教導學生對資訊倫理的重視與遵守應有的法律，並具有相關的智慧財產權的觀念。

(3)養成正面的學習態度

經由主動學習、創意學習及合作學習等方式，透過做中學的學習活動，將學習內涵與生活教育、生命教育相融合。

(4)培養學生「生命關懷」的情操

學校應加強生命教育與道德教育，教導學生學習如何做一個「人」，具有自愛、愛人的能力；肯定自己、尊重自己、接納別人、包容別人、體恤與尊重別人的情懷。

(5)建立科技為增進整體人類福祉的正確觀念，善用資訊科技作為「生命關懷」的利器

指導學生體認學習科技是為了善用科技以為人類謀福利。並學習利用網際網路、E-mail 及 BBS 等，擴大生命關懷的視野，作為關心他人及其他族群的工具，以此進一步學習與他人真誠、良性的互動。

3. 加強師資養成教育

(1)各科「教材教法」課程應納入教導資訊融入各科教學的內容

在教師培訓階段教育學程中的教材教法課程，應教導資訊融入學科教學的觀念及技巧，日後成為正式教師方能將資訊教育融入其所任教之學科教學。

(2)鼓勵師範教育的教學使用資訊融入教學之方法

師範教育或各教育學程學科課程盡量配合資訊融入學科的教法，教師在養成教育期間就能廣泛接觸資訊融入學科之教學方法，及早接受資訊融入學科教學方法之薰陶。

(3)中小學教評會在遴聘教師時，考慮資訊融入各科教學的能力

為確保準教師具備應用資訊融入學科教學之能力,各校在甄聘新進教師之時,宜了解或估計教師是否具備資訊融入學科教學之觀念及能力。

4. 全面培訓在職教師

(1)培訓內容應側重如何應用資訊科技於教學活動並分等級

培訓內容的適切性需要考量,以往不少學習內容偏向學習資訊技術,但大部分教師需要的是能把資訊科技有效用於他們的教學上,故培訓內容配合教師能力分等,並側重能有效使用資訊科技於日常教學情境當中。

(2)以受訓教師的專題或作品成果為重要評量依據

培訓的內容要能學以致用,以「產出性」的研習課程為主,即教師要完成資訊教育專題或作品,並以評量所產出的作品素質,作為是否通過培訓的重要準則,故為了完成此一作品所用到某些資訊科技,教師就得學習所需的科技。

(3)依受訓教師資訊素養程度及需要設計培訓內容

培訓內容應針對不同學科或領域的教師而有所差異,基本上應包括學會自己編寫、選用或修改公開的電子化教材,或懂得教導學生使用網路尋找資料、做專題及簡報等,能夠嘗試不同教學方式。完成培訓的教師能夠傳授經驗給其他教師。

(4)提供多元培訓管道

應多開辦應用資訊科技融入教學的培訓課程或研習會,需要時請一些大專院校發展試辦,確認一些培訓內容準則之後,由教育部委託不同單位,包括民間及大學,進行大量培訓,讓教師有多元管道進修。

(5)配合教師個人專業進修規劃

教師培訓應是教師個人專業生涯規劃的一部分,如培訓課程提供學分供日後抵免之用。也應該開設課程給予教育行政人員,如校長、

主任或相關地方行政人員，讓教育行政人員更能了解資訊教育，實務上掌握推動過程。

5. 建立校內「領域資訊教學小組」

(1)以老、中、青成員成立領域資訊教學小組

校內組織「領域資訊小組」的方式進行，一組三到五人，包括老、中、青教師。年輕的教師對資訊科技比較熟悉，資深的教師教學經驗比較豐富，如資深教師同時是學校行政人員，更容易獲得學校行政上的配合。一校可以有多個領域資訊小組，一個領域也可以有多個小組，或有跨領域的小組。

(2)領域資訊教學小組協助培訓同僚

建立領域資訊小組，一起進行培訓，一起合作教學，並指導正在接受培訓的其他領域資訊小組。學校亦可以校內領域資訊小組作為人力資源單位，申請資訊教育相關補助案。

6. 推展種子學校與先導學校

評定過去表現優秀的學校，由政府資助成為第一批「種子學校」，給予更進一步的發展，並帶動社區其他學校。未來種子學校將擴增為 600 所以上，並從中選出 100 所為先導學校，嘗試不同資訊科技支援的創新教學方式，作為未來資訊教育學校的典範。

(1)「種子學校」帶動社區「校群」

種子學校除了把資訊教育作為學校本身發展重點之外，最重要的任務是帶領同一地區的學校提升資訊教育的水準，包括培訓教師，分享及傳播本身經驗，組織評審委員會以評定校群內各學校資訊教育的表現等。

(2)「先導學校」則重前瞻性與實驗性教學

先導學校注重資訊教育的前瞻性，有研究、發展和實驗性質，可與大學合作。先導學校的資源需求比較高，但數量比較少，先導學校最好能同時是種子學校，舉例來說，某一個縣分為 10 個地區，每個

地區的小學組成「校群」（國、高中可跨區組成為校群），每個校群有一間種子學校，而若干種子學校再指定一所為先導學校。

(3)「種子學校」以「種子領域」或「種子班群」發展

為讓種子學校能夠容易成功在校內及校群產生示範作用，可建立兩類種子學校，一種以年級為導向，選擇一個年級班群，資源盡量集中此一年級班群，作為「種子班群」推動，然後逐年擴充到不同的班群及年級。另一種方式是一間學校選擇一個學科或領域，作為「種子學科」或「種子領域」推動。

指標

1. 所有教師均具備運用資訊科技融入教學的能力。
2. 資訊科技融入教學活動之時間達 20%。
3. 種子學校數目四年內增加至逾 600 所，占 20%。
4. 從種子學校中挑選 100 所學校成為先導學校。

(四)城鄉均衡發展、縮短數位落差

策略

為達到均衡城鄉差異與縮短數位落差之目標，提出下列八項策略，以完成預計達到的指標：

1. 強化城市與鄉村間資訊課程及教學的交流，展現城市與鄉村豐富多元的面貌

城市與鄉村各有其獨特的思考、生活及人文風貌，非互相牴觸而是可以彼此欣賞尊重，互相學習交流。若能運用資訊化的教學科技或網際互動，城鄉師生得以透過連線互動式合作學習。讓城市與鄉村的學校皆能均衡發展出各自的特色與人文素養，並且學校、教師及學生可以互相交流，接受彼此的文化刺激，培養欣賞文化差異的態度，促進寬廣多元的學習，進而展現城市與鄉村更豐富多元的面貌。

2. 鼓勵城鄉學生學習資訊科技，並能運用資訊科技於生活及學習上

　　學校運用資訊科技於各科教學活動中，鼓勵及協助偏遠及鄉下地區學生學習資訊，並能運用電腦於生活及學習，當資訊科技變成熟悉的工具，學生可自在學習無恐懼。若能引進企業及區域大專院校或學生社團的力量，協助偏遠鄉下的學生學習電腦，並提供校園及社區電腦軟硬體設備，協助提供專業人才、種子師資培訓、技術支援或相關的配合，將會有更大之效益。

3. 推動城鄉資源共享，締結資訊姊妹學校

　　城市與鄉村之學校結盟，成立「資訊姊妹學校」，透過網路介面增進城鄉互相了解，成為學習伙伴，運用資訊化的教學科技或網際互動學習，讓城鄉師生得以透過連線互動式合作學習；形成跨校、跨縣市甚至跨國界之網路合作團隊。以資訊姊妹校為區域，進行課程與師資的分享、互動與交流。

4. 平衡城鄉資訊環境

　　平衡城鄉資訊環境，包括設備、師資與整體支援。輔導各校充分運用現有的設備，提供學生學習電腦的機會，建立學生資訊學習之整體環境，促進學生資訊之學習意願與成效。加強偏遠地區教師之資訊基本素養，優先培訓離島及偏遠地區具備資訊科技教學能力的優秀種子教師，及利用遠距教學加強偏遠地區教師資訊能力的培養，並可鼓勵教師與學校針對學校發展特色，提出專案發展計畫，主管單位據以提供合理之設備與經費補助。

5. 建構教學平台，加強城鄉師生運用資訊科技於教學中，發揮支援互補功能

　　改善城鄉間網路設施，在城鄉間完成教育資訊高速公路，連接各級學校，支持運用科技進行教學。建構適性及多元發展的教育學習平台，讓學生可藉此平台運用科技於各科教學活動及學習中，城鄉之教師與學生亦可透過此平台互動學習，發揮支援互補功能。

6. 重視開放軟體發展

鼓勵學術機構、軟體業者、專業人士與中小學教師發展與整理適合中小學教學之開放軟體，並輔導中小學師生善加利用，以補商業軟體之不足，降低學生取得合法軟體之經濟負擔。

7. 提供無障礙學習環境

針對身心障礙學生特殊需要，提供適合各類學生學習特質之資訊化輔具。規範政府網頁建置時，考量視聽障礙族群能獲得所需的資訊。促進身心障礙學生健全學習發展，增進適應資訊化社會之基本能力。

8. 保障原住民教育文化

善用資訊科技加強原住民教育，增進交流互動，輔助母語學習，保存並發揚傳統文化資產，保障原住民在現代社會競爭環境下之應有受教權益。

指標

1. 達成城鄉資源共享與教學交流。
2. 各校締結資訊交流學校。
3. 均衡城鄉資訊設備、師資及教育學習平台等環境。
4. 扶助弱勢族群，縮短數位落差。

(五)社區參與

策略

整合社區營造策略為由社區教師、社區學校、終身學習、社區網路、虛擬圖書館及虛擬社群等六大策略著手。

1. 建立社區教師制度

了解及認同社區文化與特色；具備資訊能力、素養及推廣的能力；親、師、生共創網路學習社群，藉科技資源促進親、師、生三方互動，增進社區生命力。

2. 營造社區學校

「學校社區化」是學校經營的理想，可以結合學區內學生家長的力量，形成親、師、生三方網路上溝通管道及互動環境；營造社區文化，使學校發展具有社區特色，而社區中的成員也能享有學校的資源。

3. 建立終身學習的認知

利用網路使社區成員在潛移默化間形成書香社會，人人都能藉由網路上的資訊傳遞，進而養成積極自主的求知慾，無年齡限制，真正達到學習無時空藩籬，形成「終身學習」的認知。

4. 建置社區網路

由社區開始籌設社區網路平台與資源，建構社區整體學習環境，由社區中的成員共襄盛舉。

5. 建置虛擬圖書館

讓社區中的成員可方便利用社區網路或學校網路做資訊的獲得及搜尋。

6. 組織虛擬社群

包含教師、家長、學生及社區能跨越時間、空間的藩籬，藉由網路達到資訊與知識的分享及討論，發揮學習社群功能，讓知識得以分享創新成長，更可結盟不同社區社群以豐富學習。

指標

1. 學校結合社區，形成社區共同體。
2. 親、師、生共創網路學習社群。
3. 透過網路化社區學校，提供再教育的機會，達成終身學習。
4. 網路上學習社群結盟，使得資訊新知獲得的管道通暢。

㈥結合企業資源

策略

欲達成產學合作，使企業資源能充分與學校相結合達到雙贏，其策略有以下三項：

1. 建立透明的產學合作機制，委託廠商開發優良軟體

由學校教師組成領域課程研發小組，和廠商共同開發優良軟體；廠商也可透過適當的機制與學校合作，開發適合教學之教材；企業與學校以建教方式合作培育軟體人才。

2. 企業認養學校

鼓勵企業認養學校，企業提供低價或免費設備贊助學校及教育訓練，對企業提供之設備予以抵稅的優惠，並成立軟體統籌單位，統一與軟體廠商討論捐贈或採購事宜，並將軟體分類置於網路上供學校使用。

3. 企業資源共享

企業資源的共享是學校學習的拓展延伸，企業參觀可縮短產業與學校之間的距離。若能藉由企業與學校的結合，可進行終身學習，或人才再教育，充分達到「物盡其用，人盡其才」的理想。

指標

1. 企業參與開發優質軟體與教材，充實學校硬體設備。
2. 企業認養學校，開展學校企業資源。
3. 建立產學合作機制，使得企業主動與學校結合，達成伙伴關係。

㈦教育行政

策略

1. 進行各級教育行政單位之資訊教育業務執掌與組織之需求調查、規劃與調整

首先調查教育行政組織現況,以檢討現行教育行政體系,加強行政創新及再學習能力之培養。其次進行各級教育行政單位之資訊教育業務執掌與組織需求調查、規劃與調整。

2. 各級教育行政單位提升推動資訊教育專責單位之定位及層級

中央提升推動資訊教育專責單位之定位及層級,地方縣市網路中心轉型為「縣市資訊教育中心」,提供各級教育行政單位之技術支援,並協助教學資源整合。依功能需求明訂各級機關或學校負責資訊教育行政組織與人員需求,並明確訂定工作職責與範圍,建議劃分行政與技術人員。

3. 加強各級學校資訊教育的技術支援

學校編制員額採「總員額量管制」方式,評估各級學校電腦專業維修人員需求,並修訂相關法規,爭取各級學校電腦專業維修人員可由國防部兵役替代役或國防役服務。此外,建議家長認捐電腦,或鼓勵企業界認養學校電腦教室,並鼓勵大專生支援中小學管理與維護電腦教室。

4. 成立「先導學校」進行組織彈性調整

協調各縣市甄選「先導學校」,除資訊科技融入教學方面之努力外,也進行組織彈性調整之先導實驗研究,授予適當調整學校行政組織的權限,以支援學校發展資訊教育的特色,其調整行政組織的經驗,可作為其他學校的參考。此外,各「縣市資訊教育中心」之下可組織資訊輔導團不定期巡訪學校,並提供諮詢。

5. 推動教育行政資訊化

進行教育行政資訊化之需求評估，包括作業流程、作業平台及資料庫等，簡化教育行政管理程序，並配合教學需要與教師需求，建置行政機關學校資料交換的標準，規劃資料庫以及作業平台，並分工開發應用系統，使教學與行政能相互支援，達成提升工作效率的目標。

6. 提升教育行政人員資訊素養

規劃教育行政人員資訊基本素養內容、進修、考核及獎勵制度，訂定各年度教育行政人員在職訓練分級實施計畫。推動人才培訓方案之際，可開闢彈性多元進修管道。必要時應與國內外學校或研究機構合作，或委託企業界擴大辦理代訓，以加強各級教育行政人員操作教育行政軟體系統的能力。訂定提升教育行政人員資訊素養之績優教育行政單位獎勵辦法，定期辦理各級學校校務行政實施程度的訪視和成果評鑑，獎勵達成目標之教育行政單位及特殊優異教育行政人員。此外，將資訊基本素養納入甄選教師、主任、校長及教育行政人員之參考，規劃基層教育行政人員基本素養內容，並實施在職進修及訓練，達成基層教育行政人員具有資訊基本素養，熟悉教育行政資訊化作業流程的目標。

指標

1. 提升推動資訊教育專責單位之層級，並賦予明確定位。
2. 擴充資訊技術人力來源，學校可彈性應用資訊技術人力資源。
3. 從中央至地方各級教育行政作業流程全面資訊化。
4. 各級教育行政資料交換具標準化規格。
5. 提升教育行政人員資訊素養，全面具備操作教育行政軟體系統之能力。

➡ 第二節　台灣省加強高職資訊普及教學計畫

民國七〇年代初期，國內教育界漸感中小學推動資訊教育的重要性，

台灣省教育廳鑑於國家資訊教育課程、師資、教材及設備等尚無統一標準可循，而順應時代潮流，推展資訊教育勢在必行，乃於七十二年四月研訂「台灣省高級職業學校實施電腦教學計畫」，並成立推動資訊教育指導委員會，由廳長擔任召集人。於七十二學年度起試辦商職資訊教育，歷經實驗、評估及檢討階段後，執行成效良好，因此，台灣省政府教育廳於七十五學年度起增加試辦工業、農業、家事、海事及護理等五類職業學校之資訊教育。茲將本計畫大要說明如下（國立台中高級工業職業學校，民90）：

⋯→ 一、計畫目標

1. 加強學生正確使用電腦設備。
2. 培養學生具備一般電腦知能，奠定發展研習興趣之基礎。
3. 加強學生了解一種高階語言，以培養邏輯思考的能力。
4. 加強教師在職訓練，以提高教學效果。

⋯→ 二、計算機概論教學課程實驗

1. 七十三學年度指定公私立 16 校於商職二年級辦理「計算機概論」教學實驗，三年級辦理「電腦在商業上的應用」教學。
2. 七十四學年度全面推廣至所有公私立商職二年級辦理「計算機概論」教學實驗。
3. 七十五學年度於公、私立職校工業、農業、家事、海事及護理類科二年級全面試行「計算機概論」教學實驗。

⋯→ 三、教材之編審

教育廳於七十二年四月一日成立編輯小組，負責編輯高商資訊教育教材，先後完成以下教材：

1. 商業資訊教材上、下冊，用於高商二年級。七十五年修訂後再定為「電子計算機概論」實驗教材上、下冊，用於商、農、家事、海事、護理等五類職業學校。

2. 商業資訊教材上、下冊，用於商科三年級選修。

3. 七十五年完成工科「電子計算機概論」實驗教材上、下冊，用於工業職業學校二年級。

⋯→ 四、計畫內容

㈠實施重點

依據教育部新頒課程標準「電子計算機概論」為公私立職校第二學年上、下學期必修課程，每週二小時。

㈡計畫項目

1. 修訂適合各職類教材及媒體。

2. 加強辦理「電子計算機概論」教師在職進修。

3. 各職類分別辦理教學觀摩會及實務觀摩會。

4. 辦理高職資訊教育訪視及輔導。

5. 加強高職資訊教學資料中心功能。

6. 辦理「計算機概論」課程教學媒體之推廣。

7. 增購設備不足使用之學校微電腦教學設備。

8. 辦理在職教師組團出國考察資訊教育。

⋯→ 五、修訂教材及媒體

1. 分工、商、農、護理、家事及海事等六類，各別成立編審小組，聘請有關專家學者及教師，重新修訂教材。

2. 選擇教育部、教育廳舉辦的軟體競賽優秀作品內容，融入新編教材內。辦理「計算機概論」教學媒體推廣，成立組織評審全省各職校已製成之教學媒體後，擇優統一製作提供各校使用，各校以工本費洽購。

3. 鼓勵學校購置具有合法版權或使用權之軟體。

4. 定期舉辦教師軟體創作競賽或學生程式設計、資訊演講或壁報比賽，以提高師生推動資訊教育共鳴。

···➔ 六、其他措施

1. 七十三年五月在省立台中家商成立中區高職資訊教學資料中心。七十五年更名為「台灣省高職資訊教學資源中心」，以擴大中心功能。負責蒐集資訊教育相關資料、教材或教學媒體，提供全省高職學校使用，並不定期辦理資訊教育研習，溝通並提升教師資訊教學能力。
2. 七十三年在台中縣私立明道中學辦理「中區微電腦維修中心」實驗工作，負責維護台灣省中區高職學校電腦維修工作。

➔ 第三節　台北市資訊教育白皮書

　　台北市政府教育局相較於台灣省政府教育廳與高雄市教育局，其教育經費是比較充裕的，因此自民國七〇年代初，該市便頗為積極地推動資訊教育，經過十幾年的努力，該市中小學的資訊教育已有相當基礎。但是，為呼應當前的教育改革，因應資訊化社會的需求，及達成生活資訊化的目標，以促進台北市資訊教育的發展，該市於民國八十七年規劃完成「台北市資訊教育白皮書」第一期三年計畫，預計投資新台幣 27 億 9,943 萬元整，建立高中、高職、國中及國小優良的資訊教學環境，提升教師運用資訊科技於教學的素養，培養學生現代化的資訊能力，發展資訊化的課程教材與軟體，推動積極有力的行政配合，並充分運用社區資源（台北市政府教育局，民 87），以建立該市中小學資訊教育推動的堅實基礎。

　　在第一期資訊教育白皮書於民國九十年執行完成之際，台北市政府教育局基於第一期計畫三年來已初具成效，為延續資訊教育推動工作，使已投資之軟硬體設備能更加充分發揮其效果，並因應變化快速之資訊技術及其應用，因此研擬第二期資訊教育之推動計畫，以作為該市各級學校推動資訊教育之依據（台北市政府教育局，民 90）。

茲將台北市政府教育局兩期資訊教育白皮書的內容摘錄如下,詳細內容請參閱附錄 6-3-1 及附錄 6-3-2。

壹、第一期白皮書

一、願景目標

台北市政府教育局為呼應當前的教育改革、因應資訊化社會的需求,及達成生活資訊化的目標,於民國八十七年規劃第一期資訊教育白皮書,以期達成以下五大願景目標(台北市政府教育局,民 87;何榮桂,民88):

㈠建立優良的資訊教學環境

1. 校校有網路,網網皆相通

此項建置分三個層面,即:網際網路(internet)提供該市各級學校良好的資訊教學環境;校園網路(intranet)建立各校校園內傳遞教學及行政相關訊息的資訊網;教學網路是電腦教室網路,提供電腦教學資源管理與共享的環境。

在各校完成校園網路及電腦教室教學網路的建置後,校內各教學與行政單位的電腦設備均能連上校園網路主幹線,形成學校資訊網,使校內的資訊流通更為迅速,進而提升教學與行政之效率。預期至民國九十年,該市所有的高中、高職、國中及國小等各級學校皆能完成電腦教室網路、校園網路的建置,並均能連上網際網路。

2. 教室有電腦,班班可連線

學校每間普通教室及實驗室將逐步配置網際網路的連線,並配備可攜式電腦或一般電腦,至民國九十年時,預期該市所有的高中、高職、國中及國小高年級的一般教室皆完成網際網路連線的建置。

電腦教室方面，國小 40 班以下學校設一間，41 至 80 班學校設置兩間，81 班以上者設置三間，國中每 30 班設置一間，高中則每 20 班設置一間，高職每 10 班設置一間（另設以科群為單位的專業科目電腦應用視聽教室）。

在全校師生人數與電腦數量比例方面，至民國九十年，預期所有高職達平均每四人有一部電腦、高中每八人有一部電腦、國中每 10 人有一部電腦、國小則每 15 人有一部電腦的目標。

3. 資源同共享，資訊送到家

透過網路，學校可將教學與行政、學生生活及學業相關的資訊，發送到各具有電子郵件帳號的學生家長電子信箱，並對家長、社區人士或相關業界提供查詢學校資訊的功能，期增進學校與家長的互動。學生或家長亦可運用網路取得學習資源，或與教師聯繫，進行遠距的學習與溝通。

(二)提升教師運用資訊科技於教學的素養

1. 人人皆有資訊新觀念

教師均具有電腦基本概念與操作能力，能運用資訊軟硬體及網路環境，蒐集並歸納、分析各類資訊新知、建立且接受電腦多媒體輔助教學、遠距教學及虛擬教室等突破地域與時空學習限制之資訊新觀念，從而將資訊新觀念轉化為教材教法，在教學活動中激發並指導學生討論與學習。

2. 科科運用資訊新科技

各學科教師能了解資訊新科技在其學科教學活動中的應用知識，能把資訊新科技轉化為工具或教材，將其融入教學活動，且透過網路取得國內外相關領域教學研究資訊；同時將教學研究成果發表於學校資訊網路，以分享教學研究心得與成果。並鼓勵資訊專業教師取得資訊相關之國家證照或資訊專業能力國際認證等。

㈢培養學生現代化的資訊能力

1. 人人會電腦，個個能上網

期望該市所有學生均具有基本資訊素養：

(1)國民小學的學生應能了解電腦與生活上的關係，具備電腦基本知識，熟悉電腦的簡易操作與使用，增進學生使用電腦的興趣。

(2)國民中學的學生應能認識電腦科技對日常生活的影響，獲得電腦科技的基本知識與在生活上應用電腦的基本技能。

(3)高級中學的學生應具備電腦科學的概念與原理的認知，應用電腦解決問題的能力，奠定進一步學習電腦科學的基礎。

(4)高級職業學校的學生則應能了解電腦的基本構造與功能，應用電腦解決問題的能力，並了解電腦在相關行業的應用，逐漸邁向個個有證照的理想。

(5)特殊教育的學生則宜配合其特質，了解其在學習及生活環境中，各項可資運用的電腦相關設備，以期能輔助其生活與學習。

2. 上網合規範，使用重倫理

透過教學活動，培養學生正確使用資訊科技的態度與習慣，並增進學習興趣，使學生具有尊重智慧財產權的觀念、遵守網路禮節的情操、注重資訊安全與網路溝通的技巧等方面的素養，進而培養學生成為具有良好資訊倫理素養的現代化公民。

㈣發展資訊化的課程教材與軟體

1. 資訊應用納入課程中

全市各級學校應將各種資訊應用納入各學科中，使教學的內涵生動、活潑、多元化，並藉以激發學生的學習興趣，增進學習效果，並有計畫地發展教材及軟體。

2. 設置學科教學資源庫

透過各學科教學研究會，建置各類學校之校內各學科教學服務站，提供各學年完整教學軟體、教學資訊、測驗資訊及增廣或補救教學的補充教材等個別化教學資源服務，連通網路的資料存取，達成教學資源交流與共享的目標。

(五)積極有力的行政配合，並充分運用社區資源

1. 計畫行政效果好

為達成願景規劃的目標，台北市各學校應凝聚發展資訊教學的共識，調整組織制度，增置資訊專業人員，長期編列充足預算，擬訂詳細計畫確實執行，並舉辦觀摩，加強資訊教育督導與成效評估。

2. 社區資源助益高

對於各校資訊教育甚具影響力的社區、大專校院、企業界與學生家長主動關懷、參與學校各項資訊環境建置與改善措施，回饋學校興革意見，並支援學校人力、物力與經費，支持學校各項資訊教育的相關活動。此外，鼓勵企業界能運用資訊環境與合理資源，與學校進行建教合作，使學校資訊教育的發展獲得更多的資源與迴響。

···→ 二、計畫目標

本發展方案係以達成該市資訊教育白皮書為目標，期藉由「教學、行政資訊化，資訊生活化」，提升各級學校師生的教育與生活品質。

···→ 三、計畫期程與預算

本計畫以近程發展的方式規劃，計畫實施期間自八十八會計年度起至九十會計年度止，編列新台幣 27 億 9,900 餘萬元，逐步完成上列五大願景項目。

貳、第二期白皮書

在台北市教育局執行其第一期資訊教育白皮書兩年，教育部推動資訊教育基礎建設擴大內需方案，全國各國中小皆已建置電腦教室，並以寬頻ADSL 與網際網路連線供各校上網。另採購教學軟體及辦理教師資訊素養研習，使得資訊教育之軟硬體基礎建設有大幅改善。教育部為期更加快速推動資訊教育，於九十年六月發表「中小學資訊教育總藍圖初稿」，規劃以四年時間來實施總藍圖，希望教師都能運用資訊科技融入教學，網上教學活動時間至少占總教學時數 20%，教材也會全面上網，達成「師師用電腦、處處上網路」的目標（台北市政府教育局，民 90）。

而高雄市政府為推展高中以下學校之資訊教育，於八十七年十一月亦訂定「高雄市資訊教育白皮書」，預定於民國八十八至九十一年（四年）共編列 10 億 4,129 萬元，以推動資訊教育。其後又修正研訂「高雄市政府教育局推動資訊教育計畫」（九十至九十三年），四年預計編列 13 億 4,080萬元用以推動資訊教育。該計畫除更新或新增電腦教室外，每年將建置 25%之教室電腦，並於九十三年達到班班有電腦之目標。

再加上亞洲鄰近的新加坡與香港也在大力推動中小學資訊教育，於是台北市教育局在其第一期資訊教育推動工作已見成效下，乃於九十年完成規劃其第二期資訊教育白皮書，以期更落實其中小學資訊教育。其計畫內容與重點如下（台北市政府教育局，民 90）：

⋯→ 一、推動重點

㈠建立優良便捷的資訊教學與學習環境

台北市到九十年第一期資訊教育白皮書執行完成時，該市各校平均人機比為 10：1，預計九十一年達 9：1，九十二年達 6：1，九十三年達 5：1之目標。

1. 充實的資訊設備

(1)充實教師用電腦設備

為了讓教師養成利用電腦及製作教材融入教學的習慣，有必要讓每位教師想用電腦就有電腦可用，以方便老師製作教材。預計編列經費 28,378 萬元，購置 8,108 台教師用電腦。其經費概估如表 6-3-1。

表 6-3-1　各級學校教師用電腦預算經費表

（單位：萬元）

學校類別	已建置電腦班級數	教師人數	教師用電腦台數差額	預算標準	所需經費
高職	585	1,471	886	3.5	3,101
高中	1,871	3,597	1,726	3.5	6,041
國中	3,975	6,341	2,366	3.5	8,281
國小	7,844	10,974	3,130	3.5	10,955
合計	14,275	22,383	8,108	3.5	28,378

資料來源：台北市政府教育局（民 90）。

(2)建置專科教室設備，提供群組教學

計畫於專科教室內購置多台電腦以建置群組教學之專用教室。高中職每間配置 10 台個人電腦及周邊設備，國中小每間配置八台個人電腦及周邊設備。該市各級學校專科教室數總共 3,050 間，預計共需 31,840 萬元，將各所學校 50%專科教室建置群組教學模式，其預算如表 6-3-2。

(3)充實學校圖書館資訊設備

A.圖書館轉型為教學資源中心

本計畫擬將學校圖書館轉型為教學資源中心（instructional material center），提供師生更多元的學習場所。圖書館之電腦檢索區提供每校平均 10 台電腦及相關資訊設備；每個研討區則提供一台電腦

及掃描器，視學校場地區隔為數個小型研討區。其經費預算如表6-3-3。

表 6-3-2　各級學校專科教室預算經費表

（單位：萬元）

學校類別	50%專科教室數	每間預算	所需經費	分年建置班級數			
				91 年	92 年	93 年	合計
高職	26	25	650	10	10	6	26
高中	238	25	5,950	70	68	100	238
國中	473	20	9,460	150	123	200	473
國小	789	20	15,780	250	239	300	789
合計	1,526	90	31,840	480	440	606	1,526

資料來源：台北市政府教育局（民90）。

表 6-3-3　各級學校圖書館電腦設備預算表

（單位：萬元）

學校類別	校數	每校預算	所需經費	分年建置學校數			
				91 年	92 年	93 年	合計
高職	10	40	400	5	5	-	10
高中	23	40	920	10	13	-	23
國中	57	30	1,710	12	45	-	57
國小	140	30	4,200	12	24	104	140
合計	230	140	7,230	39	87	104	230

資料來源：台北市政府教育局（民90）。

B.建置教師教材製作室

　　各校圖書館內設置教材製作室，教材製作室依學校大小調整設備數量，平均每校40萬元，各設置一至四套多媒體製作系統，包含

多媒體電腦、掃描器、數位相機、印表機、數位攝影機及影像捕捉卡等，另提供一套視訊製作系統。其經費預估如表 6-3-4。

表 6-3-4　各級學校教材製作室設備預算表

（單位：萬元）

學校類別	校數	每校預算	所需經費	分年建置數			
				91 年	92 年	93 年	合計
高職	10	40	400	5	5	-	10
高中	23	40	920	12	11	-	23
國中	57	40	2,280	20	27	10	57
國小	140	40	5,600	40	70	30	140
合計	230	160	9,200	77	113	40	230

(4)汰換現有電腦設備

依個人電腦使用年限為四年估計，該市往後三年內，所需汰換之電腦設備經費預估九十一年為 3,600 萬元，九十二年為 29,200 萬元，九十三年為 6,520 萬元，三年總計需 39,320 萬元。

2. 豐富的教學內容

(1)建置教育入口網站

規劃於九十一年度起建置教育入口網站，本計畫擬以委外辦理方式進行，九十一年需 1,500 萬元，九十二及九十三年每年各需 500 萬元，總計 2,500 萬元。

(2)建置各級學校各科教學資源庫

該局計畫委請具有此方面專長之教師組成團隊，針對每一科製作適用之多媒體教材。本項建置教學資源庫每年編列 3,450 萬元，三年合計總經費為 10,350 萬元。

(3)軟體購置電腦輔助教學

蒐集市售各類優良軟體製作廠製作之電腦輔助教學軟體,由各校自行圈選後,統一辦理各校教學軟體採購。本項軟體採購每年編列4,600萬元,三年合計總經費為13,800萬元。

3. 建構快速便捷的資訊網路

(1)校園區域網路

A.以光纖為骨幹之校園網路

九十一年擬將國小第一期27校之網路設備更換及布建光纖網路,將頻寬提升至1Gbps。每校以30萬元推估,計需810萬元。

B.校園無線網路

計畫於第二期發展校園無線網路,於網路末端提供無線上網之環境。方便學生至學校從事各項學習活動。九十一年度擬由重點學校先行試辦,以建立應用模式,並辦理觀摩會,以利推廣各校參考使用。九十二年以後再擴及推廣至各校。預期三年內完成各級學校之布建,所需經費每校以25萬元推估,總計需5,750萬元。

(2)對外連線之廣域網路

為因應固網開放,將建置寬頻光纖到校,以提高學校對外連線速度,並開創網路新的教學與學習模式。預估各校每年總計連線費用為680萬元,三年總計需2,040萬元。

4. 強化教育網路中心之功能

該局於九十年八月起,將教育網路中心移轉至市府資訊中心機房,內部之網路設備及管理人力以委外方式辦理,期提供更多與更好的服務。依此原則,未來教育網路中心將提供之服務有以下四項:

(1)成為各校各項訊息交換中心。

(2)成為資訊專業技術諮詢服務中心。

(3)成為教材資源庫管理與服務中心。

(4)減輕各校系統管理工作。

教育網路中心因採委外管理方式,每年所需經費為1,000萬元,三

年總計委外管理所需經費為 3,000 萬元。另外為提供各校服務所需伺服主機等相關設備費用，每年所需經費 800 萬元，三年總計所需設備經費為 2,400 萬元。

5. 學校圖書館轉型為教學資源中心

為因應未來學習之新型態，學校圖書館必須轉型為教學資源中心，提供整合及多元化資源，供教師教學及學生學習使用。因此，學校圖書館之新任務有以下四點：

(1)提供課程諮詢的服務。

(2)提供教材資料的服務。

(3)提供教學的服務。

(4)提供設計與製作的服務。

因此，擬編列經費提供各校用於採購教學相關之線上資料庫，以供教師教學使用。此項經費每年編列 2,300 萬元，三年總計 6,900 萬元。

(二)強化教師運用資訊科技融入各科（領域）教學之能力

1. 強化資訊科技融入各科教學之能力

為辦理各級學校資訊科技融入各科教學之研習，每年擬編列 3,450 萬元，三年總計 10,350 萬元。

2. 因應九年一貫教學實施，培養教師運用資訊科技統合各領域資源之教學能力，擬委託民間專業廠商開辦進階研習課程，每年擬編列 1,150 萬元，三年總計 3,450 萬元。

3. 辦理資訊科技融入教學進階研習與教學觀摩

為辦理各級學校資訊教育教學觀摩，每年擬編列 600 萬元，三年總計 1,800 萬元。

4. 辦理教師資訊素養評量

預期於九十年度有 50%教師通過評量，九十一年度可達 80%教師通過評量，九十二年度可達 100%教師通過評量。

5. 提升台北市立師院學生之資訊素養

　　　　擬請台北市立師院訂定學生畢業時應具備之資訊素養指標，辦理學生資訊素養評量。並加強師院教師之資訊素養及融入教學能力，使師院學生於求學階段即熟悉資訊科技之運用，以便未來教學能融入教學活動中。

(三)培養學生自主學習的能力

　　資訊教育成敗的關鍵貴在教導學生懂得學習，不怕面對新知，懂得運用知識，懂得創造知識。為達成此目的，擬定下列具體做法：

1. 培養學生透過電腦及網路進行學習之觀念與習慣。
2. 訂定學生資訊能力指標。
3. 辦理學生資訊能力之評鑑。
4. 辦理國際師生資訊交流活動（含國際競賽）。
5. 提供線上學習──e-learning。
6. 建立遠距教學中心。
7. 加強資訊倫理教育。

(四)統合社教機構資源與充分運用社區資源

1. 結合社教機構支援教學。
2. 強化「台北市民網路大學」之功能。
3. 辦理親子資訊研習活動。
4. 結合社區資源辦理資訊教育推廣活動。

(五)強而有力的行政支援

1. 建立群組學校有效運作。
2. 設置各校資訊教育推動小組。
3. 各校設置資訊組長及系統管理師。

　　各校於不增加員額編制下，調整設置資訊組長與系統管理師：

(1) 12 班（含）以下置系統管理師一人。

(2) 13 班（含）以上置資訊組長一人。

(3) 31 班（含）以上置資訊組長及系統管理師各一人。

(4) 61 班（含）以上置資訊組長一人及系統管理師二人。

(5) 91 班（含）以上置資訊組長一人及系統管理師三人。

(6)各校資訊組長及系統管理師負責學校資訊教育事項之推動。

(7)資訊技術及主機管理等工作，將集中由教育網路中心負責。

4. 提升局本部及各校行政人員之資訊素養。

5. 建立功能強大之教育行政資訊系統。

6. 建立完善之設備之管理及維護機制。

7. 讓學校與家庭緊密配合。

···→ 二、經費需求

(一)經費需求

本計畫共計編列 201,548 萬元，其中九十一年編列 67,093 萬元，九十二年編列 78,390 萬元，九十三年編列 56,065 萬元。

(二)實施對象

市立各級學校。至於私立學校，則由教育局在私立學校補助項目下調整支應。

···→ 三、預期效益

(一)資訊教學環境方面

1. 各級學校建置寬頻之校園光纖骨幹網路，提升對外連線頻寬，並建置校園無線網路環境，提供師生便利快捷的網路環境。

2. 除達成班班有電腦之目標外，尚提供師師有電腦，使教師有充足便

利的設備做教學準備及教材製作之需。

3. 建置專科教室設備，提供群組教學之需。

4. 圖書館轉型為教學資源中心，建置所需資訊設備及線上資料庫等，提供教師及學生教學上便利的學習場所。

5. 建置教師教材製作室，提供教師製作單元教材之需。

6. 提供師生豐富的教學內容，建置教育入口網站，並採購電腦輔助教學軟體，供各校各科教師教學之需。

7. 強化教育網路中心之功能，提供各校更即時、快速、專業的資訊服務。

(二)師生資訊素養方面

1. 各級學校教師能運用網路擷取教學資源，編製簡易單元教材，並能融入各科教學。

2. 各級學校教師皆有資訊新觀念，進而教導學生適應未來的資訊社會。

3. 各級學校學生能具有基本資訊素養，並養成自主學習的習慣與能力。

4. 各級學校師生皆能運用網際網路達成遠距教學的互動功效，並養成終身學習的習慣。

(三)教學行政資源方面

1. 各級學校教學行政資源在人力、物力方面能獲得有效的整合與教學功能的發揮。

2. 各級學校強化網站之功能，提供學校、學生、教師、家長及社會大眾之溝通橋樑。

(四)未來預期各項指標

依前述之計畫，於三年後預期達成之各項指標詳如表 6-3-5。

表 6-3-5　台北市推動資訊教育各項指標

（括號內為百分比）

項目		91 年度	92 年度	93 年度
硬體設備部分	平均人機比	9 人／台	6 人／台	5 人／台
	專科教室群組電腦建置率	410 班（27）	920 班（60）	1,526 班（100）
	圖書館資訊設備建置率	39 校（17）	126 校（55）	230 校（100）
	多媒體教材製作建置率	77 校（33）	190 校（83）	230 校（100）
	校園無限網路建置率	73 校（32）	164 校（71）	230 校（100）
	建置遠距教學中心	4 校	4 校	
教師及學生之資訊能力指標	教師資訊素養評量通過率	80	100	100
	教師利用電腦輔助教學時數占全部教學時數百分比	20	25	30
	學生具資訊科技認知能力	70	90	100
	學生具資訊科技應用能力	70	90	100
	學生具資料處理分析能力	70	90	100
	學生具網路科技應用能力	70	90	100

註：學生資訊能力之詳細各分項能力，請參見「台北市各級學校學生畢業時應具備之基本資訊能力指標」。

第四節　高雄市資訊教育白皮書

　　高雄市政府教育局從民國七〇年代初期便積極推動該市中小學資訊教育，成效頗為良好。到民國八十七學年度，國中以上學校均已將電腦課列為正式課程，國小也將資訊教育延伸至中年級。全市所有中小學也都設有電腦教室，且國中以上學校都完成網路連線，國小也有約三分之一學校能上網（高雄市政府教育局，民 87）。

　　一九九三年美國政府提出「國家資訊基礎建設」計畫（NII）後，備受各國重視，各國均相繼訂定其 NII 的計畫。我國政府也於八十四（1995）

年研訂 NII 的推動計畫，以加強國家競爭力。在該計畫下，行政院特別成立一跨部會之「國家資訊通信基本建設計畫專案推動小組」，分設五個執行組，其中教育部負責「人才培育及基礎應用組」。教育部為配合該項計畫之推動，陸續研訂「改善各級學校資訊教育計畫」、「電腦輔助教學及推展計畫」及「資訊人才推展教育計畫」，並於八十七年七月開始實施「資訊教育基礎建設計畫」、「NII 人才培育中程發展計畫」、「遠距教學中程發展計畫」及「社會教育發展計畫」等，期望將資訊教育全面延伸至中小學（高雄市政府教育局，民 87）。

　　高雄市教育局為加速配合此等重大計畫之推動，並為該市資訊教育規劃跨世紀藍圖，特於民國八十七年規劃「高雄市資訊教育白皮書」，執行期間自八十七年七月至九十一年六月止，期使該市中、小學及社教機構於四年計畫中，充實電腦及網路資源，培育具資訊素養人才，充分發揮資訊教學成效，進而提升該市資訊水準（高雄市政府教育局，民 87）。

　　到第一期資訊教育白皮書執行完成，高雄市中小學資訊教育在校務行政及資訊教學的發展，已依據計畫推動各項事務，分別投入軟硬體設備經費、提升教師資訊教學能力、培育學生基礎資訊能力等，均成效卓著，明顯帶動該市各校資訊教育的蓬勃發展。為延續已完成第一期「高雄市資訊教育白皮書」的成果，以及配合教育部「中小學資訊教育總藍圖」的願景與理想，該市教育局再度規劃第二期「高雄市資訊教育白皮書」（民國九十四至九十七年），期待以四年中程計畫，建構優質的資訊環境，普及全民資訊能力，與先進國家接軌，同步邁入國際資訊化的社會（高雄市政府教育局，民 94）。

　　本節分別簡要介紹高雄市兩期資訊教育白皮書，至於其詳細內容則請參閱附錄 6-4-1 及附錄 6-4-2。

壹、第一期白皮書

⋯➔ 一、資訊教育願景

為了迎接高雄市跨世紀的希望工程，實現該市充滿活力的資訊教育藍圖，特提出下列願景，作為未來四年資訊教育推展目標之中心理念（高雄市政府教育局，民87）：

1. 學生用電腦，學習成效好。
2. 老師用電腦，教學內容妙。
3. 校校有電腦，社區可共享。
4. 家家有電腦，人人來上網。

⋯➔ 二、推展資訊教育目標

為能有效達成上述資訊教育願景，特訂定六項基本推展目標，以供未來四年中、小學及社教機構，實施資訊教育推廣活動之依據。至民國九十年，各級學校在電腦教室、師生人機比、網際網路連線比例方面，預期達成下列目標：

(一)電腦教室（網路多媒體電腦）

國小：至少每 40 班設置一間。

國中：至少每 30 班設置一間。

高中：至少每 20 班設置一間。

高職：至少每 10 班設置一間。

特殊教育：至少每校設置一間電腦教室，且各班至少設置五至八台電腦。

國中小部分配合小班教學政策，每間電腦教室擴增為 35 部，達成一人一機操作之目標。

㈡學生人機比

國小：至少每 20 人有一部電腦。

國中：至少每 15 人有一部電腦。

高中：至少每 10 人有一部電腦。

高職：至少每五人有一部電腦。

特殊教育：至少每二人有一部電腦。

㈢網際網路連線比例

國小：至少利用 64Kbps 以上專線（或 ISDN）。

國中：至少利用 64Kbps 以上專線（或 ISDN）。

高中：至少利用 128Kbps 以上專線（或 ISDN）。

高職：所有高職至少利用 256Kbps 以上專線（或 ISDN）。

特殊教育：至少利用 128Kbps 專線。

北、中、南三所網路中心學校至少利用 T1（1.54Mbps）以上專線。

⋯→ 三、資訊教育推展項目及實施策略

㈠提供良好的資訊教學與應用環境

本項目標有四個主要推展項目：

1.建立本市資訊教育服務體系

(1)成立教育局資訊教育室，下設網路服務組、軟體資源組及教育推廣組，統籌規劃北、中、南市網中心及各科資訊教育軟體暨教材支援中心。

(2)充實市網中心、各科資訊教育軟體暨教材支援中心及國教輔導團資訊教育研習中心等單位之軟硬體設備及人力編制。

(3)建置及充實市網中心、各科資訊教育軟體暨教材支援中心及國教輔

導團資訊教育研習中心等單位各類網路服務內容。

(4)建置教育局及所屬機關學校網際網路骨幹基礎建設，逐年實施落實。

2. 各校訂定資訊教育發展計畫及執行考核

(1)各校成立資訊教育推動小組，校長擔任召集人，並由相關處室主管及電腦教師或專業人員為推動小組的成員；另置執行秘書一人，負責協調執行工作。

(2)統計各校現有電腦教室資源，並提出未來四年的電腦教室與網路擴充細部計畫。

(3)統合與電腦教學有關之行政資源。

(4)加強各級學校聯繫，例如大學可認養、輔導中、小學建置網路。

(5)整合社會、家長會及企業財力資源，協助建置良好資訊環境。

(6)每年辦理資訊教育評鑑。

3. 建立電腦設備維護制度

(1)高中職研擬設置電算中心。以教師來管理電腦教室，並相對減免授課時數二到六小時。

(2)研訂各校收取之「電腦使用費」代收款支付維修費用制度。

4. 每校有充裕的電腦教室，完善的電腦教學設備，提供學生上網

(1)設立完善資訊媒體資料室，整合各項教學媒體，供教師使用。

(2)各校建立多媒體電腦教室時，將互動式廣播教學系統列為基本設備，以利教學。

(3)增設高速網路所需之專線，解決頻寬問題。

(4)各校應於各教室預留網路及電腦接頭。

(5)編列經費逐年擴充及汰舊換新多媒體網路設備。

(二)提升教師運用資訊媒體之教學能力

1. 培養教師的基本資訊素養

(1)辦理電腦專業及一般科目教師研習。

(2)辦理各教學單元軟體操作使用研習。

(3)各校規劃辦理年度校內教師資訊研習。

(4)定期舉辦各科教學軟體發表及觀摩會。

2. 利用網路進行教學模式的創新實驗

(1)鼓勵各校在網站上做教學方法之交流。

(2)鼓勵教師運用網路及多媒體教材從事教學活動。

(3)建置分科之教學交流網站。

(4)鼓勵教師購置筆記型電腦及教室加裝投影設備。

3. 推動實施遠距教學

(1)充實資訊教育研習中心學校、資訊教育軟體及教材資源中心學校遠距教學設備。

(2)與國內外大學校院或外語學校結合實施遠距教學。

(3)透過網路進行遠距教學課程，實施在職進修，提升教師專業知能。

4. 建立教師資訊學習登記卡

(1)規劃教師資訊學習登記卡制度。

(2)鼓勵教師參加校外資訊教學活動。

(三)整合各學科之資訊教學資源

1. 加強校務行政電腦化系統之開發與應用

(1)採用 web 技術整合開發各校共通之校務行政電腦化軟體。

(2)各級學校與教育局之行政業務往來，統一行政及公文體例，各業務

人員全面遵循使用。

2. 建立行政人員資訊學習登錄卡制度

(1)舉辦校內研習活動鼓勵學校行政人員參加校內外研習。

(2)配合規劃開辦校內行政人員之各類資訊研習課程。

3. 提升行政人員的資訊能力

(1)優先進用具電腦素養之行政人員。

(2)研訂獎勵辦法，鼓勵行政人員應用資訊，改善行政效率。

(3)建立網站即時公布教育行政及活動訊息。

㈣整合各學科之資訊教學資源

1. 強化資訊教育媒體及教材資源中心之功能

(1)強化教學輔導團功能，建立資訊媒體資料庫。

(2)重點支援各學科，蒐集資訊教學資源。

(3)蒐集網路上之相關教學資源，並建立目錄。

(4)建立教材資料庫、教學題庫及其他電子化教學資訊。

2. 建立學科網路教材編纂及開發制度

(1)結合學科教師、電腦技術人員及有興趣的學生組成教材編纂與開發
小組。

(2)統整中小學學科網路教材之內容及銜接之完整性。

3. 增進資訊教學成效

(1)鼓勵師生參加網路上各項之競賽活動。

(2)委由民間或學術機構將各項教學資訊製作光碟分發各校使用。

(3)評量各學科網路資源及學生學習成效。

(五)培養學生基礎資訊能力

1. 電腦課程多元發展

(1)教導學生資訊與生活相關的知識。

(2)訓練學生熟習電腦操作之能力。

(3)學生可利用網際網路及多媒體電腦於生活中學習。

(4)培養學生具備網路搜尋資料之能力。

(5)加強學生對網路倫理及網路安全之認知。

(6)建立尊重智慧財產權觀念。

2. 鼓勵學生參加資訊能力的檢定與認證

(1)實施電腦基本能力測驗，以評估其學習成效。

(2)建立校內學生的資訊技術士測驗制度。

(3)由各校各類科科主任規劃各科測驗項目，並列入實習成績。

(4)鼓勵學生參加勞委會舉行全國技術士檢定，取得技術士證書。

(5)規定各類科應取得技術士證書的類別，並列入實習成績。

3. 加強辦理資訊研習活動

(1)鼓勵學生參加研習活動。

(2)辦理各類資訊競賽及觀摩活動。

(3)舉辦網站線上討論活動。

(4)鼓勵成立學生資訊社團。

4. 鼓勵學生參與國際資訊交流活動

(1)鼓勵師生參加國際性中小學共同主題研究。

(2)鼓勵師生參加國際性中小學相關會議。

(3)鼓勵師生參加國際性中小學資訊競賽。

(六)建立終身學習的資訊環境

1. 培養市民基本資訊素養

(1)健全社教資訊網路，方便市民透過網路存取各類資訊。

(2)提供充裕電腦設備，方便市民查詢及連接上網。

(3)舉辦利用資訊資源之講座、教學或參觀。

(4)繼續擴大辦理市民學苑資訊相關課程。

(5)利用網路回覆市民查詢內容。

(6)鼓勵學校利用課餘時間對社區開放推廣資訊教育。

2. 建置各項社教終身學習資料庫

(1)研發終身學習資料庫或教材。

(2)建立各類終身學習網路資源目錄。

3. 強化圖書資訊服務功能，建立書香社會

(1)建全公共圖書館館藏查詢、借閱流通及參考服務等各項資訊服務工作。

(2)與社區結合辦理各項資訊查詢檢索活動。

(3)市民一證可通往各公共圖書館，享受各類資訊服務。

4. 充分運用社區資源、協助推動資訊教育

(1)配合教育部「社會教育發展計畫」，整合社區資訊資源。

(2)結合學校義工及父母成長團辦理各項資訊教育活動。

⋯➤ 四、經費預算

本計畫總經費為 10 億 4,129 萬元，經費來源包含市政府編列、教育部補助、各校收取學生繳交之網路通訊費及電腦設備維修費等。經費分四年編列，以便逐年完成本計畫中之推展項目。其經費預估如表 6-4-1。

表 6-4-1　高雄市政府教育局第一期資訊教育白皮書經費預估表

（單位：萬元）

需求單位	硬體需求				軟體需求				合計				總計
	88年	89年	90年	91年	88年	89年	90年	91年	88年	89年	90年	91年	
國小	3,900	5,450	4,350	3,600	1,839	1,894	2,560	2,516	5,739	7,344	6,910	6,116	26,109
國中	2,300	2,315	2,678	2,541	1,297	1,666	1,616	1,616	3,597	3,981	4,294	4,157	16,029
高中職	6,480	7,180	7,180	7,180	3,545	3,365	3,285	3,285	10,025	10,545	10,465	10,465	41,500
特殊教育	415	1,450	1,405	1,430	523	430	430	373	938	1,880	1,835	1,803	6,456
社會教育	490	2,329	1,600	1,940	841	1,312	2,640	2,883	1,331	3,641	4,240	4,823	14,035
合計	13,585	18,724	17,213	16,691	8,045	8,667	10,531	10,673	21,630	27,391	27,744	27,364	104,129

貳、第二期白皮書

　　資訊科技未來的發展無遠弗屆，其對世界文明的影響至深且鉅。高雄市政府教育局為了培養學生資訊能力，以適應未來科技生活，於民國八十七年擬訂「高雄市政府資訊教育白皮書」，規劃四年的中程（民國八十七至九十年）發展計畫，配合教育部擴大內需計畫，編列所需經費，逐年完成計畫中各子計畫。在四年中，該市依據計畫來推動資訊教育在校務行政及資訊教學的發展，分別投入軟、硬體設備經費，提升教師資訊教學能力，培育學生基礎資訊能力等，均成效卓著，明顯帶動各校資訊教育的蓬勃發展。

　　為延續已完成第一期「高雄市資訊教育白皮書」的成果，以及配合教育部「中小學資訊教育總藍圖」的願景與理想，該市教育局再度規劃第二期「高雄市資訊教育白皮書」（民國九十四至九十七年），期待以四年中程計畫，建構優質的資訊環境，普及全民資訊能力，與先進國家接軌，同步邁入國際資訊化的社會（高雄市政府教育局，民94）。本期計畫中共規劃有五項子計畫，包括：建立優質資訊教育環境、提升教育人員資訊素養、推動資訊融入學科教學、培養學生資訊應用能力、落實資訊教育終身學習

等。為完成這些計畫目標，該局認為須有計畫地將各項工作分階段朝目標推動。其各階段的重點工作如下：

1. 提升教師的資訊能力。
2. 改善學校的資訊設備。
3. 建置師生的資訊倉儲。
4. 整合學科的教學資源。

⋯➤ 一、資訊教育願景

推動資訊教育主要目標是培養中小學生具備資訊能力與基本素養，透過資訊網路的瀏覽，主動積極吸收知識，培養每一名學生成為「善用知識」的人才，因此，該市所規劃的資訊教育發展計畫，並規劃五項子計畫作為配合，期盼能達到如下願景（高雄市政府教育局，民94）：

願景1：「校園e起來」，建立優質資訊的教育環境。
願景2：「教師e把罩」，提升教育人員資訊素養。
願景3：「課程不e樣」，推動資訊融入學科教學。
願景4：「資訊e把抓」，培養學生資訊應用能力。
願景5：「生活e點通」，落實資訊教育終身學習。

⋯➤ 二、推展目標策略與項目

為延續第一期「高雄市政府教育局資訊教育白皮書」的成果，並配合教育部「中小學資訊教育總藍圖」的願景與理想，發展該市的特色，研擬如下五項重點計畫，每項子計畫並訂定執行策略與所要推展的項目，以引導校園資訊教育的未來四年發展方向（高雄市政府教育局，民94）。

(一)子計畫一：建立優質資訊教育環境

1. 推展目標1：研訂本市資訊教育發展計畫，作為資教推動藍圖

(1)實施策略1：研提全市資訊教育發展計畫，引導各校規劃資教發展

願景。

A.修訂高雄市資訊教育白皮書。

B.各校逐年訂定具體之資訊教育推動計畫，作為推動資訊教育之藍圖。

(2)實施策略 2：加強資訊教育評核輔導機制，落實計畫執行成效。

A.透過資訊教育諮詢委員會機制，規劃審定本市資訊教育發展方針，強化評核輔導效益。

B.定期辦理學校資訊教育訪視或輔導活動。

2. 推展目標 2：強化本市資訊教育服務體系，有效推展資訊教育

(1)實施策略 1：資訊教育組織專職化，落實資訊教育團隊運作。

A.各校設置資訊中心或資訊組，結合資訊教育推動小組運作，落實團隊合作精神。

B.辦理推動資訊教育有功人員選拔。

(2)實施策略 2：整建教學資源網站，豐富網路服務內容。

A.持續整建教學資源網站及教學資料庫等網路資源，提供師生教學需求。

B.規劃高雄教學資源倉儲，整合影音多媒體資源，強化教學資料索引搜尋機制。

(3)實施策略 3：策劃資訊教育策略聯盟，整合學校與社區教育資源。

A.加強各校之聯繫（含大專院校），推動校際合作，整合資訊教育資源。

B.結合家長會、社區及企業資源，協助推動資訊教育。

3. 推展目標 3：提升學校網路效能，增進師生網路學習

(1)實施策略 1：提升教育網路品質，便利網路教學資源運用。

A.提升本市教育網路總體網路頻寬至 50Mbps 以上。

B.提升各校連外頻寬至本市資訊教育中心連線達 100Mbps 以上。

C.建置校園高速網路，使每班均可連上網。

D.建置校園教學無線網路環境，拓展網路教學的空間。

E.提升校園無線網路教學區，涵蓋範圍達 100%。

(2)實施策略 2：建構學校資訊軟硬體環境，發揮資訊融入教學效益。

A.提升專科教室配置教學電腦組合設備比例。

B.提升一般教室配置教學電腦組合設備比例。

C.更新各校電腦教室。

D.建構各校教學資訊軟體環境。

E.鼓勵教師購置筆記型電腦。

(3)實施策略 3：提升家庭上網人口，善用網路資源輔助學習。

A.協助教師家庭寬頻上網。

B.鼓勵學生家庭寬頻上網。

4. 推展目標 4：建立資訊維護機制，強化設備使用效能

(1)實施策略 1：結合專職資訊維護人力，落實資訊專業維護制度。

A.結合專業資訊技術人力，落實資訊專業維護制度。

B.整合社會資源，維護資訊設備運作效能。

(2)實施策略 2：研提跨校設備維護方案，善用資訊維護經費。

A.研擬跨校資訊設備聯合維護合約，有效運用維護資源。

B.抽核各校「電腦管理使用費」執行情形，落實專款專用精神。

5. 推展目標 5：建置教育行政資源環境，提升教育決策效益

(1)實施策略 1：建置教育人力資料庫，推動教育行政電子化。

A.訂定系統資料共同交換規格，促進行政系統資料流通。

B.整合教育人員及學生基本資料庫，奠定教育行政電子化基礎。

C.配合教育人力資料庫，發展教育行政決策系統。

D.配合師生人力資料庫，建置校務行政管理系統，強化行政支援教學功能。

(2)實施策略 2：建置教育行政電子化環境，提升教育決策效益。

A.提升行政電腦人機比例，促進教育行政電子化及教學研究發展。

B. 教育行政資訊軟體環境的建構。

(二)子計畫二：提升教育人員資訊素養

1. 推展目標 1：強化教育人員資訊能力，提升專業知能

(1)實施策略 1：持續辦理電腦專業及電腦應用研習。

A. 辦理電腦專業及電腦應用研習。

B. 每年辦理資訊教材設計競賽活動。

C. 辦理資訊安全研習活動。

D. 辦理教師簡易電腦維護研習活動。

E. 辦理推動校務行政電子化研習。

(2)實施策略 2：透過網路學習活動，提升教育人員專業知能。

A. 研訂網路進修要點。

B. 開設網路研習課程。

C. 與優質教育網站結盟，並鼓勵教師參與網路社群。

(3)實施策略 3：鼓勵教師參加資訊能力檢測。

逐年辦理教師能力檢測。

(4)實施策略 4：推動教師編製教學網頁。

A. 辦理教師教學網頁設計競賽活動。

B. 辦理教師網路教學觀摩。

2. 推展目標 2：進修制度電子化，激勵教育專業成長

(1)實施策略 1：優先晉用具電腦素養之教育人員。

優先晉用具電腦素養之教育人員。

(2)實施策略 2：透過電子化管理機制，提供進修訊息。

A. 建置研習管理資訊系統。

B. 建置教育人員專業進修網站。

(3)實施策略 3：訂定資訊知能進修獎勵機制。

研訂獎勵要點。

(三)子計畫三：推動資訊融入學科教學

1. 推展目標 1：整合數位教學資源，豐富學習內涵

(1)實施策略 1：整合本市資訊專長及教學專長人力，建置數位教學資源。

A.加強教育局資訊教育中心及國教輔導團的聯繫與教育輔導的功能。

B.設立重點數位教學資源中心，逐年充實內涵。

C.發展數位教學資源。

(2)實施策略 2：彙整與共享數位教學資源。

A.訂定教學資源分享及獎勵要點。

B.訂定教師分享資源的專業互動機制。

C.建置數位教學及資源分享平台。

D.保障分享教學資源的智慧財產權。

2. 推展目標 2：激發師生運用資訊創新教學活動

(1)實施策略 1：提升教師運用資訊融入教學的能力。

A.將資訊融入教學能力列為各級學校遴聘教師的標準。

B.辦理資訊融入各領域（學科）教學觀摩研習。

C.辦理教材與教學設計甄選活動，激發教師教學創意。

D.鼓勵學習領域與資訊教師合作，創新教學活動。

E.透過跨校聯盟等社群機制，分享推廣資訊種子學校的經驗。

(2)實施策略 2：利用資訊科技增進學生全方位學習。

A.規劃連貫性資訊教學課程，培養學生具備多元學習能力。

B.教師使用數位教材於教學活動設計及教學活動之中。

C.鼓勵學生應用各種資訊科技來輔助學習。

(四)子計畫四：培養學生資訊應用能力

1. 推展目標 1：實施多元實用的電腦課程，提升資訊基本素養

(1)實施策略 1：教導學生資訊與生活相關的知識。

A.編輯資訊與生活相關知識的綱要與參考教材。

B.將資訊與生活相關的知識列入基本能力測驗。

(2)實施策略 2：指導學生熟習電腦基本操作能力。

A.訂定各級學校學生應具備的電腦基本能力。

B.學校增加學生使用電腦的機會。

(3)實施策略 3：培養學生具備資訊搜尋及整理的能力。

A.學校應將網路資源搜尋列為電腦課程。

B.加強指導學生熟練使用各種網路搜尋工具及光碟資料庫。

C.加強指導學生資訊整理的能力。

(4)實施策略 4：加強指導學生熟練使用電子郵件。

A.學生擁有電子郵件帳號。

B.學生使用電子郵件傳遞訊息。

(5)實施策略 5：加強學生對網路倫理認知及具備智慧財產權的觀念。

A.教導學生網路的倫理概念。

B.教導學生網路的倫理知識。

C.教導學生智慧財產權的概念。

D.教導學生智慧財產權的知識。

E.導入自由軟體認知及應用的基本能力。

(6)實施策略 6：建立網路安全的認知觀念。

A.編輯網路安全課程綱要及參考教材。

B.將網路安全知識列入基本能力測驗。

(7)實施策略 7：培養學生資訊選讀的能力。

A.加強對網路不當資訊的防制。

B.指導學生選擇優良的網路資訊。

2. 推展目標 2：培養學生資訊技能，增進資訊應用能力

　　(1)實施策略 1：實施學生電腦基本能力測驗。

　　　　A.辦理學生電腦基本能力的檢測活動。

　　　　B.建置學生電腦基本能力的檢測網站。

　　　　C.各級學校應積極指導學生參與電腦基本能力檢測。

　　(2)實施策略 2：輔導學生參加資訊技能檢定。

　　　　A.提供各種資訊技能檢定的資訊。

　　　　B.每年舉辦各級學生資訊技能檢定活動。

　　(3)實施策略 3：推動學校班級網頁建置。

　　　　A.輔導各級學校推動班級網頁建置。

　　　　B.獎勵推動班級網頁績優學校及班級。

3. 推展目標 3：辦理網路學習活動，延伸學習空間

　　(1)實施策略 1：鼓勵學生參加網路學習活動。

　　　　A.推薦優良學習網站給各級學校。

　　　　B.輔導學生參與網路學習活動。

　　　　C.鼓勵各類網路競賽活動。

　　　　D.舉辦校園網路線上研討活動。

　　　　E.獎勵輔導學生參與網路學習活動績優的學校。

　　(2)實施策略 2：鼓勵學生成立資訊社團。

　　　　A.鼓勵成立學生資訊社團。

　　　　B.舉辦學生資訊社團活動。

4. 推展目標 4：鼓勵參與國際資訊交流活動，拓展國際視野

　　(1)實施策略 1：鼓勵中小學教師指導學生參與國外教育機構活動，進
　　　　行合作交流。

　　　　A.鼓勵學校建置雙語網站。

B.輔導中小學教師指導學生，並與國外學術機構進行合作交流。

(2)實施策略 2：鼓勵中小學教師指導學生參加國際性的資訊活動。

A.鼓勵參加國際性資訊競賽活動。

B.鼓勵參加國際性的資訊相關會議。

伍子計畫五：落實資訊教育終身學習

1. 推展目標 1：提升市民資訊素養，塑造網路化社會

(1)實施策略 1：辦理生活資訊活動，擴大市民資訊視野。

A.辦理資訊與生活學習活動，推動市民生活與資訊結合。

B.辦理市民資訊素養課程，提升資訊應用能力。

C.加強網路資訊倫理通識教育。

(2)實施策略 2：縮短數位落差，促進城鄉接軌。

A.提供文化不利地區各項學習資訊與活動，提升社區居民之資訊應用知能。

B.針對低收入戶、原住民及身心障礙等弱勢族群，提供資訊學習課程。

2. 推展目標 2：充實終身學習資料庫，延伸學習時空

(1)實施策略 1：建立終身學習資訊系統，提供市民完善學習訊息。

A.推廣短期補習班管理系統，提供市民補習教育現況及師資最新訊息。

B.建置市民學苑系統，記錄學習歷程，增進社區人力資源運用。

C.建立市民終身學習入口網站，整合終身學習網路資源。

(2)實施策略 2：充實終身學習教材庫，提供遠距學習服務。

A.整合教育機構擁有之數位教材資源。

B.將市民資訊素養課程教材數位化。

3. 推展目標 3：結合社區資源，建立親師生資訊學習社群

(1)實施策略 1：推動學校社區化，提供便捷的網路學習環境。

　　A.推動建置數位學園，整合各校遠距教學課程。

　　B.利用校園空間，建立公共資訊站。

　　C.整合社區特色及資訊科技，建立居民知識社群。

　　D.辦理校園無線網路對社區開放，促進社區的網路學習。

(2)實施策略 2：結合學校義工及父母成長團。

　　A.辦理社會服務義工，各類資訊教育成長活動。

　　B.結合學校義工及父母成長團，延伸校園資訊服務。

···→ 三、經費需求

本計畫高雄市政府教育局預估總經費為 10 億 8,280 萬元，以四年時間完成本計畫中各個子計畫。各子計畫預估之經費如表 6-4-2。

表 6-4-2　高雄市政府教育局資訊教育白皮書（94）經費預估表

（單位：千元）

計畫項目	預估經費
子計畫一：建立優質資訊教育環境	961,000
子計畫二：提升教育人員資訊素養	28,600
子計畫三：推動資訊融入學科教學	35,200
子計畫四：培養學生資訊應用能力	31,600
子計畫五：落實資訊教育終身學習	26,400
合計	1,082,800

參考文獻

台北市政府教育局（民87）。**台北市資訊教育白皮書**。台北：台北市政府教育局。

台北市政府教育局（民90）。**台北市資訊教育白皮書第二期計畫**。台北：台北市政府教育局。

何榮桂（民88）。教育部「資訊教育基礎建設計畫」與北、高兩市「資訊教育白皮書」簡介。**資訊與教育，70**，2-8。

何榮桂、陳麗如（民90）。中小學資訊教育總藍圖的內涵與精神。**資訊與教育，85**，22-28。

高雄市政府教育局（民87）。**高雄市資訊教育白皮書（87年）**。高雄：高雄市政府教育局。

高雄市政府教育局（民94）。**高雄市資訊教育白皮書（94年）**。高雄：高雄市政府教育局。

國立台中高級工業職業學校（民90）。資訊教育的課程發展。**臺灣工業職業教育五十年**，172-179。

教育部（民90）。**中小學資訊教育總藍圖計畫書**。教育部編著。

學術研究

　　本章主要是介紹電腦科技在教育上應用的研究。國科會各學術業務處大多會支持電腦科技相關的研究計畫，但是，補助電腦在教育上應用的研究計畫，主要在科學教育處（以下簡稱科教處）。本章所討論的學術研究，主要在介紹科教處過去二十幾年所規劃及學術界進行資訊學術相關研究的情形，並介紹「數位學習國家型科技計畫」相關的數位學習研究情形與成果。

　　民國七十一年八位元個人電腦剛在我國問世，且電腦輔助教學也開始受國內學術界注意，科教處為探討利用八位元個人電腦發展電腦輔助教學的可行性，於是年推動一個電腦輔助教學試探性實驗計畫。之後，該處補助一系列電腦輔助教學基礎研究，嘗試探討電腦輔助教學在國內進行的成效、研發課程軟體所需的編輯工具、研究電腦在數理科的實驗教學。到民國八〇年代，隨著學習理論的引進和電腦科技的進步，電腦輔助教學演變成以學生學習為主的電腦輔助學習，科教處於是規劃一系列研究，探討各種學習理論在電腦輔助學習的應用、智慧型電腦輔助學習系統與電腦應用於學習之後對學校的衝擊等研究。在網路應用日漸成熟之後，電腦輔助學習便轉型為數位學習，電腦在教育上應用的研究也轉為重視網路數位學習平台、數位學習內容、合作學習、數位學習環境建構與數位學習系統管理等領域。在此同時，科教處為有計畫地支持學術研究，開始推展「資訊教

育學門規劃」，長期且有計畫地支持系統的學術研究，並與教育部推動「目標導向」研究計畫。

民國九十二年，行政院責成國科會推動第一期「數位學習國家型科技計畫」，為期五年，期以數位學習提升我國的國際競爭力、促進我國數位學習產業的發展、提升我國的學術地位、促成實質的國際合作及增進社會福祉（國家科學委員會，民95）。除支持學術界對教育軟體開放碼設計、數位學習前瞻及基礎研究、數位學習內容、對外華語文數位學習推動等研究，並規劃各部會配合其政策之推動，進行數位學習相關計畫。

上述學術研究有其前後延續，也有其交互重疊之處，為方便介紹，乃將其分為三節，分別為「電腦輔助教學」、「資訊教育」及「數位學習」。第一節主要在說明自民國七十一年到八〇年代，有關電腦輔助教學與網路電腦輔助學習的研究成果。第二節「資訊教育」主要介紹國科會科教處在八十年以後，「資訊教育學門規劃」所支助的學術研究成果，以及科教處與教育部共同規劃的「目標導向」研究計畫。至於第三節「數位學習」主要介紹「數位學習國家型科技計畫」中，由「數位學習國家型科技計畫」辦公室對外徵求計畫的情形與執行成果。

→ 第一節 電腦輔助教學

有關資訊教育的學術研究，國科會最早支持的是在電腦輔助教學方面。國科會科教處於七十一年進行電腦輔助教學研究計畫，探討利用八位元 Apple II 電腦進行電腦輔助教學的可行性。之後科教處規劃一系列「電腦科技於科學教育之應用」計畫，支持學術界進行電腦輔助教學的研究。同時為追蹤考核計畫的進行，提升研究水準，科教處並推動一些配套措施。

···→ 一、「電腦科技於科學教育之應用」方面的研究

國科會推動的計畫可分為五個重點：

(一)電腦應用於數理科教學研究

國科會在「電腦應用於數理科教學研究」的規劃，依據美國科學教師協會在一九八四年「電腦在科學教育」（computer in science education）的部門規劃，採用 Goldberg 和 Sher Wood（1983）（引自郭允文，民 76）闡述的電腦在教育系統內所扮演的五種角色：

1. 學生自電腦中學習（learning from computer）：包含電腦輔助教學的練習式（drill and practice）和教導式（tutorial）兩種形式。

2. 學生與電腦共同學習（learning with the computer）：利用電腦特殊的功能進行三種教學技巧，即模擬（simulation）、遊戲（game）及資料蒐集（data collection/reduction）。

3. 關於電腦的學習（learning about computer）：此即培養學生的電腦素養，如介紹電腦的硬體系統、軟體程式、微電腦的操作及電腦對社會的影響等。

4. 與電腦一起思考的學習（learning about thinking with computer）：利用電腦當作「一起思考的工具」，幫助學生思考以解決問題。

5. 電腦管理學生的學習（managing learning with computer）：教師利用電腦進行文書處理、製作測驗、計算成績及學生出席情形管理等工作，以便老師有更多的時間用於教學。

自民國七十一到八十二年間，國科會推動此項研究計畫分為兩個重點，即：「試探實驗計畫」和「基礎研究」，茲分別說明如下：

1. 試探實驗計畫

(1)國中數理科電腦輔助教學實驗計畫

對象：國民中學學生

期間：民國七十一年四月至七十五年六月

第一期：七十一年四月至十月，為試探性實驗計畫，每科設計一個單元。

第二期：七十一年十一月至七十五年六月，進行實驗發展性計畫（pilot plane）。

七十一年十一月至七十三年六月進行教材軟體腳本設計。

七十三年七月至七十四年六月委託朱延平與戴建耘教授利用編輯工具製作教材軟體。

七十四年七月至七十五年六月委託台灣師範大學吳鐵雄教授進行教材軟體評鑑。

科目：國中數學、物理、化學，及生物四科，每科各 10 個單元。

數學：趙文敏、楊壬孝教授及儲啟政、胡天爵、胡家祥、翁美鳳老師。

物理：毛松霖、郭重吉、江德曜教授及楊江淮、王昌輝、羅素貞、高鐘、李偉老師。

化學：黃長司、蕭次融教授及曾干城、張敏雄、朱玲玲、黃萬居老師。

生物：楊冠政、曾文雄、鄭湧涇教授及楊運博、莊小萍、陳瑞薰、梁淑華、林文鑑、林伶之、郭文琛老師。

設計方式：試探教導式（tutorial）、模擬式（simulation），及遊戲式（gaming）。

主要成果：

A. 初步設計國中數學、物理、化學及生物每科各 10 個單元教材軟體。

B. 培育 CAI 教材軟體設計人才 30 人。

C. 試探教導式、模擬式與遊戲式教材軟體設計之原則及模式。

D. 規劃設計 CAI 中文輸入系統及程式。

E. 規劃設計中文 CAI 教材軟體書寫表格系統。

F. 規劃設計各單元教材軟體設計說明之格式。

G. 探討 CAI 教學實驗評估之模式。

⑵教育部與國科會合作推動電腦輔助教學計畫

本計畫為呼應七十二年國家建設研究會「電腦教育與教學組」針對
國內電腦輔助教學的發展所提出之建議，而由行政院指示教育部與
國科會合辦的計畫，此計畫詳細內容請參見第三章。

2. 基礎研究

自民國七十年之後，電腦科技在我國蓬勃發展，其在教育上的應用也
日漸普及，國科會自民國七十三年起，開始補助各公私立大學教授進行有
關電腦應用的專案研究計畫，至七十六年，總共補助 51 件，依其性質可分
為以下幾類（郭允文，民 76）：

(1)電腦輔助教學

電腦在教育上的應用最主要的一項便是在教學上的應用，因此，國
內研究者一開始便將重點放在電腦輔助教學的領域。此項研究成為
國科會補助研究的主要項目，包括幾個方面：教學軟體設計理論研
究、教學軟體設計與實驗、中文編輯工具及系統研究、電腦與其他
教學媒體之配合及專家系統應用於電腦輔助教學等（郭允文，民
76）。

(2)電腦與數學實驗

國科會在民國七十四年時推動「數學教育合作研究計畫」，其中規
劃一項研究主題就是「電腦與數學實驗」，主要重點在探討如何利
用電腦進行數學實驗。研究計畫多數為大學數學課程，包括線性代
數、微分方程及數論等。

(3)電腦輔助自然科實驗

國科會科學教育處為推動開創性的實驗計畫而深耕於基礎研究，期
望電腦科技產物能被充分利用於我國各級學校的數理科教學，乃有
此項計畫。惟此規劃所產生的實際計畫數並不多，自七十三至七十
七年，四年間總共只有四個計畫（郭允文，民 78）。

有關基礎研究，國科會自民國七十三至七十六年所補助的研究
計畫數的統計，如表 7-1-1。

學術研究

表 7-1-1　七十三至七十六年度「電腦應用於數理科教學」研究計畫數量統計

計畫類別	73 年	74 年	75 年	76 年	合計
電腦輔助教學	9	9	6	10	34
電腦與數學實驗	0	6	6	3	15
電腦輔助自然科學實驗	0	1	0	1	2
總計	9	16	12	14	51

(二)電腦輔助學習研究

期間：民國八十二至八十七年。

規劃背景：

1. 教育工學背景的學者回國人數增多。

2. 資訊方面的研究人員開始注意電腦輔助教學領域。

3. 電腦網路開始使用。

規劃重點：利用電腦科技開闢一個合宜的學習環境，以改變過去以電腦協助老師教學為主的情形，成為以輔助學生學習為重點。

此項計畫分三個主題（郭允文，民 86a；王瓊德、郭允文，民 90）：

1. 電腦輔助學習與各學科教學

研究期間為民國八十二至八十六年。

初期本主題較偏重基礎性研究，由台灣師範大學洪榮昭教授負責協調推動。主要探討在電腦環境中，針對不同知識特性和不同學生特性，研究較佳的學習策略。

到八十六年，由於網路應用盛行，研究重點偏向探討利用網路環境進行數理科學習的合適模式，強調合作學習、專題導向及解決問題導向。在本項計畫所發展的主要系統有（郭重吉、郭允文，民 87）：

⑴台北市立師範學院國小核心單元（合科）。

⑵中央大學蔡義本、陳裴卿、江火明主持的「中學地球科學教育」。

(3)台灣師範大學左台益主持的「動態幾何暨遠距教學」。

(4)成功大學陳立祥主持的「臨床個案電腦輔助學習系統」。

(5)台灣大學的「社區醫學遠距學習系統」。

(6)中原大學賀嘉生與雲林科技大學黃永廣所主持的「物理網路實驗室之研究」。

2. 智慧型電腦輔助教學系統研究

研究期間為民國八十二至八十六年。

有感於在傳統的電腦輔助教學學生只能以相同的學習路徑學習相同的教學內容，無法達到因材施教的適性教學目標。因此，國科會規劃此研究主題是一個較具前瞻性的主題。以期結合資訊、教育、心理及科教等的人力，探討運用多媒體網路交談式視訊和人工智慧等高科技產品為工具，結合學術理論研究的成果，建置較佳的學習環境，協助學生有效學習。

本項研究由台灣師範大學資訊教育系邱貴發教授及中央大學資訊工程系陳德懷教授一起推動，參與此項計畫的教授多數為資訊工程背景者，進行有關「社會型合作學習」與「遠距合作學習」等相關研究。其主要研究重點包括三方面（郭允文，民 86a）：

(1)智慧型電腦輔助學習系統研究

探討應用最新的資訊技術與人工智慧技術，發展能使學習更方便、學習興趣更能持久，及學習更有效的環境。主要研究計畫有：

A.彰化師範大學趙銘總主持的整合型計畫「迷思概念診斷與科學學習系統」。

B.台灣大學莊志洋總主持的整合型計畫「電玩式電腦輔助學習研究」。

C.台灣師範大學邱貴發總主持的整合型計畫「學生知識診斷矯治學習研究」。

D.中正大學游寶達與襲充文總主持的整合型計畫「心智模式取向之智慧型電腦輔助學習系統研究」。

(2)社會型學習

電腦廣泛應用之後，個人較易趨向獨立，但有效的學習需要在社會環境中進行，本項研究在探討如何在電腦環境中建立較適合之學習環境。主要計畫有：

中央大學陳德懷主持的整合型計畫「社會型態學習環境研究」。

(3)遠距學習

八十二年時網路應用雖然尚不普遍，但遠景看好，本項計畫在探討如何利用網路和電傳視訊等技術，開闢遠距學習的較佳環境。主要研究計畫有：

A.交通大學孫春在主持的整合型計畫「遠距合作學習環境研究」。

B.台南師範學院吳鐵雄主持的整合型計畫「遠距教學系統於國民小學應用之研究」。

「智慧型電腦輔助教學系統研究」計畫建立了幾個具有智慧功能或學習社群的系統，主要成果有：

(1)中央大學陳德懷主持的整合型計畫「LISA 系統」。

(2)交通大學孫春在與袁賢銘主持的整合型計畫「CORAL 系統」。

(3)中正大學游寶達與龔充文主持的整合型計畫「心智模式導向智慧型電腦輔助診斷學習系統」。

(4)台南師範學院林奇賢與吳鐵雄主持的整合型計畫「智慧型網路學習系統」。

3. 電腦輔助學習實施之研究

期間為民國八十二至八十三年。

本主題旨在探討電腦在學校教育的應用，希望能了解電腦到學校後，實際應用的情形及可能的應用潛力（王瓊德、郭允文，民 90）。

本項計畫由台南師範學院吳鐵雄校長負責推動。

主要成果有：

(1)台南師範學院吳鐵雄主持的整合型計畫「遠距教學系統於國小之應

用」。

(2)嘉義師範學院鍾樹椽主持的整合型計畫「電腦輔助教學應用在特殊兒童之學習」。

(3)空中大學陳義揚主持的整合型計畫「網路應用於空中教學」。

4. 遠距科學教師輔導系統研究

期間為民國八十五至八十八年。

本主題探討如何以網路進行數理科教師的輔導，以提升教師教學品質。進行的計畫有（郭重吉、郭允文，民 87）：

(1)數理教師遠距實習輔導系統：國中數學、生物、數理化、生活科技、中學資訊、小學自然科及高工。

(2)遠距數理教師輔導系統：小學自然。

(3)數理教師進修系統：中學數理科。

(三)網路科學教育研究計畫

期間為民國八十七至八十九年。

本階段的主要重點在發展學習科技（learning technology），以學習觀點洞察科技對教育的衝擊，可整合遠距學習、資訊教育及電腦輔助學習等研究領域，探討運用多媒體、交談式視訊及人工智慧等資訊技術，以研究發展在電腦網路上協助學生學習數理科之系統，逐步轉化中小學各學科的學習、教學模式與學習環境（郭重吉、郭允文，民 87）。

本項計畫徵求的研究重點須結合科學教育、資訊及心理三方面的人才，而且，每個計畫的內容須注意下面幾點：

1. 選擇中小學數理科特定內容為系統教學內涵。

2. 選擇特定之學習理論（或學習策略）為系統教學設計之基本理念。

3. 選擇已有之軟體技術或開發特定之軟體技術（以含智慧型為宜）為系統環境。

4. 各系統須包含實驗試教及評估部分。

此研究計畫的研究重點項目包括：

1. 網路上的科學學習環境研究

此項研究多數屬於學習資源庫的研究：

(1)應提供學生查詢資料、解答疑問及分析整理資料之環境。

(2)解決問題時所需之資料查詢。

(3)訓練學生查詢、分類及整理資料，並建立查詢系統。

(4)數位資料視覺化，將儀器實驗蒐集之數位性資料轉化成視覺化的資訊，提供學習者學習之參考資料。

2. 科學知識建構環境研究

(1)科學知識建構系統：發展以「專題導向」（project-based）或「問題導向」（problem-based）為基礎的科學知識建構、科學過程技能培養系統及高層思考能力發展。

(2)學習情境模擬：利用電腦進行真實情境模擬、科學實驗模擬及抽象概念模擬。

(3)學習資料庫：以所蒐集的學生學習資料建立學生模組，利用人工智慧技術建立專家系統，以用來診斷學習歷程。

(4)網上學習理論研究：網路上的知識建構、合作學習的型態及理論研究。

(5)虛擬科學學習館：網路上研究建立虛擬的科學教室、科學實驗室、科學博物館及科學圖書館等，以提供七至 70 歲學習者學習科學。

本研究主題所進行的研究計畫有：

台灣師範大學左台益與邱美虹為總主持人的整合型計畫「網路虛擬環境中國中生科學學習模式之研究」。

3. 網路上的科學教育評測研究

此項研究包括科學學習情況評測、科學學習興趣評測、科學素養及關切度調查等。

本項主題的主要研究計畫有：

交通大學周倩為總主持人的整合型計畫「網路學習與評量系統之研究」。

㈣網路科技對教育的影響

期間為民國八十七至八十八年。

為探討網路科技引進各級學校或非學校教育體制後，對教師、學生（學習者）、行政人員、家長及整個教育方式等所帶來的衝擊，所產生的正負面影響及如何因應等，期由研究中獲致可作為未來教育政策釐定時，研判利弊得失、權衡優先緩急的參考（王瓊德，民89）。因此，國科會於八十六年十月主動邀集學者專家分別對：⑴各類教育改革政策研析；⑵未來教育需求研析二項主題分組進行規劃研議。其中第二項主題的規劃委員考慮資訊科技的快速發展帶來新的學習環境，而網路科技對教育的衝擊，除了學習、教學、課程、學年及教師等實務的層面外，對於教育理念價值觀和教育目標也會有深遠的影響（王瓊德、郭允文，民90）。最後規劃委員對國科會提出「教育改革政策研析──未來教育需求研析」報告（張一藩等，民86）。其中網路科技對教育的改造、影響及教育政策的因應等，為重要優先研究的主題之一。

國科會乃依據此研究建議，優先選定「網路科技對教育的影響研究」主題，對外徵求研究計畫，期望從班級、學校、制度及非學校教育等層面，探討網路科技將帶給教育的衝擊。其研究重點包括下列七項：

1. 網路科技在教育體系中推動的環境、條件及阻礙。
2. 學習形式與方法的調整。
3. 教學內容（課程與教材）之分化與統整。
4. 教師素養與培育問題。
5. 學制的調整。
6. 教育文化的輸出與輸入。
7. 弱勢者的學習。

本項規劃案經國科會邀請國內科學教育、資訊及心理方面專家學者召開推動會議，研議組成研究群以整合型研究計畫方式進行，各計畫必須自國小國中高中職等學校中，選定一所已有網路設備之學校作為進行研究之個案學校，或選定已有網路設備之非學校場所作為進行研究之環境。最後選定下面四群整合型計畫：

1. 台灣師範大學鄭湧涇主持的「網路科技對高中教育影響之研究：個案研究」。

2. 台南師範學院吳鐵雄主持的「網路科技對國小教育影響之個案研究——以高雄縣潮寮國小為例」。

3. 高雄第一科技大學楊啟航主持的「教育政策研析：網路科技對非學校教育之影響」。

4. 交通大學周倩主持的「我國學生電腦網路沉迷現象之整合研究」。

(五)遠距科學教師輔導系統研究

期間為民國八十五至八十八年。

有鑑於資訊科技電腦網路發展迅速，如何運用電腦網路進行數理教師的輔導工作，將是重要且具前瞻性的研究題目（郭允文，民 86b），國科會開始委請彰化師範大學邱守榕教授規劃本項研究主題，試著探討在網路上可進行的科學教師輔導模式及其可行性。

本主題探討如何以網路進行數理科教師的輔導，以提升教師教學品質（郭重吉、郭允文，民 87）。其研究重點分兩大項（郭允文，民 86b）：

1. 數理教師遠距實習輔導系統。

2. 遠距數理教師輔導系統。

本項規劃案於八十五年對外徵求計畫，獲致不錯的迴響。經兩階段審查後，共有七個整合型計畫通過，並自八十六年八月開始執行（郭允文，民 86b）：

1. 台灣師範大學林金盾、林陳湧為總主持人的「生物科實習教師遠距輔導系統研究」。

2. 彰化師範大學黃世傑、陳瓊森總主持的「國中數理教師運用網際網路輔導系統之研究」。
3. 高雄師範大學柳賢、邱鴻麟總主持的「遠距教學系統輔助數理科教育培育及進修之研究」。
4. 台北市立師範學院王美芬、賴阿福與台北師範學院熊召弟共同總主持的「國小自然科教師遠距輔導整合研究」。
5. 台灣師範大學邱貴發總主持的「遠距資訊實習教師輔導研究」。
6. 高雄師範大學曾國鴻、林建仲共同總主持的「國中生活科技實習教師電腦網路遠距輔導研究」。
7. 台灣師範大學謝文隆總主持的「電腦網路輔導高職工業類科實習教師之研究」。

⋯→ 二、審查考核

(一)審查

　　國科會對各大學教授或研究機構研究人員所提出的一般研究計畫申請案，一向建立完整的審查制度。通常由各該計畫相同領域的學者進行審查，再由各領域資深教授所組成的複審委員就審查結果進行複審，以決定可以補助的研究計畫。

　　但是，對於該會科學教育處為科學教育整體發展所特別規劃的研究計畫，便會有一套更完整的審查制度。通常依不同時期推動之計畫重點，進行專家審查作業，並且視計畫之內容組成複審委員群，自申請者所提計畫構想至詳細計畫間，進行嚴謹的審查過程。每個步驟均充分傳達與提供申請者與審查委員之間良好之互動。例如：申請人現場簡報計畫內容，並答詢委員所提問題、專家建議與意見之轉送，及申請人多次補充說明與再送審等。使申請人於此過程中，更了解徵求計畫之重點內容方向，及其他專家學者對計畫之建議，而能自我成長並重新思考計畫內容（王瓊德、郭允文，民90）。

(二)考評

1.成果評估

「電腦輔助學習研究」推動的第二階段，為使計畫成果與研究內涵能快速提升其國際水準，並促進學術交流，自八十二年起，國科會開始啟動為期三年的研究成果報告評估機制。要求研究計畫主持人將研究成果寫成英文論文，送請各該領域的國外專家學者審查。

此項評估機制分兩種方式：第一年（八十三年）邀請國外學者來台參與成果討論會，並發表專題演講與評論成果；第二年開始，則以書面方式進行，由國外學者提出建設性建議，包括再修正加強或繼續研究及論文投稿方向等意見，供計畫主持人參考。經此評估過程，使本項研究計畫能快速成長，提升研究水準，並於國際期刊發表多篇論文。

2.成果討論會

國科會科教處於計畫執行結束後，每年均召開成果討論會，請研究主持人就研究成果提出報告，邀請複審委員與會，並就研究過程與結果提問題與主持人進行討論，提供研究者交流與互相學習的平台。會中除主持人報告計畫執行成果外，還包括計畫所研發的電腦系統展示，提供與會人士參觀切磋與互動研討。

▶ 第二節　資訊教育

有關資訊教育政策之推動屬教育部之職責。國科會科學教育處為鼓勵學界對資訊教育學術進行相關研究，作為教育部推動資訊教育之參考，乃進行資訊教育學術研究之學門規劃。而該處的「資訊教育學門規劃」，採廣義的「資訊教育」意涵，其內容也包括數位學習。

科教處在推展其資訊教育學門業務時，每年規劃數位學習重點研究項目對外徵求研究計畫，這項業務於九十二年開始與「數位學習國家型科技

計畫」結合，因此，數位學習對外徵求研究計畫部分將在第三節數位學習中說明。同時，該處為了研究成果能落實於實際教育工作，與教育部共同規劃「目標導向計畫」。另外，教育部也與該處規劃「大學學術追求卓越發展計畫」。本節分別就這三大方面說明其研究規劃與成果。

┅→ 一、學門規劃

本規劃之目的在面對二十一世紀即將來臨的變遷極快之資訊社會，對於未來所需之資訊教育的需求做一整體性、前瞻性之規劃，建議之重點研究項目如下（郭允文，民 83）：

(一)需求部分

從技術進步、經濟發展、社會價值、文化整合及個人生涯等觀點，考慮時間性、地域性、目的性及連貫性，進行國小、國中、高中及高職各階段的資訊教育需求。

(二)現況部分

進行我國中小學資訊教育現況調查與研究計畫，可包含：政策層面的資訊教育發展過程研究、現行教材內容分析、設備現況調查、資訊教育之實施現況、評量方法與內容、資訊教育對學生思考能力之影響及教師和行政人員之資訊觀念與素養等項。

(三)師資部分

短期內先進行各級學校資訊教師教學知能及資訊教師現況調查研究，再進行如何加強資訊教師教學知能、教師檢定模式與工具研究及在職訓練與複檢制度研究等項。

(四)教學實驗部分

進行多元化資訊教材研究，如：科技整合式、STS 式、類比式、資訊

實驗及多元計算機概論課程模式等；資訊學習障礙研究，如：資訊概念學習、先備知識、情意因素、學習習性及學習策略對資訊學習的影響等。

···→ 二、目標導向計畫

行政院國家科學委員會為有效整合運用國內相關研究資源，並將學術研究落實於教育實務層面，乃邀請教育部相關單位，包括國教司、中教司、高教司、技職司、顧問室、電算中心及環保小組，針對國內科學教育重要問題，自八十九年起共同規劃推動「目標導向研究計畫」。其分年規劃重點如下：

㈠八十九至九十一年

這三年所徵求的目標導向研究計畫共計七項主題，分17項研究重點項目。七項主題為：

1. 中小學科學課程、學習與教學。

2. 中小學師資培育。

3. 技職教育。

4. 大學教育。

5. 科學與技術創造力之培育。

6. 資訊教育。

7. 環境教育。

其中，與資訊教育有關的「資訊教育」的三項重點研究項目如下：

⑴資訊融入教學應用之影響因素探究

本項計畫的研究重點在於與中小學學校合作進行研究，選擇一學習領域或學科為範圍，探究三至五種融入教學模式之實施影響因素：

A.教師應具備資訊基本素養或能力影響探究。

B.學校行政配合度需求之影響探究。

C.網路建設、軟硬體需求之影響探究。

D.學生學習行為的影響探究。

(2)資訊科技對教育之影響探究

本計畫的研究重點為：資訊教育之推動對於中小學師生在教育、學習、心理及人格發展等層面的正、負面影響與現象探究。

(3)網路法律常識相關教材教案製作

主要在了解中小學師生應用網站資源現況，探究師生之網路法律常識需求，針對學習階段發展適當的網路教材及教案。

另外，在「中小學師資培育」也有一項重點研究項目，即「師院資訊教育教學改進」。

八十九至九十一年這三年間，有關目標導向的研究計畫數量，統計如表 7-2-1。

表 7-2-1　八十九至九十一年目標導向研究計畫數量統計

	89 年	90 年	91 年	合計
師院資訊教育教學改進	0	1	0	1
資訊融入教學應用之影響因素探究	4	1	5	10
資訊科技對教育之影響探究	5	6	3	14
網路法律常識相關教材教案製作	0	0	7	7
總計	9	8	15	32

(二)九十二年

九十二年與教育部合作的目標導向研究計畫的規劃與前三年略有不同，本年度的規劃分兩大範疇，共計五項主題，包括八項研究重點項目：

1. 學校教育

(1)中小學科學教育

中小學科學教育環境調查研究。

(2)技職教育

　　A.技職學校科技專業能力指標之建構。

　　B.技職校院產學合作運作模式與策略。

(3)大學教育

　　A.大學評鑑制度及工具之發展：自然科學類、工程學類及人文法政學門。

　　B.建立大學基礎數學與統計學學力指標之相關研究。

2. 重點議題

(1)創造力培育

　　建構創新學習氛圍與教學策略之相關研究。

(2)資訊教育

　　A.應用資訊科技於教學之影響因素探究

　　　本項計畫的研究重點主要在探究中小學應用資訊科技於教學的實施案例，針對一學習領域或學科之主題分析其學門特性、教師專業、教學環境及行政配合等主、客觀因素的影響，例如：

　　　(A)課程特性之探究。

　　　(B)應具備的資訊基本素養或能力之影響探究。

　　　(C)學校行政配合度需求之影響探究。

　　　(D)網路建設、軟硬體需求之影響探究。

　　　(E)學生學習行為的影響探究。

　　　(F)資源與支援之需求探究。

　　B.專科以上學校教師從事數位學習發展之獎勵機制研究

　　　本計畫的研究重點包括：

　　　(A)探討針對我國數位學習國家建設，大專院校教師應扮演的角色與任務為何。

　　　(B)探討目前大專院校教師從事網路教學、教材教案設計或系統研發的意願及面臨的困難與問題為何。

(C)教師以數位學習研發成果或成就與教師升等結合之實施做法具
　　體建議。

(D)獎勵措施與機制方案之規劃。

　　有關資訊教育的研究計畫在「重點議題」中「資訊教育」的兩項研究
項目。本年度的計畫數，如表 7-2-2。

表 7-2-2　九十二年目標導向研究計畫數量統計

	92 年
應用資訊科技於教學之影響因素探究	5
專科以上學校教師從事數位學習發展之獎勵機制研究	4
合計	9

┅→ 三、大學學術追求卓越發展計畫

　　本計畫是民國八十八年由教育部與國科會合力推動，其中由國內幾個
大學共同提出的「學習科技──主動社會學習及其應用，從台灣到全世界」
的計畫，從八十九至九十三年，共為期四年。研究的領域包括（財團法人
資訊工業策進會，民 95）：

1. 對網路學習模式的探索：如探究式學習、使命式學習、主題式學習，
　 及鷹架式學習。

2. 研發新穎的行動學習模式：如高互動教室、隨意教室、博物館導覽
　 行動學習及野外自然生態行動學習等。

3. 建立亞卓市網路學習社群：為全世界最大型的實驗性教育網站，包
　 括「亞卓鎮」（2,500 多所學校）、「亞卓村」（25,000 個班級）、
　 「全民學校」（3,000 多門線上課程）、「夫子學院」（1,600 多名
　 學校教師）以及「網路科展」等。

→ 第三節　數位學習

有關電腦在教育上的應用研究，我國從早期的電腦輔助教學，到智慧型學習系統、網路學習系統，再到近幾年的數位學習、無所不在的學習環境與行動學習，累積頗為豐碩的研究成果。這些研究主要是由國科會科學教育處的學術研究計畫、「數位學習國家型科技計畫」與卓越計畫所推展的研究。

國科會科學教育處自從成立以來，隨著我國電腦科技的發展與應用，一直支助學者進行個別研究，或做學門規劃，提出研究主題徵求研究計畫，其對學術研究的支持是長期性與延續性的，尤其是電腦在教育上的應用研究，從電腦輔助教學到數位學習或行動學習，實無法加以切割。這幾年有關數位學習的研究計畫也都歸屬於「資訊教育學門」。

在知識經濟時代，我國為全面落實資訊化社會，推動資訊應用與研究，遂於民國九十二年責成國家科學委員會推動「數位學習國家型科技計畫」，第一個五年計畫執行期間為民國九十二至九十六年。「數位學習國家型科技計畫」的目的是希望借助政府政策引導，推動全民數位學習，縮減數位落差，以提升在知識經濟時代國家整體競爭力；並藉此布建新的基礎建設，凝聚新的動力，帶動新一波的學習科技學術研究；同時整合國內上、中、下游研發能量，以全民數位學習所激發的全面性需求，與政府必要之獎勵優惠之措施，帶動國內數位學習產業，進而促進整個數位內容產業的發展（國家科學委員會，民 91）。「數位學習國家型科技計畫」共分兩個部分，第一個部分是公開向學術研究單位與產業界徵求前瞻、創新與具實際應用的研究計畫；第二部分是由各個部會根據本計畫的精神，提出推動其業務需要的數位學習計畫。

壹、數位學習國家型科技計畫整體計畫之規劃——學術篇

我國自民國九十二年開始，推動第一期「數位學習國家型計畫」的五年計畫。本國家型計畫之國科會部分，特別鼓勵科教及工程或其他領域教授合作共提整合型計畫，第一期預定執行三年，本計畫屬於國家型計畫中「技術與基礎研究組」，此組包括三個分項計畫：行動學習載具與輔具——多功能電子書包、前瞻數位學習技術研發及數位學習之學習與認知基礎研究（國家科學委員會，民91）。這三個分項計畫的徵求重點由「數位學習國家型科技計畫徵求書」摘錄如下：

⋯→ 一、行動學習載具與輔具——多功能電子書包分項

行動學習載具包含載具軟硬體平台、各種學習應用平台、軟體開發工具及學習內容等。學習輔具則為載具之周邊設備，用以增加載具之使用功能。本分項計畫研究重點含：

(一)行動學習載具作業平台及其應用系統之研發

在行動學習載具上研發適於行動學習的嵌入式系統及技術，以支援各種教學應用平台。系統部分包含嵌入式平台作業系統、OEB電子文件閱讀器、長短程無線通訊智慧型代理人等。嵌入式系統應考量學習載具的特殊應用範圍，其系統應可存放於flash記憶體中。教學應用系統之研發包含：符合國際標準（如SCORM/HTML/ XML/XrML等）多媒體電子書包教學應用平台之研發、各種教學法則教學平台之研發，及數位教材開發工具等。

(二)學習工具及數位內容的開發

以行動載具為主要學習工具的數位化教材，應經適當的設計，使其適合於個人化學習與群體化學習的情境。此外，由於教學情境、學習工具及內容的變革，搭配的教學與學習工具也應重新開發，包括群體教學、個人

學習及評量工具等，方能使教師在資訊科技的協助下，得以發揮更好的教學效能，進而提升學生的學習成效。

(三)行動學習理論研究

當行動學習載具成為教學中學生所使用的主要工具後，以行動學習載具為本的數位化學習模式與教材的基礎研究就顯得十分重要。其主要內容包括：探究行動學習載具的媒體特性、優勢、限制、教育應用及其可能影響（認知心理、社會心理）；探究適用於行動學習載具媒體特性的理論與方法；探究行動學習載具對不同學習對象的教學與學習需求；探究行動學習載具對不同學科的教學與學習需求；探究行動學習載具對不同情境（家庭、學校、戶外、學習中心及課內課外）的學習需求；群體同步與非同步評量方式研究等。

(四)行動學習模式及教學活動示範

本項工作將先依據各項教學、學習及認知理論，界定行動學習載具應具備之功能與各種可能使用方式，再進而結合教學、學習工具及數位內容，進行各種應用模式的實務探討及教學活動示範。其主要內容包括：探討各種行動學習模式的應用，及為特定對象、學科、情境帶來的學習助益與成效；學習歷程分析技術研究；學生應用行動學習載具學習的認知模型。

(五)學習輔具的設計、研發與應用

行動學習載具須搭配下列四項研究內容以構成完整之數位學習輔具架構：(1)與學科相關之數位化學習輔具；(2)與行動學習載具連結之相關周邊設施；(3)認知學習代理人；(4)為身心障礙者設計之特殊功能輔具。

⋯→ 二、前瞻數位學習技術分項

(一)開放程式碼數位學習的環境與工具設計

開放程式碼（open source）是一種程式碼開發的精神，強調使用者之程式碼修改權，累積眾人之力量開發軟體。本子計畫將依開放程式碼之精神，開發各類數位學習之軟體。

(二)平台相關前瞻技術

經營一個成功的數位學習平台需要的前瞻技術，包含多項資訊與企業e化技術的研發與應用。重點包含：

1. 設計階層式學習平台，並研究數位廣播電視技術（DVB）架構、規格與相關技術。
2. 分析經營平台所需流程，並設計基本通路結構。
3. 建立個人化的學習歷程檔案管理，及數位學習流量分析模型。
4. 研究分散式使用者管理的相關技術之需求。
5. 透過高速網路骨幹整合分散式異質平台數位學習資源。

(三)內容相關前瞻技術

1. 數位學習內容物件庫之前瞻性技術

研發數位學習內容的存取，數位學習內容在資料庫或資料倉儲中要如何建立關聯。

2. 配合前瞻數位學習模式之示範性內容

研發如何配合前瞻數位學習模式，開發相對應之示範性內容。

(四)前瞻數位學習軟體工具

本子計畫之目的在於從工具面及多媒體內容之層面來與其他子計畫互

補，構成完整之前瞻性技術架構。

1. 建立智慧型多媒體學習玩具之基礎技術。
2. 研發用於輔助學習之網路虛擬實境技術。
3. 研發評量診斷系統，及技能檢定模式系統。

→→ 三、數位學習之學習與認知基礎研究分項

本分項計畫從學習與認知的角度切入，進行數位學習相關的基礎研究工作，並預計建置與數位學習相關的資料庫，如：學生應具備之數位素養資料庫、新的數位學習／教學／評量模式資料庫、數位學習策略與行為資料庫及數位學習對幼童和學生的生理及心理影響之資料庫。計畫徵求重點：

(一)數位學習之定義與內涵的基礎研究

其中包括數位學習的定義、內涵及應涵蓋的學習活動的基礎研究。數位素養應涵蓋的範圍之基礎研究，其中應同時包括認知、技能和情意等三方面的素養。

(二)數位學習環境下所產生之新的學習或認知模式之前瞻性研究

其中涵蓋數位學習的知識認識觀基礎研究、數位學習對於知覺學習（perceptual learning）及創造思考能力（creativity）培養方面的基礎研究、問題解決為基礎的學習、網路專題式學習、建模學習、虛擬實境學習及遊戲軟體學習等。

(三)視覺模擬（visualizations）、動態模擬（dynamic simulation）或建模（modeling）之數位學習以及網路個別化或合作學習的基礎研究

涵蓋學生先備知識的影響、不同網路學習系統的設計與導引方式、契合不同學生學習風格的網路學習系統及同儕回饋方式等。

(四)數位學習策略與行為基礎研究

涵蓋網路學習與認知策略的基礎研究、網路資訊搜尋策略、數位學習情境中的後設認知策略基礎研究，及不同學習載具對學習者學習行為和學習型態改變與行動學習理論的基礎研究。

(五)數位學習環境評估的基礎研究

涵蓋建構式的數位學習環境、數位學習環境評量工具研發、形成性評量及網路互動程度。

(六)數位學習環境下所產生之新的數位教學和評量模式之前瞻性基礎研究

涵蓋新的數位教學模式的基礎研究，以及線上評量的基礎研究，其中包括同儕互評、網路變通評量、歷程檔案評量及概念圖（concept map）等。

(七)數位學習相關的心理與生理之基礎研究

涵蓋幼童（幼稚園與小學中、低年級）數位學習相關的心理及生理影響之基礎研究、網路可能造成虛擬與真實世界混淆之心理輔導基礎研究、網路學習和學生學習動機與焦慮基礎研究，及遊戲軟體對學生學習動機、興趣、成效的正負面影響基礎研究，可涵蓋分析遊戲吸引人因素或成功條件，並試著將這些因子加入數位學習系統設計的基礎研究。

(八)數位學習相關的社會與文化之基礎研究

涵蓋弱勢族群對數位學習的排斥、學習障礙之探討及對策基礎研究，可涵蓋不同學習族群對數位學習接受度的基礎研究；對數位學習抗拒的文化、社會等因素探討基礎研究，可包含數位學習對法律和傳播等影響的課題。

㈨企業內部學習需求分析研究

涵蓋三種情境：

1. Job-requirement learning，例如，依據工作計畫找出能力需求，根據特定目標，督促學習者於特定時限學習。

2. Task-context learning，例如，學習者因執行工作的需要而學習。

3. Competency-driven learning，例如，學習者為提升能力而學習。

貳、分年學術計畫及徵求

自九十二年開始，國科會由科學教育處每年規劃不同的研究重點，公開徵求研究計畫。五年中共提出七項研究重點：

⋯➔ 一、教育軟體開放程式碼設計計畫

「教育軟體開放程式碼設計」計畫主要目的是希望以開放原始碼的精神（open source concept），來開發教育用相關軟體套件（package）、軟體系統或軟體平台，使在網路上發展的各個 e-learning 系統網站等能互相流通。

本計畫自九十二年開始徵求研究計畫，其規劃重點包括：

㈠ SCORM 規格下的技術工具

在本研究項目中，以 SCORM 標準針對下列主題研發適用於我國的相關工具或系統，以落實 e-learning 的技術研究：

1. 系統雛形開放碼設計。

2. 教材編輯系統設計。

3. 管理技術之研究。

4. 開放執行環境（run-time environment）之技術研究。

5. 學習情境整合工具之設計。

6. 可執行於移動載具（例如，notebook、PDA、smart phone、tablet PC 等）之應用程式介面元件（application program interface adapter）之設計。

7. 相關元件、工具等之技術研究。

(二)科學概念及實驗動畫模擬工具

1. 開發針對科學教學相關的動畫設計工具或學習環境。

2. 開發針對科學教學相關的圖像表徵設計環境，或數位資料視覺化呈現工具。

3. 開發針對科學教學相關的動態表徵或視覺化環境。

(三)概念圖或知識地圖（Knowledge map）

本重點的需求包括：

1. 電腦化概念構圖工具的建立。

2. 構圖元件的開發。

3. 其他學習策略結合應用與教學效果分析。

4. 網路化合作概念構圖的發展。

5. 概念圖作為融入教學工具的可行性研究。

另外，與概念圖相似的知識圖在電腦化學習應用的研究也是計畫重點之一。

(四) V-MAP

V-MAP除可以使觀念具體化，討論有焦點，逐漸建構成完整的科學活動，並且是一種後設知識。一般化的 V-MAP 包含四個組成部分：焦點問題、事件／物件、概念活動及方法活動。此圖的重點是要建立起概念活動與方法活動之間的主動相互作用，把左邊的「想」和右邊的「做」聯繫起來。它可以作為一項有效的工具，幫助學生進行後設學習以及後設知識的獲得。網路化的 V-MAP 應包含上述各模組介面、設計流程管理系統及學

習歷程檔案等等。

(五)歷程檔案系統

　　學習檔案應包含學生在學習中的歷程、學習的成果及學習的證據。網路上的歷程檔案系統（Portfolio）要能記錄學生學習行為與成果特性，並對不同的學習模式與不同的學習需求做縝密規劃，以便對資料進行適當的編碼與分析。

(六)教育代理人（Educational agent）

　　徵求計畫之研究主題包含：
1. 教學代理人（pedagogical agents）。
2. 多媒體呈現之代理人（animated agents）。
3. 多重代理人之學習環境（multi-agents learning environments）。
4. 具個性與情緒特質之代理人（personality, emotions, and animated characters）。
5. 代理人著作工具（agent authoring tools）。
6. 代理人之評估工具（empirical evaluation tools of agent-based environments）。
7. 認知代理人（cognitive agents）。
8. 協調溝通之代理人（agents for mediating communication）。
9. 合作學習之配對代理人（matchmaking agents for collaborative learning）。

(七)合作學習與資料分析工具

　　網路合作學習環境包括：
1. 合作介面。
2. 合作學習的輔助工具。
3. 合作流程管理系統。
4. 合作與學習歷程資料庫。

(八)探究式、專題式、問題式學習教學系統設計

科學探究可以歸納出的程序（process）可包括：熟悉主題（familiarize）、提出假設（hypothesize）、尋找證據（explore）、驗證假設、提出解釋（explain）、進行修正（revise）及提出結論（report）等。以探究學習的理論為基礎，在網路上實行專題式學習（project-based learning）與問題式學習（problem-based learning），是延伸的重點研究。本計畫需求應注重探究學習、專題式學習及問題式學習等相關系統與學習過程中輔助工具的發展與教學成效分析。

➔ 二、數位學習前瞻及基礎研究計畫

依據九十三年計畫徵求書，本計畫徵求的重點分三大項：

(一)下一代數位學習環境之研究

本項重點是下一代（五年後）數位學習環境的前瞻性原型研究。數位學習環境應使用新的資訊軟硬體、新的電算和網路技術及新的學習策略，且須從下列各面向做整體的探討，就每一個面向提出創新的做法，期能達成較目前之數位與非數位學習環境更好的學習效果。

1. 硬體

五年後可能在學習環境使用的數位硬體。例如，行動學習載具與輔具、學習者生理與情緒偵測器、學習者與學習環境互動的偵測裝置、新的網路與電算硬體、新的展示科學現象與因果關係的實體硬體工具、有利於個人學習或群組學習的硬體工具及其他可應用於數位學習的新硬體。

2. 軟體

五年後可能在學習環境使用的軟體工具。例如，模擬軟體、學習管理軟體、內容管理軟體、數位版權管理軟體、知識管理軟體、隨個人或群體情境而調適的知識表徵軟體、模擬學習同伴或專家或學習寵物的軟體、其

他可應用於數位學習的新軟體。

3. 人機介面

運用新的人機介面模式。例如，手勢、表情、眼動、聲音、觸摸、姿勢等等，開發新的數位學習人機介面。

4. 學習情境、內容與模組

在上述之硬體、軟體及人機介面所架構出來的下一代數位學習環境上，選一個知識領域（單一的或整合的知識），建造新的數位學習情境（如新型態的數位學習社會或數位學習社群），設計新的數位學習內容，開發新的數位學習模組，實地檢驗下一代數位學習環境的適用性。

(二)學習理論的再研究

針對已有的學科學習理論（如數學與科學的學科學習理論），以數位學習的觀點，重新審視這些學科學習理論於數位學習環境中運用的優弱點，去蕪存菁，再造台灣甚至全球可用的學科學習理論。本項重點與九十三年「數位學習內容研究計畫」的徵求重點相同。

(三)三年內國內外需要的數位學習技術、產品或服務

1. 數位學習產業需求之技術

針對目前數位學習之各項技術，如學習平台技術、學習內容管理技術、數位版權管理技術、知識管理技術、學習物件技術、教材製作技術及模擬技術等，就國內產業近期需要的部分（可參考外國在三年內可達到之技術），或各種國際參考規格（如 SCORM）在三年內可達到的技術，提出研發計畫。

2. 知識管理導向之數位學習系統

本項重點所稱之數位學習系統泛指數位學習管理、數位學習內容等數位學習環境中的系統。計畫書應說明擬將哪些知識管理策略融入數位學習

系統中，為什麼值得融入，如何融入，並實作出知識管理導向的數位學習系統。

3. 縮減數位落差的具體做法及實際成果

找出數位落差的類型及其成因，提出具體可行的解決方案，檢測方案的成效，修正方案，直到找到最佳的解決方案。

4. 文化產業之數位學習內容產品

針對國內已建立資料庫的文化資產，研發製作文化性的數位學習內容。計畫應有文化學習或藝術學習的理論基礎，不宜以個人偏好或經驗影響數位學習內容的研發。

5. 智慧型數位學習策略庫

將國內外以往研究發展之各類學習策略做綜合統整，發展成能自我調整且持續成長的（adaptive）數位學習策略庫，提供國內數位學習產業界及教育界使用。

6. 全球華語文數位教學

針對三年後台灣進入全球華語文數位教學市場應具備的系統、教材內容、教學策略、學習評量、華語文能力檢測及繁簡華文等項目的整體研發及實地的國外試驗。

7. 中小學數理領域之數位學習輔具開發及實地的實驗研究

本項重點以中小學的數學、物理、化學、生命科學及地球科學領域為限。學習輔具之研發應有數理學習研究的證據支持。軟體輔具、硬體輔具或軟硬體兼具的輔具皆可。

⋯→ 三、數位學習內容研究計畫

本計畫的主要目的是要研究團隊實際研發數位學習的內容，自九十二年開始，每年所徵求的計畫重點都不同，茲分別說明如下：

(一)九十二年徵求重點

研究團隊可以針對下列各項擇一或結合多項重點，規劃並提出研究計畫：

1. 可以促進基礎科學知識、科學思考方法及科學問題解決能力的數位學習內容（對象限幼稚園大班、中小學生或社會大眾；學科限數學、物理、化學、生命科學及地球科學等自然科學領域）。
2. 可以外銷之台灣中小企業經營管理經驗的數位學習內容。
3. 可以銷往國外促進外國人學習華語的數位學習內容。
4. 其他具國內或國外市場潛力的數位學習內容（如運用「數位博物館」、「數位典藏國家型科技計畫」建置之資料，或中央大學遙測中心蒐集的遙測資料等的數位學習內容）。

(二)九十三年徵求重點

1. 學習理論的再研究

針對已有的學科學習理論（如數學與科學的學科學習理論），以數位學習的觀點，重新審視這些學科學習理論於數位學習環境中運用的優弱點，去蕪存菁，再造台灣甚至全球可用的學科學習理論。

2. 典範數位學習內容開發及實地的實驗研究

本項重點以各級學校（大、中、小學）的各學科及大眾科學普及教育為範疇，發展可以提供華文市場，促進學生及大眾知識成長、科學思考方法、創造力培養及問題解決能力的數位學習內容。學習內容之研發應有學習理論為基礎，並須實地進行實驗，以證明其學習效益。下列三項任選一項進行：

(1)具華文市場的中小學數理領域的數位學習內容。
(2)可以外銷的大學數位學習內容。
(3)具華文市場的大眾科學普及教育的數位學習內容。

(三)九十四年徵求重點

本年度的徵求重點只有一個,即「典範數位學習內容開發及實地的實驗研究」,研究計畫必須以各級學校(大、中、小學)的各學科(醫學／生物、數學、物理、化學)為範疇,發展可以提供華文市場,促進學生及大眾知識成長、科學思考方法、創造力培養及問題解決能力的數位學習內容。學習內容之研發應有學習理論為基礎,並須實地進行實驗,以證明其學習效益。下列四項學科內容任選一項進行,並於計畫申請書上註明學科內容:

1. 醫學／生物。
2. 數學。
3. 物理。
4. 化學。

···→ 四、數位內容產學合作研究計畫

本計畫的重點在落實數位內容先導性與實用性技術研究,結合數位內容產業需求,培育企業研發潛力與人才,增進產品附加價值,以提升國內數位內容的品質與競爭力。

···→ 五、「前瞻及基礎研究」──卓越研究團隊計畫

本計畫的重點是國內研究團隊必須與國際研究團隊合作,共同提出研究計畫,以吸取國外研究者在這方面的經驗,並促進國際合作。卓越研究團隊計畫自九十四年開始對外徵求,其主題有三,惟九十五年刪除第二個主題:

(一)數位學習對社會、文化及教育之影響

本主題之研究須與國外研究機構共同針對社會、文化及教育三大面向,進行兼具廣度與深度的研究。在社會、文化及教育三大面向之下,應提出

具體的研究問題、研究方法及預期研究結果。研究問題與成果應有開創性觀點、國際性視野及卓越性成果。由於數位時代的數位社會議題、數位文化議題及數位教育議題已討論多年，本主題之研究應提出具創新性的有具體方向的問題，與國際卓越團隊進行合作計畫。

㈡前瞻數位學習技術研發

本主題之研究須與國外研究機構共同針對前瞻數位學習技術，進行開創性的研發。本主題須提出以建構未來數位學習環境為基礎的研究問題，請明確指出數位學習技術與其他類資訊技術（如知識管理技術、內容管理技術、數位版權技術、工作流程技術、群組技術、網路測驗技術、顧客管理技術及網路服務技術等已運用於各行各業的資訊技術）有開創性與影響性地促進學習成熟的應用。計畫團隊必須能掌握先進技術，並考慮技術對學習各層面的價值，能對國家與國際社會有貢獻。

㈢創新數位教材之研發

本主題之研究須與國外研究機構共同針對具有開創性的先進理念，對於學習之知識與智慧展示與學習方式提出創新方法，如 MIT 之 Media Lab 所提 things that think，計畫應提出能有國際觀、有重要影響力，且具有學習成效之知識與智慧的展現、解說或學習方式，能配合與利用未來數位環境技術之創新型教材。本主題之研究雖會觸及某些領域的教學策略、教學評量及教學輔具，但研究者須將領域的教學策略、教學評量及教學輔具融入數位教材設計中，以研發出創新數位教材（產品）作為思考的主軸。

⋯→ 六、對外華語文數位學習推動計畫

「對外華語文數位學習推動計畫」的目的在於結合數位學習理論與技術進行對外華語文教學與學習，推廣正體中文字之使用，發揚保存於台灣之中華文化，提升我國對外華語教學在數位學習之專業層次，促進國內對外華語文教學之數位學習發展，拓展我國在海外華語數位學習市場之競爭

力，增進我國對世界華語文教學之影響。

　　本計畫到九十五年才開始徵求研究計畫，其研究主題有三項：

(一)對外華語文數位教材之設計與開發

　　本主題之研究須針對以華語為外語或第二語言之學習者（外國人士）與教學者（華語教師），進行聽、說、讀、寫之語言技能或學習策略之數位學習教材之設計與開發。教材應包含完整之課程主題及學習架構，並融合教學策略、教學評量及教學工具，提出具有學習成效的語言知識與語言使用之解說或學習方式。

　　1. 針對不同年齡族群、文化及語言背景之數位華語文教學課程。

　　2. 套裝華語文數位教材之發展。

　　3. 華語文數位教學中心或網路建構。

　　4. 針對已學習簡體字人士之數位正體字教學。

(二)專業領域之數位華語文教學或教材

　　對某一專業領域，結合語言教學與學習，進行教學法或教材之研發。專業領域分二方面，一為具有台灣特色之中華文化，如飲食、節慶、民族、宗教、藝術、文學、書法、武術、戲劇、建築、音樂、中醫及電影等；二為技術性專業，如商業華語、科技華語、宗教華語、法律華語、旅遊華語、學術華語、軍事華語及外交華語等。研究內容與成果須能進行實際之聽、說或讀、寫的教學，並達到明確之語言教學目標。

(三)華語文語音學習及聽力練習之數位技術開發及對應之學習內容

　　利用語音辨識技術發展華語文之語音自動合成系統，作為華語文語音聽力、發音學習與聽力測驗使用。使用者可以練習單字及句子的發音，可以自動篩選發音錯誤的字句並修正發音，以作為華語文聽力教與學、聽力自我檢測及聽力測驗之用。並應發展相對之學習內容及進行實驗。

⋯➔ 七、通識課程數位學習推動計畫

有鑑於目前國內發展之數位學習通識教材多數為教師獨力製作，較少與其他領域合作發展，「通識課程數位學習推動計畫」目的係針對國內大學通識教育之需求，透過學校與產業或社會團體合作方式設計優質之數位教材，共同規劃執行與推廣部分。希冀徵求由已執行國科會或教育部相關通識研究計畫之卓越團隊，規劃發展成優質精緻並具永續使用性之通識數位學習課程。

本計畫並未規劃徵求重點，只提出下列三項規定：

1. 以學校師生需求且具重複使用性為依據，規劃結合學校與產業界或社會團體發展通識數位學習課程，並完成數位學習課程認證。

2. 規劃製作數門優質之數位學習通識示範課程，邀請國內外具國際聲譽之人士協助製作。

3. 辦理通識示範課程說明會、成果發表會，以推廣課程成效。

第一期「數位學習國家型科技計畫」於九十六年結束，過去五年所規劃的七大研究項目並非每一項目每年都徵求研究計畫。其中「教育軟體開放程式碼設計計畫」只有在九十二年徵求，「數位學習內容研究計畫」到九十五年融入「數位學習前瞻及基礎研究計畫」，「數位學習內容產學合作研究計畫」自九十三年第二期才開始徵求研究計畫，而「前瞻及基礎研究——卓越研究團隊計畫」則自九十四年才徵求研究計畫，至於「對外華語文數位學習推動計畫」及「通識課程數位學習推動計畫」則只在九十五年徵求計畫一年。

綜觀過去五年七大項目各界所提出的研究計畫數，整理如表 7-3-1。

表 7-3-1　數位學習國家型科技計畫九十二至九十六年度計畫通過件數

年度	教育軟體開放程式碼設計計畫	數位學習前瞻及基礎研究計畫	數位學習內容研究計畫	數位內容產學		前瞻及基礎研究——卓越研究團隊計畫	對外華語文數位學習推動計畫	通識課程數位學習推動計畫
				第一期	第二期			
92 年	23	27	28					
93 年		63	6		5*			
94 年		55	7	4	8	2		
95 年		41		1	6	2	11	2
96 年		14		2		2		

*本期開始此項產學計畫徵求

參、「數位學習國家型科技計畫」學術部分執行及成果

　　「數位學習國家型科技計畫」國科會部分執行之後，行政院國家科學委員會、數位學習國家型計畫辦公室與經濟部工業局委由資策會於民國九十三年出版「2004 數位學習白皮書」（財團法人資訊工業策進會，民93），並於民國九十五年出版「2005、2006 數位學習」（財團法人資訊工業策進會，民 95）。其中有一專章介紹數位學習研究成果。該章集合國內長期從事數位學習研究與教學的教授共同執筆撰寫，內容非常豐富而完整。本節所介紹有關我國數位學習的研究分類與內容的介紹，主要是從該章摘錄而成，較詳細的內容，讀者可以參閱該白皮書。只是九十三與九十五年白皮書各節內容雖然都由同一批學者撰稿，但是所蒐集的資料與內容架構略有出入，請讀者務必注意其差別。

···→ 一、數位學習技術研究

㈠數位學習系統（平台）技術研究

1. 學習管理系統

為了達成處處可學習、時時可學習的目的，學習管理系統具重要功能。國內研究機構為維持學習平台或網站的正常運作，由國科會及教育部補助，自行開發頗多學習管理系統，如：

台灣大學的 Ceiba 系統。

中正大學符合 SCORM 標準的學習平台。

交通大學 e-NCTU 系統。

2. 數位學習技術之三層關聯架構

(1)基礎建構層之相關研究：這是網路環境基礎建設之要求、規範及技術等相關議題。這方面的研究成果有：交通大學與成功大學的 WSMS（Web Services Management System）系統。中正大學所執行的國家型計畫「以 Web Services 為架構之數位學習環境之研究」。

(2)服務層之相關研究：服務層是學習平台所提供之相關服務的功能、標準等機制及規範。在學習管理系統中有幾個服務模組（財團法人資訊工業策進會，民 93）：課程行政服務模組（course administration service）、教材管理服務模組（content management service）、傳送服務模組（delivery service）、學習者資料檔服務模組（learner profiles service）、流程服務模組（sequencing service）、測驗及評量服務模組（test/assessment service）及學習追蹤服務模組（tracking service）等。這些模組常常是跨平台的服務，因此必須符合某種特定的標準。國內主要參考美國 SCORM 標準，進行屬於中文教學資料的溝通標準，其研究成員主要包括台灣大學、交通大學、成功大學、中正大學、暨南大學、高雄師範大學及淡江大學。

(3)應用層之相關研究：此為教育應用的製作工具、學習情境的網路系統。

有關數位學習平台技術近幾年來的發展，大致尚可分為五類：

1. 數位學習標準技術：包括 SCORM 標準和其他標準。

2. 平台資訊交換技術：可分為資訊溝通技術、分散式技術和電腦協調溝通技術。

3. 多媒體技術：包括虛擬實境、多媒體教材和視覺化模擬。

4. 行動學習技術：如無線網路技術、情境感知、行動計算及無所不在的學習（u-larning）。

5. 知識管理技術：分為智慧型代理人、人工智慧、資料探勘及知識管理等。

國內學者近幾年在上述五大類數位學習平台技術的研究成果相當可觀，依據國科會補助及相關單位補助的各項產學合作專題計畫，再加上國外六個比較重要的 SSCI 期刊資料，統計所發表的論文篇數如表 7-3-2。

表 7-3-2　各種數位學習平台技術論文發表數

數位學習平台技術	國外期刊	國內期刊	總計
數位學習標準技術	24	33	57
平台資訊交換技術	106	63	169
多媒體技術	72	96	168
行動學習技術	29	51	80
知識管理技術	53	99	152
合計	284	342	626

資料來源：財團法人資訊工業策進會（民 95：185）。

有關數位學習平台技術的發展，未來研究的主要趨勢大致上會朝向下列幾個方向（財團法人資訊工業策進會，民 95）：

1. u-learning 將是引導未來科技於教育應用的主力。

2. 數位多媒體技術與通訊科技將帶來全新的學習經驗。

3. 智慧型的數位助教將可以透過語音提供即時的資訊與協助。

4. 數位學習技術未來的研究發展，將是幾個主要主題互相重疊的。

(二)一般學習工具技術研究

學習工具泛指所有輔助學習活動進行的軟體與硬體，依據財團法人資訊工業策進會（民 95）的歸類，主要可分為：

1. 網路化學習系統：此項包括網路同步合作學習系統、網路非同步合作學習系統、網路合作問題解決系統、網路化個人問題解決學習系統、網路合作專案學習系統、網路化個人專案學習系統等。

2. 知識管理系統：分為網路化個人部落格、網路化學習社群環境、網路化個人知識管理學習工具等。

3. 模擬學習系統：可分為實體現象模擬系統、虛擬實驗操弄模擬系統、及社會情境模擬學習系統等。

4. 概念構圖工具：大概有概念構圖個別學習工具、概念構圖與其他策略搭配之學習工具。

5. 網路評量系統：包括網路化標準測驗系統、網路化題庫系統、網路化同儕評量系統、網路化適性測驗系統等。

6. 行動學習系統：可分為一般行動學習系統、行動學習導覽系統、行動學習戶外教學系統等。

7. 學習歷程檔案：如個人學習歷程檔案管理系統、個人學習電子書編輯系統等。

8. 特殊教育電腦輔具：可分為身障類別學習輔具、心障類別學習輔具、其他特殊教育輔具等。

9. 遊戲式學習系統：如互動式學習光碟、線上遊戲式學習系統等。

關於數位學習工具過去幾年的國科會補助計畫數，與發表在國內外重要期刊的論文數量，其統計如表 7-3-3。

表 7-3-3　各類數位學習工具研究計畫與論文發表數量

學習工具類別	國科會計畫	期刊		
		國內	國外	合計
網路化學習系統	124	34	185	219
知識管理系統	29	6	41	47
模擬學習系統	24	2	40	42
概念構圖工具	4	6	8	14
網路評量系統	20	7	30	37
行動學習系統	23	5	23	28
學習歷程檔案	10	4	2	6
特殊教育電腦輔具	22	1	4	5
遊戲式學習系統	6	1	17	18
總計	262	66	350	416

資料來源：財團法人資訊工業策進會（民 95：192）。

···▶ 二、數位學習內容研究

(一)課程內容研究

1. 一般的數位學習內容

　　本研究主題是指數位學習相關領域中，屬於學習內容、教材、學習活動及課程設計與製作的學術研究。資料主要來源包括國科會資訊教育學門九十至九十二年專題計畫、九十二年數位學習國家型科技計畫、九十至九十三年博碩士論文資訊網及九十至九十三年期刊論文索引等四個資料庫資料統計分析所得（財團法人資訊工業策進會，民 93）。大致結果如下：

　　國科會專題研究計畫：39

　　數位學習國家型科技計畫：20

碩士論文：45

期刊論文：98

2. 數學／科學學習與教師之相關課程內容

(二)課程內容之學習策略研究

所謂學習策略，是指學習者在進行學習時所用的方法或模式，以幫助其提升學習效果，促進學習者高層次思考，並激勵學生成為自動的學習者。數位學習內容研究比較常運用或探究的策略，除了較傳統的直接教學，主要包括以下幾種（財團法人資訊工業策進會，民93）：

1. 專題導向式學習（project-based learning）。
2. 合作學習（cooperative/collaborative learning）。
3. 問題解決式學習（problem-based learning）。
4. 探究式學習（inquiry-based learning）。

(三)評量研究

1. 評量技術發展與系統建置：涵蓋數位學習評量之系統設計與建置、智慧型技術發展及試題編製技術三個方向。
2. 網路評量「型態與理論」：包括歷程檔案評量（portfolio assessment）、同儕評量／互評（peer/self-assessment）、適性評量（adaptive assessment）及動態評量（dynamic assessment）等多元評量與變通／另類評量（alternative assessment）方式。

⋯▶ 三、數位學習與認知研究

在這個領域裡的研究範圍頗廣，大致可分為幾方面（財團法人資訊工業策進會，民95）：

1. 動機（motivation）：包括信念（beliefs）、態度（attitudes）與行為改變（behavioral change）等的研究。

2. 資訊處理（information processing）：指個別差異（individual difference）、資訊搜尋（information seeking）、資訊管理（information management）、批判思考（critical thinking）、決策（decision making）及問題解決（problem solving）等。

3. 教學方法（instructional approaches）：包含脈絡學習（contextual learning）、合作學習（cooperative/collaborative learning）、情境學習（situated learning）及問題導向學習（problem-based learning）。

4. 學習環境（learning environment）：指的是互動學習環境（interactive learning environment）及學習社群（learning community）。

5. 先備經驗（prior experience）：包括科技知識（technology knowledge）及科技經驗（technology experience）。

6. 後設認知（meta cognition）：包括計畫（planning）、自我管理（self-management）、自我監控（self-monitoring）及自我評鑑（self-evaluation）等。

7. 認知心理特質（cognitive psychology characteristics）：包括基模（schemata）、概念圖（concept map）、心智模式（mental model）及認知負荷（cognitive load）等。

⋯→ 四、數位學習與社會影響研究

數位學習對個人心理與社會影響的研究，大致上可分為七大議題（財團法人資訊工業策進會，民95）：

㈠全球化

研究相關議題有與高等教育相關議題、中等教育相關議題、以教育行政者與教師角度切入、數位教學與傳統教學比較、教師角色轉變及國內人民網路使用狀況等。大致上對這些議題進行現況與省思研究，或共通性與差異性研究。

(二)性別差異

研究主題包括數位學習科技的掌握度、態度、學習成效及家庭與學習使用的差異比較等。

(三)素養與倫理

國內外的研究主要在數位學習科技技能訓練培養、素養與倫理課程研發與評鑑、高層次思考（包括批判性思考與資訊驗證行為）、沉迷之成因與動機態度、網路安全、網路論戰、技能培養及課程設計等。

(四)特殊教育

國內外研究主題包括在無障礙學習環境的開發建置、數位學習科技輔助學習與生活適應、診斷系統工具之研發評鑑、數位學習科技使用現況與需求調查等。

(五)情意、動機與知覺

研究的主題包括對數位學習科技的態度與知覺、數位學習科技對學習動機的影響、數位學習科技對情意的影響（如焦慮感、參與程度等）。

(六)數位生活與政策

重點包括數位落差、家庭使用狀況、社交互動，及社群建立等。

(七)終身學習

主要主題有學習成效、需求分析及社會經濟文化的影響等。

肆、各部會數位學習科技計畫

國科會於九十一年提出「數位學習國家型科技計畫」的構想，由政府

在五年內投入 40 億執行此跨部會計畫。本計畫是一個具前瞻性並規劃長期預算的國家型科技計畫，其目的是希望藉助政府政策引導，推動全民數位學習，縮減數位落差，以提升在知識經濟時代國家整體競爭力，並藉此布建新的基礎建設，凝聚新的動力，帶動新一波的學習科學技術研究，同時整合國內上、中、下游研發能量。以全民數位學習所激發的全面性需求，與政府必要之獎勵優惠措施，引領國內數位學習產業發展，進而促使整體數位內容產業起飛數（財團法人資訊工業策進會，民 95）。

「數位學習國家型科技計畫」參與的部會包括教育部、國防部、衛生署、國科會、文建會、勞委會、經濟部工業局、經濟部技術處、故宮博物院、台南縣政府，及九十四年加入的原民會與客委會，共計 12 個單位，18 個計畫。本計畫分為下列七項子計畫：

1. 全民數位學習。
2. 縮減數位落差。
3. 行動學習載具與輔具多功能電子書包。
4. 數位學習網路科學園區。
5. 前瞻數位學習技術研發。
6. 數位學習之學習與認知基礎研究。
7. 政策引導與人才培育。

參考文獻

王瓊德（民 89）。網路科技對教育的影響研究計畫。**科學發展月刊，28**
（7），529-533。

王瓊德、郭允文（民 90）。電腦科技應用於科學教育研究之規劃與推動。
科學發展月刊，29（8），559-567。

財團法人資訊工業策進會（民 93）。**2004 數位學習白皮書**。行政院國家科
學委員會、數位學習國家型計畫辦公室與經濟部工業局：數位學習國

家型科技計畫叢書。

財團法人資訊工業策進會（民95）。**2005、2006 數位學習**。行政院國家科學委員會、數位學習國家型計畫辦公室與經濟部工業局：數位學習國家型科技計畫叢書。

張一藩、林福來、陳伯璋、曾志朗、曾憲政、鄭湧涇、鍾乾癸（民86）。**教育改革政策研析——未來教育需求研析報告**。行政院國家科學委員會專題研究計畫成果報告。

國家科學委員會（民91）。**91 年數位學習國家型科技計畫徵求書**。取自 http://www.nsc.gov.tw/sci/public/Attachment/83171663971.doc

國家科學委員會（民95）。**95 年度數位學習國家型科技計畫「前瞻及基礎研究」卓越研究團隊計畫徵求書**。取自 http://www.nsc.gov.tw/dept/sci/rfp/9501%A8%F4%B6V.htm

郭允文（民76）。電腦應用於數理科教學研究之推動。**科學發展月刊，15**（6），760-766。

郭允文（民78）。科學教育學術研究的規劃與推展。**教育資料集刊，14**，57-71。

郭允文（民 83）。國科會科教處學門規劃專題報導。**科學發展月刊，22**（5），451-456。

郭允文（民 86a）。科學教育學術研究的回顧與前瞻。載於**趙教授金祈榮退學術研討會論文集：我國科學教育的回顧和前瞻**，台北市。

郭允文（民 86b）。遠距數理教師輔導系統之研究整合型計畫簡介。**科學發展月刊，25**（6），381-385。

郭重吉、郭允文（民 87）。**電腦科技於科學教育之應用**。論文發表於「1999 全球華人計算機教育應用大會」，香港。

CHAPTER 8

Enter ⏎

結語——
檢討過去、展望未來

我國中小學資訊教育的發展，在中央教育部的規劃與推動，以及省市與縣市教育行政機關的充分配合下，歷經四分之一世紀的努力，已建立相當堅實的基礎。雖然過去無論政策面或執行面，我們都容或犯了一些錯誤，但基本的方向與做法大致上還是正確的，只要我們能虛心檢討，勇於面對過去的一些缺失，對未來做全面的縝密規劃，我國中小學資訊教育的穩健發展將是可期的。

壹、我國中小學資訊教育的檢討

前面幾章針對中小學資訊教學、電腦輔助教學、校務行政電腦化、資訊教育環境建設與學術研究等幾方面，說明過去的政策與做法，本章將以盡可能客觀的態度評析其優缺點，並嘗試提出一些未來可以考慮的作為，以供我國中小學資訊教育發展的參考。

···▶ 一、優點

整體而言，我國中小學資訊教育政策有幾項蠻不錯的做法，茲列舉其中比較重要的優點如下：

(一)政策由上而下，易於全國齊一步驟推動

我國中小學資訊教育大都由教育部訂定政策，再協調省市教育廳局一起規劃工作項目、內容與步驟，再由各級教育行政單位分工進行，因此，全國中小學都能在政策的指導下全面推展，少受地方資源不均的影響，甚至偏遠地區學校也幾乎可以跟都會地區學校同步推動，讓偏鄉地區學生也同樣可以接受資訊科技的學習。

由於政策由上而下，因此，所需經費也就同時由中央會同省市共同編列或籌措。有時由中央部會負擔全部經費，如民國七十一年高中試辦資訊教學實驗，以及七十四年的電腦輔助教學實驗計畫等；有時又是由教育部與省市教育廳局採對等方式分攤，如高中職電腦教學設備的補助；也有時是中央、省市與縣市政府採三對等方式籌措經費，如國民中小學資訊教學設備補助。這些經費的籌措都在政策決定之後，由相關教育行政部門在其年度預算中分年編列，如此做法，地方可以依據其財政情形，考量其縣市推動的速度，達到在政策統一之下，也能兼顧因地制宜的需要。

為使全國中小學資訊教育有一基本的標準設備，行政院「資訊發展推動小組」甚至於民國七十一年制訂「中小學資訊教學基本設備基準」。本基準成為我國推動中小學資訊教學之初，各級政府補助學校電腦設備的主要依據，也因此各中小學都有相同的設備環境可以使用。

(二)訂定整體發展計畫，全面推動資訊教育

我國推動資訊教育政策都是由上而下，除在推動初期較無規劃，在推動的資訊教學、電腦輔助教學與校務行政電腦化三項主要工作，每一項工作通常會有一個計畫，再由相關單位一起執行，因此推動工作大致上都尚稱順利，也頗能貫徹。世界各國在資訊教育的推動上，尚少國家如我國在三個方面同時發展，而且由政府全面推動，照顧到城鄉所有學校。到民國八〇年代後期，台北市、高雄市與教育部為能更周全地全面推動資訊教育工作，分別規劃「中小學資訊教育總藍圖」與「資訊教育白皮書」，詳細

計畫資訊教育整體目標、發展重點、推動策略與評鑑指標,以便能有效掌握執行成果。

(三)政府提供各項資源,有助資訊教育全面普及

我國資訊教育的推動大致上由中央訂定政策,在政策推動時,教育部通常會結合省市廳局編定所需經費,以二對等或三對等方式分年全面補助所有學校軟硬體設備。在這種方式下,所有學校都能同時實施,不受學校所在縣市或地區教育資源之影響,甚至在網路應用逐漸受重視時,政府也能在八十七年的「擴大內需計畫」下,一次補助全國中小學全部架設網路,使我國中小學的網路普及率達到百分之百。此種做法使我國各級學校資訊教育得以全面均衡的發展,在世界其他國家都很難如此全面普及推動。

(四)各級政府成立相關組織,訂定政策、方針以落實推動工作

我國各級政府推動各項資訊教育工作,大多會成立委員會或推動小組,作為規劃、監督、指導與執行的機制,以便各項工作能確實落實。如教育部曾成立「資訊教育推動工作委員會」,規劃全國資訊教育推動政策。台灣省教育廳於民國七十二年也成立「資訊教育推動指導委員會」,在廳長主持下,規劃全省各級學校推動資訊教育的各項計畫,並在指導委員會下再成立各種工作小組,建立由上而下的策劃與執行機制,成果相當良好。其他如台北市教育局與高雄市教育局也都有類似做法。

(五)教材內容統一,有利教師經驗交流

我國各級學校的各科教學一向有課程標準,也大多採用統一教科書。資訊教學實施之初也是由政府自行編輯或委託學術單位編輯教材。例如,民國七十一年高中進行電腦教學實驗時,除第一年因時間倉促,由各實驗學校自行處理教學內容,第二年開始便委託台灣師範大學科學教育中心成立小組,負責編輯「電子計算機簡介」教科書,分送各實驗學校使用。由於高中初次試辦電腦教學,在大學從事資訊教學的編輯委員並不能完全了

解高中電腦教學的情況，也並不了解高中學生學習的困難所在，因此每編輯完一章，便送給實驗學校試教，彙整老師教學的意見，作為修訂的參考。經過如此過程所完成的教材，大部分教師使用的滿意度都還不錯，甚至在全國各高中全面實施電腦教學時，各校仍繼續使用該教材。台灣省政府教育廳在七十二年推動高商「商業資訊」教學時，則由教育廳在「資訊教育指導委員會」之下成立「教材編輯小組」，負責編輯高商二年級「電子計算機簡介」，及高商三年級「電腦在商業上的應用」兩種教材。即時在往後各類職業學校均實施資訊教學時，電腦在各類科的應用教材也是由教育廳主導，成立編輯小組負責教材編輯事宜。台北市教育局和高雄市教育局也採用同樣方式，各自編輯各該市學校所用的教材。台灣省在實施國中電腦教學時，則由教育廳第四科委託台北縣江翠國中負責，邀請大學教授與國中電腦老師成立小組編輯「電腦入門」教材，分送全省各國中使用。

由於採用統一教材，因此，省市教育廳局每年都會不定期舉辦研習會或研討會，讓負責教學的老師能了解教材編輯的原則與重點，並同時溝通老師的觀念，以確保教學品質。省市教育廳局也經常分區舉辦教學觀摩會，提供老師教學經驗交流的機會，讓教師交換教學心得。由於這些支持措施的提供，使得各校的資訊教學大多能維持一定的教學水準。

㈥資訊教學尚能兼顧學理與學生需求

我國開始推動中小學電腦教學時，教材內容雖然有各級學校都教 BASIC 程式設計的問題，也曾有在程式設計與中文輸入教學間擺盪的困擾，但是各級政府所委託研發的教材，大致上都能依據 Bloom 的「教學目標分類」的原則，兼重知識、技能與情意的教學。在知識方面的教學內容，大致上包括電腦對生活的影響、電腦的原理與軟硬體結構、程式設計、電腦的簡易應用等。在技能方面，通常包括電腦的操作使用、中文輸入、電腦印表機的使用與列印，及應用軟體的操作使用等，在國中小還會安排電腦輔助教學軟體的使用。至於情意方面，則強調電腦教室的管理、電腦病毒、電腦倫理、著作權與資料安全等。而且，從小學到高中教材內容的安排都會

由易而難，由淺入深，以配合不同層級學生的程度。在高中職教材內容也會有所差別，以程式設計而言，在高中程式設計強調問題解決，而高職則偏重在各專業上的應用，頗能注意到學生學習的需求。

(七)九年一貫課程資訊融入教學，實現資訊應用

資訊教學從民國七十一年開始在高中實驗以後，中小學逐年實施資訊教學，曾為各級學校所重視，也為學生所喜愛，大部分學生爭相修習，造成中小學學生學習電腦的風潮。可是到民國八十年初，一方面因為大學入學考試不考，部分家長深怕子女學習電腦影響學業；另方面在網路開始流行之後，家長也怕子女沉迷網路遊戲或受色情資訊影響，便有部分家長開始不鼓勵其子女在高中選修電腦，造成高中修習電腦人數漸少。在國中小學方面，因九年一貫課程在九十年開始實施，教育部回應社會與家長減少學生課業負擔之要求，將課程由分科教學改為領域教學，並降低每週上課時數。因此，在七大領域之外，將資訊教育歸為六大議題之一，並強調資訊融入各科教學，如此政策雖讓資訊教育界有點失望，卻能脫離過去重程式設計教學之偏，也較能貫徹中小學資訊應用之意。再加上教育部為鼓勵中小學實施資訊融入教學，推動資訊教學種子學校計畫，使更多中小學老師學習如何應用資訊科技融入其教學，有助教師資訊素養之提升。

(八)學術研究引領資訊教育的發展

為了推動我國科學教育的學術研究，國家科學委員會於民國七十年七月將原來的「科學教育組」改成立科學教育處，負責規劃執行有關科學教育的學術研究業務，科教處成立之初，正是我國學術界開始注意到電腦輔助教學研究領域，也正是我國資訊工業起飛之時，我國資訊業界開始生產八位元個人電腦，科教處洞察個人電腦將是以後中小學推動電腦教學與電腦應用的主要機種，便在七十一年規劃「試探實驗計畫」和「基礎研究」兩個研究重點。在「試探實驗計畫」中，科教處自行進行「國中數理科電腦輔助教學實驗計畫」，帶動國內利用八位元個人電腦製作國中數理科電

腦輔助教學的教學軟體，並委託進行成效評估。自此以後，國科會不斷規劃各項電腦輔助教學與資訊教學的大型研究重點，支持學術界進行各項基礎或相關理論的研究計畫。

在資訊教學方面，大凡課程、教材、教學工具開發、教學平台建立與網路應用教學等，國科會科教處都大力補助或主動委託學者進行研究，不但帶動有關資訊教學的研究風潮，其研究成果更有助於我國資訊教學課程與教材的規劃與改進。在電腦輔助教學方面，科教處更扮演國內電腦輔助教學學術研究的催生與孕育的角色。在七○年代初期，從傳統電腦輔助教學各類教學軟體設計方式的學理與應用的研究，到智慧型電腦輔助教學的研究與教學系統的建立，再到網路與遠距教學，以及數位學習內容工具與平台的研究等，不但帶動國內資訊教育的學術研究，更豐富中小學資訊教學與電腦輔助教學的內容。

㈨規劃各項配套措施，有助資訊教育的推動

教育部電子計算機中心實際負責我國資訊教育的推動工作，除配合教育部政策或主動規劃各項資訊教育工作，為了資訊教育能真正落實於中小學，並提升中小學教師資訊教育素養，電算中心結合國科會、資訊工業策進會與省市教育廳局，共同進行多項相關配套措施，最主要有下列幾項：

1. 師資培育計畫

民國七十一年，我國在高中實驗電子計算機教學時，國內師資培育大學並未設有資訊相關系所可以培養資訊教育師資，因此當時高中的電腦教師，便由教育部委託台北工專和高雄工專以短期密集訓練方式培育；之後教育部為考慮中小學推動資訊教學的需要，特委託資訊工業策進會進行中小學資訊教師的培育，調訓中小學在職教師。並於民國七十四年核准台灣師範大學成立資訊教育系，又於民國八十五年核准台南師範學院成立資訊教育研究所，分別負責中小學資訊師資長期正規的培育工作。另方面，為推動電腦輔助教學，教育部也於民國七十四年開始，委託台灣師範大學、

淡江大學、中興大學與高雄師範大學分北、中、南三區，調訓各級學校在職教師，進行電腦輔助教學軟體設計師資的培訓工作，為國內電腦輔助教學提供豐沛的教學軟體設計人力。並為這些教師舉辦電腦輔助教學軟體設計比賽與獎勵，鼓勵老師從事電腦輔助教學軟體設計工作。

2. 允許各校彈性調整時數，進行資訊教學

在推動資訊教學之初，各級學校的課程標準中並沒有電腦課，因此高中實驗教學時，教育部同意各校利用課外活動或空堂時間，安排每週兩節進行「電子計算機」教學。到高中課程標準修訂時，才正式列入選修課。至於國中小學，省市教育廳局也採用類似方式，彈性調整上課時數，以利各校進行資訊教學，教育廳更正式行文各國中可以每週安排兩節「電腦」教學時數。使得中小學在正式課程標準尚未修訂之前，可以進行資訊教學。

3. 發行《資訊與教育》雜誌

教育部為推動中小學資訊教育，與國科會、資訊工業策進會及省市教育廳局共同於民國七十六年十月發行《資訊與教育》雜誌，由省立台中家商負責編輯與發行工作，邀集各大學資訊相關系所教授為編輯委員，每兩個月發行一期，每期有一個主題。雜誌內容除主題相關的學術介紹文章，尚包含中小學電腦老師資訊創作發表與教學心得分享、各級政府資訊教育政策與簡訊及「問與答」。為使中小學資訊教師有機會聚集一堂共同探討資訊教育相關議題，雜誌社每年並分區舉辦座談會，並將座談會實錄與結論在雜誌刊登，廣為流傳。此雜誌的發行經費全部由相關單位編列預算支應，免費分送各級學校圖書館，也接受各界訂閱。此雜誌的發行對中小學電腦教師資訊知能與素養的提升有相當大的貢獻，可惜因為政府經費的減縮，本雜誌在發行 16 年之後於九十二年停刊。

4. 舉辦電腦輔助教學研討會

國內各學術界歷次舉辦的學術研討會，參與者大多為大專院校教授和學者專家，中小學教師參加的機會相對不多。在電腦輔助教學推動之時，

為使中小學教師能有機會參與研討，吸收電腦輔助教學知能，教育部結合國科會與省市教育廳局共同為中小學老師舉辦電腦輔助教學研討會，會中除邀請國內外學者做學術專題演講，並辦理電腦輔助教學作品心得分享與展示、廠商作品展示及表揚電腦輔助教學有功人員，是中小學教師一年一度電腦輔助教學的盛會，廣受教師歡迎，對我國電腦輔助教學水準的提升貢獻頗鉅。

5. 辦理訪視與觀摩教學，落實資訊教育成效

在資訊教育的各項工作中，無論是資訊教學、電腦輔助教學或校務行政電腦化，各級政府投入相當多的資源補助中小學，為了解這些補助在各校的執行與使用情形，教育部與省市教育廳局經常主動或委託大學以抽查方式進行相關訪視工作，並同時協助學校解決問題。透過訪視，教育部可以了解實際情形，並可鞭策各校認真推動資訊教育工作，效果頗佳。另方面，各縣市或各校也經常辦理教學觀摩會，提升教學水準，並提供從事資訊教育的老師互相觀摩與教學心得分享的機會。

6. 發行「好學專輯」

教育部在推動電腦輔助教學，除進行電腦輔助教學軟體設計師資培育，也規劃幾個長期計畫（請參閱第三章）。並同時推動幾個相關配套措施，如為鼓勵受訓老師們投入教學軟體設計工作，舉辦電腦輔助教學軟體創作比賽，以及用獎勵方式徵求優秀軟體等。在這些工作推動幾年之後，國內累積為數頗多的電腦輔助教學軟體，為使這些教學軟體能讓老師方便使用，教育部把教學軟體整理後放到網站上供全國教師免費使用，並把它們編輯出版「好學專輯」，分送全國中小學，頗受好評，也有助電腦輔助教學的推動。「好學專輯」共出版 20 輯，各輯內容請參閱第三章。

7. 配合資訊月舉辦資訊教育展覽

我國為提升資訊工業水準，並使國人了解資訊技術的發展，每年分北中南舉辦資訊月，廣受國人歡迎。教育部為使國人了解我國的資訊教育，

每年在資訊月展覽場設專區展示我國資訊教育資料，成效相當良好。

⋯➔ 二、待改進事項

㈠資訊教育計畫常倉促推動，缺乏長遠規劃

　　前述我國資訊教育政策大致上是由上而下，由教育部訂定政策，再由省市或縣市來執行，政策雖然大致都能順利推動，但有時定得太倉促，以致其他因素無法配合，或因相關配套措施沒有完整加以考慮，以致執行成效受到影響，甚為可惜。例如，當年推動高中資訊教學，中教司也因為得到一筆預算外的經費，而臨時決定推動高中資訊教學。經費雖然有了，但電腦的採購事宜卻出了問題。當時我國的資訊科技才起步，八位元個人電腦才開始生產，中等學校第一次如此龐大的採購案，業界頗為注重，採購事宜就受到影響，一直延遲至開學三個月後，電腦設備才送到學校，影響教學甚鉅。另方面，當年負責培育中等師資的三所師範大學都未設立資訊相關系所，高中並無資訊教學師資，有賴政府專案培訓。教育部原計畫利用暑假以三個月時間，委託台北工專和高雄工專以密集訓練的方式，調訓高中在職教師，也因種種因素的影響，此項訓練也延至開學前三週才調訓，訓練時間太短，成效當然受影響，也就直接影響到教學成果。

　　民國七十二年行政院「資訊發展推動小組」中，由教育部執行的「人才培育組」考慮中小學推動資訊教育的需要，乃訂定「資訊人才推廣教育五年計畫」，決定委託資訊工業策進會調訓在職教師，接受六個月的在職訓練，成為中小學合格電腦教師。在計畫開始實施之初，以調訓數理科教師為原則，完成訓練之後，這些教師大多不願放棄原在學校擔任數理科「主科」的教學，而改擔任大學不考的電腦「副科」的教學工作，以致培訓的原意未能達到。後來改為調訓有擔任教學意願的其他科教師，但因教師原有背景不足，培訓的成效也就不盡理想，這些老師回到原校之後，改任電腦教師，占用各校的電腦教師缺額，學校對這些教師的教學成效也時有反應。民國七十四年教育部核定台灣師範大學成立資訊教育系，負責培育中

學電腦師資，四年後這些經長期正規培育的合格教師卻產生無缺可分發的困境，造成教育人力的浪費。

(二)資訊科技進步太快，學校設備無法隨時更新

民國七○年代初期，正值我國資訊科技起步，個人電腦快速發展的時候，由八位元個人電腦到十六位元，再到三十二位元，最後到六十四位元電腦。尤其十六位元電腦還有 086、186 和 286 的不同微處理器，而三十二位元電腦也有 386、486 和 Pentium 等微處理器。電腦科技的進步，形成個人電腦的快速發展，幾乎每年都會有新的機種。如此快速的更換，學校有時由於政府所補助的經費有限，無法一次購足一間電腦教室的設備，而必須分年採購，以致形成一間電腦教室常有二、三種不同的機種，造成老師教學上的沉重壓力與負擔，也對學生的學習產生不良影響。再加上資訊教學才開始，學校相關行政人員正確觀念不足，時有新機種一出產，就要求政府教育行政部門補助經費以便採購更新設備，造成相當大困擾。

另方面，由於電腦硬體的快速更換，軟體也就必須跟著變動。一個新的電腦機種推出，就會有新的作業系統（operation system），電腦軟體廠商所開發的應用軟體，如中小學教學常用的繪圖軟體、音樂軟體，及中文輸入所必需的文書軟體等，都會有新的版本，形成老師教學的負擔與學生學習的困難。老師根據這些應用軟體所開發的教學軟體也就必須隨時改變，產生教學軟體開發上的困難，成為老師教學上的額外負擔。

(三)部分學校缺乏推動資訊教學意願，補助設備流於浪費

我國資訊教育採取「由上而下」方式推動，只要政府政策決定，便所有學校一起推動，電腦設備的補助也是所有學校同一標準。這樣的方式雖然可以所有學校全面發展，也達到表面上的公平；但是不考慮學校規模，常產生不理想後果。如學校缺乏意願，則不但教學成效有限，補助的設備也常被閒置而造成浪費，此種現象尤以學校數較多的國民中小學最為嚴重。在民國七十五至七十九年，政府曾以三對等方式全面補助國民中小學電腦

設備，為了解學校執行成果，乃舉辦一次電腦教學訪視，筆者有幸參與該次訪視工作。在訪視北部某縣國中時，就發現兩種現象。某國中是該縣推動資訊教育的中心學校，且班級數較多，該校與其他學校一樣得到相同數量的電腦，校長就反應一間電腦教室根本無法安排一個年級全部班級上課，執行上非常困難。但卻聽聞在同一縣的另一所學校藉口沒有多餘的教室可設置電腦教室，而將補助的全部設備未開箱就放置於儲藏室不用，此種現象豈止是不公平而已，實是對有限教育資源非常可惜的浪費。

　　到八十年中期，在另一次的訪視，筆者與另一位教授訪視南部某縣國中，本應於早上訪視一所學校，下午訪視同縣另一所學校。在早上依約定時間抵達學校後，向學校說明訪視目的是要了解某次補助設備的使用情形，沒想到學校兩個相關單位卻爭辯不清楚到底學校有沒有接受該次補助，以及補助的設備到底是放在何處？最後校長卻說學校的重點在升學，資訊教學不是學校的重點。聽聞此話，我們覺得實無必要再進行訪視，便悻悻然告別離開學校，等待下午訪視另一所學校。這真是教育界難以相信的一件事。如果學校沒有意願，就很容易發生類似這樣的現象，相信這是政府單位始料未及的。

㈣學校認知偏差，造成教學內容偏頗與重複

　　資訊教學剛在中小學推動之初，由於學校沒有資訊師資，也缺乏經驗，政府又沒有課程標準或綱要可以遵循，因此，學校在安排教學內容時，便產生一些不盡理想的問題。在民國七○年代初期，國人常誤以為學電腦就是學程式設計，所以，多數國民中小學就都教個人電腦常見的 BASIC 程式語言。國小教 BASIC，國中教 BASIC 程式設計，高中也是教 BASIC 程式設計，甚至專科與部分大學也同樣教 BASIC 語言，造成從國小到大專都在教 BASIC 程式語言的現象。後來學者專家建議國中小的電腦教學，不應該把重點放在學程式設計，而應該偏重在應用。但是，當時個人電腦的應用功能並不是很好，而中文輸入法正在興起，因此多數小學便改為教中文輸入，少數學校為參加比賽而偏重中文輸入速度的教學，以致有「中文輸入

快手訓練」的批評。後來政府公布課程標準,並且編輯教科書,此種不理想的現象才消失。

㈤政府初期的計畫偏重硬體設備的補助,忽略其他相關配套措施

在資訊教學推動之初,政府由於經費限制,常只能補助學校有限的硬體設備與極少數必備的軟體,無法顧及完整的相關措施,而產生一些不理想狀況。七〇年代初,中小學都沒有電腦老師,一般學校都在得到政府補助的電腦設備之後,才派老師參加研習。由於當時電腦科技的快速進步,幾乎每年都會有新的機種生產,老師研習時所用的機種,與學校所採購的機種又不一樣,此種有設備沒老師可以擔任教學,等到有老師時,學校的電腦機種又不一樣的現象時有所聞。

同時,教學所需的軟體不足,教師無法教學。由於經費有限,政府在補助設備時只能提供最根本的系統軟體,一般教學所需的應用軟體學校必須自行籌經費採購,學校在沒有經費情況下,只好由老師自己想辦法解決,對老師教學產生很大困擾。同時,國民中小學屬義務教育,學校依法不能向學生收費,電腦所需的印表紙、碳粉及電腦維修等經費,學校又沒有編列預算,根本無法解決。最後,教育部只好同意學校對修電腦課的學生收電腦使用費,以為因應。

另一問題是電腦設備的維護人力。一般國民中小學的員額編制都是固定的,學校有電腦教室之後,由於沒有多餘的人力,電腦教室的管理與維護的工作就落到擔任電腦教學的老師身上,此項工作不但是額外的負擔,也是一種責任,多數老師都不願意承擔,因此有的老師不願意教電腦,甚至不敢承認自己會電腦。教育部雖同意學校以臨時任務編組,或給電腦老師減少授課時數的方式,以減輕電腦老師的工作負擔,但問題到今天仍然一直沒有徹底解決。

㈥師資培育未能兼顧應用，致電腦輔助教學無法真正落實於教學

各級政府在電腦輔助教學方面曾推動幾個長期的大型計畫，如教育部的「高職電腦輔助教學計畫」、教育部國科會與省市廳局的「電腦輔助教學五年計畫」、台灣省的「電腦應用教學計畫」與「國民中小學電腦輔助教學計畫」等，再加上台北市和高雄市所推動的有關電腦輔助教學工作，各單位投入相當可觀的經費與人力，在教學軟體的設計與製作累積不錯的成果，但是實際應用在教學上的成效卻相對不理想。專家學者推其可能原因，大致包括：教師習慣傳統的書本教學；教師缺乏電腦輔助教學的正確概念，導致不知如何使用，甚至排斥電腦輔助教學；在固定的課程標準下，固定的課表、統一的教學進度、統一的考試題目等措施，讓教師無法使用電腦輔助教學；學校沒有足夠的電腦設備提供教師使用；各年級各科只有零星的電腦輔助教學軟體，缺少有系統的教學軟體，教師無法真正使用在教學上；與教學軟體設計不理想，無法獲得預期的教學成果等。這些都是可能的原因，但筆者認為最重要的因素在教師。

過去國人不太了解電腦輔助教學，也缺乏電腦輔助教學軟體可以使用，一般教師也沒有能力設計教學軟體。教育部為推動此項工作，於民國七十四年分北、中、南三區委託大學以調訓在職老師的方式，培訓電腦輔助教學軟體設計的人力，研習的內容偏重在與教學軟體設計有關的理論和技巧。幾年下來總共培訓超過一萬名教師，其中一部分老師真正投入電腦輔助教學軟體設計的工作，為各級學校開發可觀的軟體。可惜這些辛苦開發出來的軟體卻乏人使用，因為絕大多數的老師對電腦輔助教學不甚了解，不知道如何將電腦輔助教學融入其教學活動中，即使偶爾有極少數教師使用，也常常誤用，將學生全班帶到電腦教室，利用電腦輔助教學代替其教學活動。教育部實應廣泛舉辦短期的研習活動，讓大多數老師了解如何使用電腦輔助教學軟體，將它們用來融入其教學活動中，或讓學習成果不理想的學生在課後作為補救學習之用。教育部若能仿照九〇年代推動資訊融入教

學以培育種子團隊帶動區域學校的方式，培育教師了解如何利用電腦輔助教學，相信我國電腦輔助教學的成效將更為豐碩，更能得到國人的肯定。

㈦校務行政電腦化左右為難，推動工作頗費周章

一般國民中小學行政人力不足，常需仰賴教師兼辦行政業務，因此各級政府在推動資訊教育時，都將校務行政電腦化列為一項重要工作。在推動之初，只有一小部分學校因為有老師具程式設計能力，就請老師利用課餘為學校設計比較常用的行政電腦化程式，最常設計的有成績處理、薪資處理與財產管理等，由於每一所學校都需要這些程式，學校就要求政府統一開發完整的一套程式，提供給全部學校使用。例如，台灣省教育廳初期曾委託台中縣私立明道中學設計一套中等學校的行政電腦化程式，也請台中市向上國中負責國中行政電腦化工作；台北市教育局請內湖高工、大安高工與士林高商共同規劃、開發校務行政電腦化程式；而高雄市教育局則自行組織工作小組研發，也曾委託資訊工業策進會規劃設計全市行政單位與學校行政電腦化軟體。但是，學校並不完全適用這些統一的軟體，因為各校在政府統一的行政處理規定下，還會有自己單獨的處理方式，如成績處理，各校所採用的各種分數所占的比例就時有不同，學校本身又無電腦老師，便會要求負責開發的學校為其修改程式，負責的學校常感困擾。因此，台灣省教育廳曾邀請已經開發軟體，而且使用效果不錯的學校，將其開發的程式在豐原中等學校教師研習中心公開展售，由學校各自選購合用的行政處理程式。後來教育部國民教育司也曾委託台灣師範大學資訊教育系研發國中校務行政電腦化軟體，免費分送全國國中使用，也因各校有不同的要求，最後使用成效也不彰。

在各校獨自設計與政府統一開發都無法滿足所有學校時，由於在政府推動資訊教育多年，絕大多數學校都已經有電腦老師，也都有能力自行設計，因此傾向由各校自行開發其行政電腦化軟體。但為達到資訊流通，教育部中等教育司乃委託台灣師範大學資訊教育系邀集省市政府相關單位，共同研商校務行政電腦化的資料規格與輸出入格式，作為全國各級學校開

發校務行政軟體的依據。

貳、未來展望

⋯➤ 一、政策由上而下，執行由下而上

　　過去中小學資訊教育大致由中央教育部訂定政策，並由上級單位執行；執行時也是由上級單位規劃方式與內容，學校大多是被動的接受。這樣的執行方式雖然表面上做到全面普及，但實際上卻容易產生缺失，以致影響執行成效。如上所述，資訊教育的軟硬體設備由政府主動提供給學校，固然頗多學校會主動爭取，並認真推動使用，但無可否認的，也有一些學校因為意願不高或其他原因，接受設備補助之後並未充分利用，甚至讓設備閒置，產生有意願推動者設備不足，而不想推動者卻是浪費設備。政府雖然會有訪視，但設備補助到校，已經無法改變，有限資源沒能發揮最大效益，甚為可惜。

　　往後在政府訂定政策之後，應由有意願的學校提計畫向政府申請，經過審查程序之後再給予補助。或許有人認為，學校在推動之初沒有人力可以撰寫推動計畫，即使有人可以寫計畫，也不一定可以寫得很好。但審查只是手段，目的是要學校主動表示有意願推動，只要學校有意願，政府可以在補助時給予多方協助，使預定目標可以順利達成。另外，也許有人認為資訊教育的推動應該普及，讓全部學生都有機會接受資訊教育。個人也認同此觀點，但政府主動提供設備，徒造成無意願學校閒置設備，並不能達到補助的目的。在推動之初，或許有部分學校未提出申請，在有學校接受補助而推動資訊教育時，未提出申請的學校便會受到來自學生、家長或社區的壓力而提出申請，最後仍然可以達到全面實施的目標。如此做法，學校化被動為主動，相信會比較認真實施，效果也會更好。當年美國加州在推動高中資訊教學時，即採取此種方式。

⋯→ 二、執行計畫應含軟硬體與人力規劃

我國過去推動資訊教育的各項補助，大都只考慮電腦軟硬體設備的補助，往往忽略其他重要相關措施，如行政與人力的配合。一所學校推動資訊教育工作，並不是只要有設備就可以，通常還需要一些相關措施，例如，設備的管理與維護，學校要有必需的人力，過去都由電腦老師負責管理，老師在教學之餘還要管理甚至維護電腦設備，不但增加工作負擔，也加添心理上的壓力，老師又沒有任何外加的酬勞，造成部分老師不願意擔任資訊教學的工作。後來政府雖然同意減少授課時數，或利用任務編組方式處理，但實際問題並未解決。直到今天，這仍然是大家討論與爭取要解決的問題。政府實應在推動資訊教育幾年之後，寬列經費協助學校成立電算中心，尤其是設備較多的大型學校，以便統籌負責設備的管理與維護，使學校設備能發揮最好的使用效能。

再者，過去也常發生政府補助學校設備，但學校卻沒有電腦老師可以使用，造成設備閒置。等到學校好不容易派老師去受訓回來，學校的設備又與老師受訓時所用的機型不一樣，又要求學校更新設備，造成頗多困擾。如果政府採用上述方法，由學校提出計畫申請，此類問題將可大為減少。

⋯→ 三、高中職與國中小的資訊教學內容宜有明確區隔

在實施資訊教育初期，由於政府缺乏整體規劃，對高中、高職、國中與國小的教學內容沒有全盤考慮，造成從高中到小學都在教BASIC程式設計的現象，後來認為國中小應該要教應用，又因客觀條件的限制，變成中文輸入的訓練，經過幾年的調整才慢慢改過來。今後對於中小學資訊教學的教學內容應該如何安排才適當，政府應在推動之前有完整的規劃，尤其目前在九年一貫課程中，資訊已不是課程，而是議題，強調資訊融入教學，這樣的方式是否合適？是否正確？是否符合國家社會未來發展的需要？學界仍有不少質疑。政府應深入而廣泛地加以了解，對中小學資訊教學有一個整體的規劃。

八〇年代末期，教育部已有委託案請大學教授研究規劃中小學資訊教學課程內容，國科會科教處也支持學者進行中小學資訊教學課程與教材的研究，將使中小學資訊教學步入較理想境界。

···➔ 四、國中小師資宜重資訊應用的培育

對於國民中小學資訊教學，國內多數人認為教學應重視應用，這也是多數歐美國家實施的情形。既然教學要重應用，則教師的培訓就應該配合，才能達到培訓與教學合一的目的。可是過去中小學教師的資訊培育，大多將重點放在資訊的理論、技能或專門知識，而忽略資訊教材教法與資訊應用，以致有一些老師不甚了解教材教法，也不知如何教應用，即使在強調資訊融入教學的九年一貫課程，多數老師也不太了解如何將資訊融入教學中，也不知如何利用資訊協助其教學或協助學生學習。往後的師資培訓應該與教學相配合，如此才能使老師感到得心應手，也才敢於嘗試。

···➔ 五、中小學數位學習應有較前瞻的規劃

數位學習今後將是中小學資訊教育最重要的一環，因此政府對數位學習應有全面性的規劃。目前國科會負責推動我國「數位典藏」與「數位學習國家型科技計畫」，到九十六年完成的第一期五年計畫，對國內有關數位學習的素材、平台技術、前瞻技術、數位學習內容與華語文教材研發等，都有一些初步的成果。九十七年開始將兩者合一為「數位典藏與數位學習國家型科技計畫」，將有助於數位學習各種因素的有效結合。政府在推動此計畫時，更應對數位學習平台技術的整合應用、適合國人的數位學習學理的研究、真正前瞻技術與理論應用的研究發展及國際數位學習學術與技術合作等，有更完整、更全面性的規劃，並加速鼓勵廠商積極投入研發，落實數位學習認證制度，如此才能為我國數位學習建立深厚的基礎。

同時，為使數位學習能真正落實於實際教學，獲致最大的教學效果，u-learning 和 v-learning 是必須要走的一條路，政府相關部門宜鼓勵 u-learning 的相關學術研究與技術發展，並倡導將研究結果用在教學系統的研發上，

使學生真正可以「無所不在」的學習，使學生的學習真正無所障礙。

資訊教育重要大事紀

- 民 60 年代，電腦出現在我國職業學校校園，部分學校在 69、70 年便開始自行推展電腦教學。
- 民 61 年，淡江大學創國內大學之先，開授電腦課程。
- 民 65 年，淡江大學首先引進電腦輔助教學的觀念，利用 IBM370 電腦發展大一英文的電腦輔助教學教材軟體。
- 民 71 年，國科會科教處為探討利用八位元個人電腦發展電腦輔助教學的可行性，於是年推動電腦輔助教學試探性實驗計畫。
- 民 71 年，淡江大學購置兩套 MODCOMP 電腦系統，引進美國伊利諾大學 PLATO 電腦輔助教學軟體系統，並派人至發展 PLATO 系統的伊利諾大學進修 CAI，以改進設計技巧。
- 民 71 年，政府著手草擬推動資訊教育計畫。
- 民 71 年，行政院成立「資訊教育推動小組」後，政府才開始有計畫地著手於中小學資訊教育的推展。
- 民 71 年 11 月，行政院資訊推動小組成立「資訊課程及設備標準委員會」。
- 民 71 年，教育部選擇 12 所高級中學進行電子計算機教學實驗，開啟國內中等學校實施電腦教育之端，並於第二年再增加 12 所學校參與實驗。
- 民 71 年暑期，為了配合教學，教育部特別委託台北工專與高雄工專以密集訓練方式，調訓 12 所參與實驗的高中的數學、物理或化學老師，為期兩週。
- 民 71 年 4 月，國科會開始推動「電腦應用於數理科教學研究」實驗計畫，進行國中 CAI 研究。
- 民 71 年，國科會開始推動「電腦科技於科學教育之應用」方面的基礎研

究。

- 民 71 年 6 月，行政院核准教育部成立電算中心，負責教育部有關電腦相關業務，綜理全國資訊教育工作。
- 民 71 年，台灣省政府教育廳成立「台灣省資訊教育推動指導委員會」，在指導委員會下成立推動小組，實際負責資訊教育的執行工作。
- 民 71 年 11 月，教育部電子計算機中心首次辦理電腦軟體設計競賽。
- 民 71 年，中興大學在行政院主計處支持下，與 CDC 台灣分公司合作，安裝一套 CYBER170-720 電腦，將部分 PLATO 系統中的教材軟體中文化，為國內各級學校使用，但因各種因素無法配合而告中斷。
- 民 71 年，台灣師範大學配合行政院「輔導國中未升學未就業畢業生」計畫，投入電腦輔助教學研究，購置一套 MODCOMP 系統，並組織 CAI 推動小組，在教育部及國科會的補助下，發展國中英文、數學和大學教育統計學等科目的教材軟體。
- 民 71 年，台中縣私立明道高中與高雄市私立大榮高工也開始嘗試課程軟體的開發工作。
- 民 72 年 4 月，省教育廳研訂「台灣省高級職業學校實施電腦教學計畫」，遴選全省 16 所高職進行資訊教學。
- 民 72 年 7 月，政府召開科技國建會，會中資訊教學組向政府建議開始實驗電腦輔助教學在我國推動的可行性。
- 民 72 年，省教育廳提出「台灣省中等學校資訊教育三年計畫」，以短期密集式調訓在職教師。
- 民 72 年，台灣省教育廳試辦推展高商「商業資訊」，並於 74 學年度全面推廣於所有公私立商職。
- 民 72 年，教育部公布實施國民中學課程標準，在國中工藝新課程標準增列「資訊工業」單元，安排於國中三年級上學期，共有六週實施電腦教學。
- 民 72 年，教育部頒布「高級中等學校資訊教師登記辦法」，而有資訊教師登記 21 學分之規定。

- 民 72 年起，教育部逐年補助公私立職技，擴充電腦教學設備。
- 民 72 年，省教育廳成立「高職資訊教育研究推動小組」，執掌研究、規劃、推動、評鑑事宜，各高職校內成立「實驗推動執行小組」，執掌實驗工作之執行與檢討。
- 民 72 年，教育部訂定「資訊人才推廣教育五年計畫（第一期）」（民 73 年 7 月至 78 年 6 月），委請資策會辦理計算機師資研習，於 73 年 7 月培訓高中職教師，給予六個月密集訓練，修習 22 電腦學分。
- 民 73 年，教育部公布「各級學校資訊教育課程及設備暫行標準」，對各級學校資訊教育之大綱及設備均有明確規定。
- 民 73 年，教育部頒布高中課程標準，規定二、三年級開設電子計算機選修課程。
- 民 73 年，國科會開始補助各公私立大學教授進行有關電腦應用的專案研究計畫。
- 民 73 年，台灣省教育廳補助台灣省國小教師研習中心購置電腦設備發展軟體。
- 民 73 年，台北市民生國小協助國科會辦理「國小電腦輔導教學實驗」，而成立台北市國小第一間電腦教室。
- 民 73 年，台北市敦化國小與宏碁電腦公司合作試辦電腦教學實驗。
- 民 73 年，台北市西松國中實驗英文科電腦輔助教學。
- 民 73 年，台灣省教育廳補助板橋國小教師研習會購置電腦設備，發展軟體，同年亦補助屏東師專附小進行實驗教學研究。
- 民 73 年，高級中學「電子計算機簡介」首次在中學階段將電腦列為正式課程。
- 民 73 年，教育廳提出「台灣省國民中小學實施電腦教學計畫」。
- 民 73 至 74 學年度開始，台灣省政府教育廳擇定並輔助省立屏師附小、竹師附小和板橋國教教育研習會，分別就資訊教育、電腦輔助教學進行研究。
- 民 73 年，教育部開始辦理「教學研究應用微電腦軟體套用程式創作獎

勵」。

- 民 73 年 3 月，教育部、國科會共同推動國內第一個國家型電腦輔助教學實驗計畫。

- 民 73 年 4 月，台灣省政府教育廳聘請專家學者組成中華民國資訊教育考察團赴日考察，此為國內第一個中小學資訊教育考察團。

- 民 73 年 5 月，省立台中家商成立「商業資訊教學資料中心」，75 年更名為「台灣省高職資訊教學資源中心」以擴大中心功能。

- 民 73 年 10 月，教育廳委託台中縣私立明道中學研究開發學生學籍管理、成績處理、學生缺曠課管理、活動資訊管理、人事薪資管理、財務會計管理、財產管理等套裝程式；並於 75 年 5 月至 11 月，遴調公私立高中、職有關人員參加操作研習後，將各程式提供各校參考試用。

- 民 73 年 12 月，教育部電子計算機中心參加 73 年資訊週資訊應用展提供電腦輔助教學展。

- 民 73 年 12 月，教育部阮次長大年與 IBM 公司簽訂「加強教學研究套裝軟體服務」三年合作計畫。

- 民 74 年，台灣省政府教育廳全面實施商職資訊教育。

- 民 74 年，北市教育局提出「台北市各級學校資訊教育六年計畫」。

- 民 74 年，教育部進行高職電腦輔助教學五年研究發展計畫，到民 75 年，其他教育行政單位也計畫發展，遂結合國科會、台灣省教育廳、台北市教育局及高雄市教育局，將高職 CAI 擴大為各級學校 CAI 軟體發展計畫。

- 民 74 年，台灣師範大學成立資訊教育學系，為我國第一所培育中學資訊教育師資的學系。

- 民 74 年，教育部委託台灣師範大學工教系開發「中文電腦輔助教學編輯系統」，廣泛發行至各級學校使用。

- 民 74 年，北市教育局為加強推動北市各級學校資訊教育，成立「台北市各級學校資訊教育推動小組」。

- 民 74 年，國科會推動「電腦與數學實驗」，探討如何利用電腦進行數學實驗。

- 民 74 年 8 月，國家電腦輔助教學計畫遴選台灣省、台北市、高雄市高中、高職、國中、國小各一所學校和台灣師範大學附屬中學等 13 所學校，進行電腦輔助實地教學實驗。
- 民 74 年 10 月，台中家商創刊發行「資訊教學資料中心簡訊」，75 年 6 月改由台灣省政府教育廳與資訊工業策進會聯合發行。
- 民 74 年 11 月，教育部為配合高職 CAI 計畫，委託台灣師範大學、中興大學、高雄師範大學、淡江大學負責辦理第一期電腦輔助教學發展課程進修班，提供我國電腦輔助教學課程軟體設計的龐大人力資源。
- 民 75 年，省教育廳進行高職「電腦在專業科目上的應用」計畫，著手開發專業科目應用教學軟體。
- 民 75 年，台灣省教育廳訂定「台灣省國民中小學實施電腦教學計畫」。
- 民 75 年，教育部頒布高職課程標準，規定二年級開授電子計算機概論課程，三年級開授計算機在專業上的應用。
- 民 75 年 2 月，教育部頒布「工業職業學校課程標準暨設備標準」修訂案，將「電腦概論」列為工科高二學生必修課程。
- 民 75 學年度，台灣省教育廳於公私立職校工業、農業、家事、海事、護理二年級全面試行計算機概論教學實驗。
- 民 75 年，教育部「工職教育改進計畫第三期」中，以三對等方式，分兩年補助台灣地區 157 所職業學校設立電腦教室，每一所高職至少成立一間電腦教室。
- 民 75 年，高雄市訂定「高雄市資訊教育四年計畫」。
- 民 75 年起，高市教育局每年舉行資訊教育觀摩會，針對資訊教學課程內容，分成若干單元舉行教學觀摩會，並遴聘專家學者指導。
- 民 75 年 2 月，教育部電子計算機中心「中心研究服務簡訊」創刊。
- 民 75 學年開始，各公私立高級工業職業學校設立資訊科，高級商業職業學校則設立資料處理科，開始在高級職業學校培育中低級資訊專業人才。
- 民 76 年，教育行政單位開始辦理「中華民國電腦輔助教學研討會」，參加對象為中小學教師。

- 民 76 年 10 月，教育部結合國科會與資策會共同發行《資訊與教育》雜誌，取代資訊教學資料中心簡訊，免費提供給國內各中小學。
- 民 76 年，北市教育局成立資訊教育輔導團，目的在提升資訊教育水準。
- 民 76 年，北市教育局委託大安高工訂定校務行政電腦化「學籍管理系統作業規範建議書」。
- 民 76 年，台北市政府補助國中，預定三年內每校至少有 15 部微電腦。
- 民 76 年，教育部編列預算購置高中職電腦設備，以三對等方式每校購置 30 部電腦，並成立電腦教室。自 78 年起，各國中至少 10 部。
- 民 76 年起，教育部與台灣省教育廳分四年逐年補助國民中小學採購電腦設備，前兩年以國中為主，後兩年補助國小。
- 民 76 年起，教育廳推動「電腦在專業科目上的應用」計畫，由彰化高商承辦教學師資培訓研習、軟體開發及推廣，遴選台中高工、台中高農、台中家商、基隆海事、台中護校及彰化高商等校分別辦理工業、農業、家事、海事、護理及商業等類科之規劃工作，翌年改為「電腦應用教學計畫」。
- 民 76 年，教育部推動「高工高商電腦輔助教學四年推動計畫」。
- 民 76 年，台灣省私立高職亦獲教育部、台灣省政府教育廳補助購置電腦教室一間。
- 民 76 年，北市教育局成立中等學校職業類科資訊教育推動研究小組，由市立松山工農召集，依 75 年度彙編之「台北市中等學校職業類科（工科）計算機概論」教學活動，設計完成「計算機概論評量方式暨電腦教室規則參考範例」，編印成冊分送學校參考。
- 民 76 年，台北市教育局訂定「台北市發展高級職業學校資訊教育三年計畫」，以加強高職資訊教育之推動。
- 民 76 年 7 月，台灣省政府教育廳為了解各校推動校務行政電腦化的現況，對全省高中職進行問卷調查，並選定 24 所學校進行實地訪視。
- 民 76 年 8 月，國際學術網路 BITNET 正式開幕啟用。
- 民 76 年 12 月，行政院核准「全國學術電腦資訊服務及大學電腦網路計

畫」。

- 民 77 學年度起，台北市與高雄市教育局開始選校試辦 CAI 電腦輔助教學實驗。
- 民 77 年，台灣省教育廳逐年補助高職電腦應用教學實驗學校電腦設備。
- 民 77 會計年度起，教育部與教育廳、台北市、高雄市政府教育局分三年以二對等方式，編列預算，補助國民中學行政電腦化專用硬體設備費，每校 10 萬元，用以推行校務行政電腦化。
- 民 77 年，台北市補助所有國中購置電腦，嘗試電腦教學，預定三年內所有國民中學每校至少有 15 部微電腦設備。
- 民 77 年，北市教育局依據當時行政區選定 16 所國民小學，每校編列預算 80 萬元，購置電腦 25 部，分別成立電腦教室一間，開始實施電腦輔助教學。
- 民 77 年，教育廳為落實台灣省國民中小學資訊教育，撰寫「台灣省國民中小學資訊教育及應用推展計畫」，自 77 會計年度起，每年核定 142 所國中設置電腦教室；並自 78 會計年度起，各縣市擇定一所國民中學作為「縣市資訊教育中心學校」。並擬成立「台灣省國民中（小）學資訊教育輔導發展小組」，作為推動工作的機制。
- 民 77 年，行政院資訊發展推動小組人才培訓組研擬「邁向公元二〇〇〇年資訊化國家第二期資訊人才推廣教育第一階段訓練計畫」，全期計畫 12 年，分三階段實施：第一階段自 79 至 82 年，重點放在培訓各級學校在職教師；第二階段自 82 至 86 年，主要目標為加速培育各國中、小資訊種子教師；第三階段於 87 年度開始執行，以初步實現資訊化社會，使全民具有電腦素養為訓練規劃重點。
- 民 78 年，台灣省教育廳建立國中資訊教育推行網，於各縣市選定一所學校負責輔導與推行該縣之資訊教育，並編《電腦入門》一書。並於 79 學年度全省 21 縣市推廣資訊教學中心之國中試用，80 學年度起該教材即作為國二選修「電腦教學」之教材。
- 民 78 年起，教育部與國科會舉辦兩年一次的國際電腦輔助教學研討會，

並於 84 年改為一年一次。

- 民 78 學年度,教育廳指定台北縣江翠國中作為「資訊教學實驗學校」,負責協助辦理國中資訊教學參考教材、規劃資訊教學觀摩、加強教材教法研習會、諮詢訪視電腦教學等;另選定北、中、南、東四區各一所國中辦理資訊教學觀摩及教材教法研習(北區:台北縣江翠國中;中區:台中市向上國中;南區:台南市建興國中;東區:花蓮縣玉里國中)。
- 民 78 年,台灣省教育廳分三年補助各國中,購置校務行政電腦化基本配備,並委請資策會開發「台灣省國民中學校務行政電腦系統」,第三期改由台中市向上國中負責軟體開發。
- 民 78 年,國教司委請台灣師範大學資訊教育系開發國中校務行政電腦化系統,並提供全國各國中使用。
- 民 78 年,教育部辦理「電腦輔助教學課程軟體優秀作品獎勵」。
- 民 78 年,台灣省教育廳在省立三重商工設置「台灣省高職電腦輔助教學軟體製作中心」。
- 民 78 年,台北市教育局召開「校務行政電腦化之整體規劃研究」,委託內湖高工與士林高商開發個人電腦用行政軟體。
- 民 78 年,台北市訂定「78 年度高職校務行政電腦化計畫」時程為期兩年。
- 民 78 年,教育部執行「電腦輔助教學發展計畫」三年計畫(78 年 7 月至 81 年 6 月)。
- 民 78 年 1 月,台灣省教育廳公布實施「台灣省國民中小學資訊教學與推展計畫」,經費以三對等方式補助國中購置電腦設備。
- 民 78 年 3 月,教育部首次舉辦中華民國電腦輔助教學發展趨勢座談會,至 86 年 4 月共舉辦六次。
- 民 78 年 7 月,教育部正式推動電腦輔助教學軟體發展計畫,為期三年。
- 民 79 年,教育部中教司委請台灣師範大學資訊教育系分年規劃行政電腦化各系統之資料規格與輸出入格式。即規劃教務、學務、財產、人事、會計等作業之規格。

- 民 79 年 5 月底，教育廳於豐原「中等學校教師研習會」舉辦「校務行政電腦化應用軟體研討會」，並展售各校發展之校務行政電腦化軟體。
- 民 79 年，教育部推動台灣學術網路（TANet），大專院校於民國 85 年度全面上網。
- 民 80 年，台灣師範大學成立資訊教育研究所碩士班。
- 民 80 年起，台灣省教育廳委由中壢高商承辦題庫軟體開發。
- 民 80 年，教育部補助台灣省政府教育廳「高職電腦輔助教學軟體發展中心」開發「動態課程發展整合環境」IDEAL 系統。
- 民 80 至 83 年，高雄市教育局推行實施「高雄市國民小學資訊教育中程計畫」。
- 民 80 年 7 月，台灣學術網路（TANet）T1 高速骨幹線路，北至台大，南至中山大學全線完成使用。
- 民 80 年 12 月，TANet 串接美國普林斯頓大學，與全世界 Internet 網路以 64kbps 專線接通測試。
- 民 81 年 7 月，教育部繼續推動「電腦輔助教學軟體發展及推廣計畫」，集合教育部、省市教育廳、局及國內各級學校所研發的電腦輔助教學軟體，陸續發行各學科電腦輔助教學軟體「好學專輯」（81 年 7 月至 86 年 6 月）。
- 民 81 學年度，教育廳在各縣市設立電腦輔助教學中心，補助各中心學校 40 萬元作為購置學校行政電腦化設備經費，82 學年度補助 410 所國小各 12 萬元作為購置學校行政電腦化設備經費（依據 78 年「台灣省國民中小學資訊教學與推展計畫」）。
- 民 81 年，教育部電算中心、彰化師範大學、台南師範學院分別設置北、中、南三區全國教育資訊服務系統，於 84 年 12 月完成階段性目標後，中、南區融入 TANet 至中小學計畫，北區則交由北區各縣市教育網路中心負責。
- 民 81 年 6 月，舉辦台灣學術網路 TANet 暨國際 Internet 網路啟用暨展示典禮。

- 民 81 年 6 月，教育部擴大辦理「校園軟體優惠辦法座談會」協商九十九家軟體廠商提供軟體優惠辦法。
- 民 81 年 9 月，教育部委託台灣師大等四所學校辦理「電腦輔助教學進修班」，開辦國中八班，國小四班，共計 12 班，培訓調訓在職教師 480 人。
- 民 81 年 11 月，連接美國網際網路（Internet）之國際線路頻寬擴充為 256k。
- 民 82 年，教育部實施「改善各級學校資訊教育教學四年計畫」，國教司提供 2 億 3,000 萬，補助專科、高職汰換電腦設備，並連線台灣學術網路，與廳、局對等補助國中每 30 班、國小每 40 至 50 班成立一間電腦教室。
- 民 82 年，教育部擬訂「補助各級學校電腦設備」四年計畫，並提出「各級學校資訊基礎設備參考標準」。
- 民 82 年，教育部將「教學研究應用微電腦軟體套用程式創作獎勵」與「電腦輔助教學課程軟體優秀作品獎勵」併為「校園軟體創作獎勵」。
- 民 82 年，教育部公布於 87 學年度起，國小學生可利用團體活動時間選修電腦課。
- 民 82 年，台北市教育局依教育部 81 年編訂之「國民中小學資訊課程範圍標準參考綱要」，訂定「台北市國民小學資訊教育課程綱要」於 82 年 9 月起實施。
- 民 82 年 1 月，召開「台灣學術網路管理委員會第四次會議」：由教育部協調相關單位提出使用 T3 線路具體之測試需求，供電信局實驗及評估未來開放高速數據電路之可行性。
- 民 82 年 2 月，行政院核准教育部所提「改善各級學校資訊教學計畫」。
- 民 82 年 2 月，行政院核准教育部規劃之「電腦輔助教學軟體發展及推廣計畫」（81/7-86/6）。
- 民 82 年 3 月，教育部成立「資訊推動小組」，並舉行「資訊推動小組」第一次會議，確認教育部「應用系統標準流程」。
- 民 82 年 3 月，教育部召開「第一次電腦輔助教學指導委員會」會議，確

認電腦輔助教學指導委員會組織架構。

- 民82年4月，交通部電信總局同意教育部所屬各級學校均得接入台灣學術網路使用。
- 民82年5月，假台北市育達商職舉行「中華民國第七屆電腦輔助教學研討會」。
- 民82年6月，完成好學專輯㈠373套CAI軟體光碟。
- 民82年7月，設置「全國教育資訊服務系統」南區台南師範學院站。
- 民82年8月，召開「第二次電腦輔助教學指導委員會」會議，確認電腦輔助教學指導委員會設置要點。
- 民82年8月，委託國立台北師院等18所學校辦理CAI應用班，國中23班，國小23班；CAI設計班，國中六班，國小六班，共計58班，培訓在職教師2,320人。並辦理「改善各級學校資訊教學計畫三學分電子計算機概論班」國中11班，國小11班，金馬班一班，高中職10班，共計38班，培訓在職教師1,520人。
- 民82年9月，教育部修訂發布國小課程標準，自85學年度第一學期起實施，將電腦列於團體活動中之分組活動參考項目項下，自三年級起，分四年逐年實施。
- 民82年9月，重編完成「電腦輔助教學課程軟體目錄」，資料來源除教育部開發之軟體，尚包括國內各級學校，政府機關以及軟體廠商所製作發展之各軟體，總計746套。
- 民82年9月，教育部舉辦中華民國電腦輔助教學發展趨勢座談會。
- 民82年11月，教育部頒布「教育部國中、國小電腦教室設備參考規格」。
- 民82年12月，教育部頒布實施「補助國民中、小學電腦教室設備實施計畫」，全面補助國民中小學電腦教室設備，並制訂「國中、國小電腦教室設備參考規格」，提供設置電腦教室之參考依據。
- 民82年12月，教育部辦理資訊月研討會計82場次，共5,713人參加。
- 民82至87年間，國科會規劃電腦輔助學習的學術研究計畫，並將此劃

分四大研究主題：電腦輔助學習與各學科教學（民 82 至 86 年）、智慧型電腦輔助教學系統研究（民 82 至 86 年）、電腦輔助學習實施之研究（民 82 至 83 年）、遠距科學教師輔導系統研究（民 85 至 88 年）。

- 民 83 年，教育部依據行政院「國家通訊通信基本建設專案推動小組第一次會議」決議，負責推動「E-mail 至中學計畫」；此計畫於 86 年 3 月配合 NII 政策，更名擴大內容為「TANet 到中小學計畫」。

- 民 83 年，教育部舉辦「中華民國電腦輔助教學發展趨勢座談會」。

- 民 83 年，高雄市委託資訊工業策進會規劃並設計教育局和全市中小學行政業務電腦化系統，第一期約於 86 年完成。

- 民 83 年，北市教育局陸續選定 36 所國小成立電腦教室。

- 民 83 年，教育部為落實中小學資訊教育推動，執行「改善各級學校資訊教學計畫」。

- 民 83 年 3 月，召開第三次電腦輔助教學指導委員會，確認中等學校及國民小學電腦輔助教學課程軟體審查要點及實施時程，實施細則請國立編譯館再行斟酌、修正。

- 民 83 年 3 月，召開「台灣學術網路管理委員會第八次會議」：台灣學術網路對 Internet 國際線路塞車之因應措施由技術小組訂定。為使 TANet 能延伸至高中、高職、國中、國小各級學校，各區域網路中心可協助各縣市教育局，由各縣市教育局或委託重點學校成立縣市教育網路中心，負責提供該縣市之網路連線、諮詢等資訊服務之相關事宜。

- 民 83 年 4 月，於高雄縣政府教育局舉行教育行政網路與教育資訊網路觀摩會。

- 民 83 年 5 月，完成好學專輯(二)高工汽車暨電器修護電腦輔助教學軟體光碟。

- 民 83 年 5 月，假高雄市三信家商舉行「中華民國第八屆電腦輔助教學研討會」。

- 民 83 年 5 月，教育部辦理 82 學年度「微電腦應用系統設計製作競賽、校園軟體創作獎勵頒獎典禮」暨「校園軟硬體創作暨電腦輔助教學軟體

優秀作品展」，於資訊科學展示中心舉行。

- 民 83 年 6 月，教育部完成委託益智遊戲——環保類六單元（WINDOWS 版）CAI 軟體。
- 民 83 年 6 月，教育部完成益智遊戲（語音版）15 單元，國中物理五單元，啟聰教育——口語教學九單元，啟聰教育——國語文科 15 單元等 CAI 軟體。
- 民 83 年 6 月，召開「第四次電腦輔助教學指導委員會」會議，研訂有關益智遊戲等社教軟體評鑑要點之建議事項，提供資策會修訂要點時參考。
- 民 83 年 8 月，教育部委託國立台北師範學院等 18 所學校辦理 CAI 設計班，國中七班，國小八班，共計 15 班，在職教師培訓 600 人。並辦理「改善各級學校資訊教學計畫三學分電子計算機概論班」國中 14 班，國小 17 班，金馬班一班，高中職六班，共計 38 班，培訓在職教師 1,520 人。
- 民 83 年 9 月，教育部公布國小電腦課程，85 學年度實施，將電腦列入團體活動課程中。
- 民 84 年，教育部訂定國民中學電腦課程標準，規定二、三學年為必修電腦課，每週一節。
- 民 84 年，教育部推動「電腦輔助教學之發展、推廣與整合計畫」三年計畫（84 年 8 月至 87 年 8 月）。
- 民 84 學年度，為配合國家資訊通信基本建設（NII）計畫，教育部推動 TANet 到中小學計畫，教育部委託中央大學辦理「台灣學術網路技術管理班」。
- 民 84 年 7 月，教育部頒布「教育部高級中學電腦教室基礎設備參考標準」。
- 民 84 年 12 月，教育部頒布「高級職業學校資訊教育基礎設備參考標準」。
- 民 85 年 8 月，台南師範學院成立資訊教育研究所，培育國小資訊教學師資。
- 民 85 年 8 月，召開「資訊教育基礎建設計畫草案」諮商會議。本計畫為

一整體規劃資訊教育環境建置之中長程計畫，於 9 月中旬提報資訊推動指導委員會討論。

- 民 85 年 8 月，統籌擬訂 85 學年度在職教師資訊培訓招訓簡章，並請省市政府教育廳局配合辦理。本學年度共計開辦電腦概論班 39 班、電腦輔助教學設計班 17 班、網路應用班三班、網路技術管理班八班。8 月 21 日至 30 日舉辦「邀遊 Internet 世界研討會」四場次，對象為教育部文教記者及立委助理。

- 民 85 年 9 月，教育部電子計算機中心召開「國中電腦必修科師資來源探討座談會」，與中教司、顧問室、省市政府教育廳局共同研商電腦教師資格認定相關事宜，提出多項建議作為因應未來師資需求之參考。

- 民 85 年 9 月，教育部電子計算機中心召開「資訊教育基礎建設計畫草案」經費編列及相關事宜會議，與技職司、中教司、國教司、會計處、人事處、教研會、顧問室及省市政府教育廳局共同研商本中心擬訂之資訊教育基礎建設長程計畫，所需經費資源配合編列事宜。

- 民 85 年 11 月，教育部召開本部資訊教育推動委員會第一次會議及電腦輔助教學推動委員會第九次會議，研商資訊教育及電腦輔助教學之推動事宜與相關政策之擬訂。提報中程計畫「資訊教育基礎建設計畫」及「社會教育資訊網計畫」送行政院審查。另討論國家資訊通信基本建設（NII）相關計畫——「遠距教學中程發展計畫」及「人才培育中程發展計畫」。

- 民 86 年學年度開始，電腦課成為國二及國三的必修課，每週授課一小時。

- 民 86 年止，教育部以四年投入 24 億，使國小 20%、國中 100%擁有電腦教室，高中 50%、高職 30%專線連至 TANet。

- 民 86 年，實施「資訊教育基礎建設計畫」（86 年 7 月至 96 年 6 月），修訂國中小與高中職「資訊基礎建設參考標準」，規劃連接台灣學術網路，使每間電腦教室皆能上網。

- 民 86 年，教育部推動「國家資訊通信基本建設（NII）人才培育發展計畫」（86 年 7 月至 90 年 6 月）、「遠距教學發展計畫」（86 年 7 月至

90 年 6 月）及「社會教育資訊網計畫」（86 年 7 月至 91 年 6 月）。

- 民 86 年，台灣師範大學成立資訊教育研究所博士班。

- 民 86 年 1 月，85 學年度多媒體電腦輔助教學巡迴展示於 1 月 10 日至 1 月 16 日假彰化縣大竹國小展出。展示內容包含電腦輔助教學軟體、金學獎優良社教軟體，及網路學習應用展示。

- 民 86 年 4 月，為鼓勵中小學教師利用學術網路互動教學，創造多元學習環境，並了解全國中小學利用網際網路之教學成效，以落實「TANet 到中小學計畫」，首次舉辦全國「中小學網路競賽」活動。本次競賽共分國中、國小二組，項目分別為網路繪圖比賽、網路作文比賽及網路資料查詢比賽。

- 民 86 年 4 月，進行「TANet 到中小學計畫」推動成效訪視，計訪視雲林縣、台中市、宜蘭縣、金門縣、台南市、屏東縣等六個縣市網路中心。

- 民 86 年 4 月，85 學年度多媒體電腦輔助教學巡迴展，於花蓮縣國風國中展出。

- 民 86 年 4 月，教育部假淡江大學舉辦「電腦輔助教學趨勢座談會」，與學者專家、業界代表討論電腦輔助教學未來發展相關事宜。

- 民 86 年 5 月，假康寧護專舉行「中華民國第十一屆電腦輔助教學研討會」，計有 300 位中小學教師及學者專家、行政人員參與研習。

- 民 86 年 5 月，85 學年度多媒體電腦輔勵教學巡迴展假屏東縣明正國中展出，展示重點為好學專輯光碟系列金學獎得獎作品及網路應用。

- 民 86 年 6 月，完成多媒體電腦輔助教學軟體光碟好學專輯——國小自然天象時空系列、校園軟體創作得獎作品專輯及國語辭典，此項光碟於 6 月底前陸續寄發學校供師生教學使用。

- 民 86 年 7 月，教育部報行政院之四項中長程計畫——「資訊教育基礎建設計畫」、「國家資訊基礎建設 NII 人才培育計畫」、「遠距教學中程計畫」及「社會教育資訊網計畫書」，於本（7）月分別獲行政院核定通過，於 87 至 90 年度執行。

- 民 86 年 8 月，研商「國民中小學電腦教室暨網路教學基礎設備參考規格

草案」及「高級中學及職業學校電腦教室暨網路教學基礎設備參考規格草案」。

- 民 86 年 9 月，教育部委託國立台灣師範大學等 23 所大學校院辦理 86 學年度在職教師資訊培訓開班作業，計有「電子計算機概論班」、「電腦輔助教學設計班」及「台灣學術網路技術管理班」等，共 96 班。

- 民 86 年 9 月，教育部召開資訊教育推動委員會第二次會議，確認 86 學年度「高級中學及職業學校電腦教室暨網路教學基礎設備參考規格」及「國民中小學電腦教室暨網路教學基礎設備參考規格」。

- 民 86 年 10 月，函送教育部「資訊種子教師加註國中電腦科教師專門科目及學分對照表」給福建省、台灣省、台北市及高雄市政府教育廳局。

- 民 86 年 10 月，教育部發行「電腦輔助教學課程軟體編製技術參考手冊」，提供對電腦輔助教學有興趣者相關資料。

- 民 86 學年度起，高雄市政府教育局規定國中小學應將「電腦」列入必修課。

- 民 87 年，教育部推動「資訊教育基礎建設計畫」擴大內需方案，教育部原編列正常預算 10 億元，88 會計年度追加預算 64 億 7,000 萬元，總共投入 74 億 7,000 萬元經費補助中等以下學校購置電腦設備與電腦教室，將原計畫於 90 年 6 月完成之短期目標提前兩年達成，使之全國 3,000 多所中小學使用 ADSL 連線至 TANet。

- 民 87 年，實施國中「電腦」課程列為必修課程。

- 民 87 年，台北市制訂「台北市資訊教育白皮書」。

- 民 87 年，高雄市制訂「高雄市資訊教育白皮書」，為期四年。

- 民 87 年，教育部電算中心成立「資訊教育資源推動小組」與「資訊教育軟體與教材資源中心」，促進全國資訊教育軟體、教材資源的整合。

- 民 87 年 1 月 9 日，召開教育部「九年一貫資訊課程規劃座談會」，討論資訊課程分科或融入各科設置相關問題。

- 民 87 年 3 月，於台東縣寶桑國中、雲林縣土庫國中分別舉辦「86 學年度多媒體電腦輔助教學巡迴展」，展出電腦輔助教學軟體及台灣學術網

路相關教學應用，並舉行相關研討會。

- 民 87 年 3 月，在高雄師範大學舉行「第七屆國際電腦輔助教學研討會」。

- 民 87 年 4 月，教育部假虎尾技術學院舉行「中華民國電腦輔助教學發展趨勢座談會」。

- 民 87 年 6 月，教育部為配合 NII 計畫推動「NII 人才培育」、「TANet 到中小學」、「遠距教學」及「遠距圖書服務」等計畫，國科會為推動「下一代網路」與美國 NSF 網路連線國際合作計畫，擴充 TANet 國際電路為 T3（45Mbps），以緩和網路的壅塞。

- 民 87 年 6 月，發行好學專輯 14（音樂入門篇）、15（85 學年度校園軟體創作民俗藝術類得獎作品專輯）、16（台北市立動物園）及 17（台灣鄉土文化資訊系統）等四輯多媒體教學光碟片，將推廣至各級學校作為教學輔助教材。

- 民 87 年 7 月，教育部規劃辦理 87 學年度在職教師資訊培訓課程，計開「電子計算機概論班」、「電腦輔助教學設計班」、「台灣學術網路技術管理班」、「台灣學術網路技術管理進階班」、「資訊媒體製作班」、「網路多媒體教學應用班」及「遠距教學教材編製與系統管理班」七類班級，共 152 班。

- 民 87 年 10 月，教育部召開「資訊教育基礎建設計畫推動會議」，對各縣市教育局長說明擴大內需方案作業實施計畫，並請推動督導縣市資訊教育相關工作之進展。

- 民 87 至 89 年，國科會規劃網路科學教育研究計畫，重點在發展學習科技，以學習觀點洞察科技對教育的衝擊，可整合遠距學習、資訊教育及電腦輔助學習等研究領域，探討運用多媒體、交談式視訊及人工智慧等資訊技術，以研究發展在電腦網路上協助學生學習數理科之系統，以逐步轉化中小學各學科的學習、教學模式與學習環境。

- 民 87 至 88 年，國科會著重網路科技對教育的影響，探討網路科技引進各級學校或非學校教育體制後，對教師、學生（學習者）、行政人員、家長及整個教育方式等所帶來的衝擊、所產生的正負面影響及如何因應

等，期由研究中獲致可作為未來教育政策釐定時，研判利弊得失、權衡優先緩急的參考。

- 民 88 年，教育部執行完成「資訊教育基礎建設計畫」擴大內需方案，全國所有國民中小學皆設置電腦教室，並均可連接網際網路。

- 民 88 年，高雄師範大學成立資訊教育研究所。

- 民 88 年，教育部發布施行之「國民教育法施行細則」修正條文第 17 條規定，國民中小學 12 班以下者必要時得置資訊教師，13 班以上者在教務處下設資訊組，將有專人或專責單位負責管理及維護電腦教室，並負責校內資訊教育之推展相關事宜。

- 民 88 年 3 月，假逢甲大學舉辦「第八屆國際電腦輔助教學研討會」暨「八十八年中華民國電腦輔助教學發展趨勢座談會」。

- 民 88 年 5 月，假台灣省立台中家商舉辦「中華民國第十三屆電腦輔助教學研討會」，表揚資訊教育績優人員團體暨優良媒體。

- 民 88 年 9 月，教育部召開推動全國國中小校務行政電子化協商會議，會中決議成立全國國中小校務行政電子化推動委員會，規劃訂定相關執行策略。

- 民 88 年 9 月，教育部辦理 88 學年度中小學在職教師資訊培訓課程，共開「電子計算機概論班」、「台灣學術網路技術管理班」、「電腦輔助教學設計班」、「網路多媒體教學應用班」、「台灣學術網路技術管理進階班」、「資訊媒體製作班」及「遠距教學教材編製與系統管理班」等七類課程，供中小學教師進修。

- 民 88 年，教育部與國科會合力推動「大學學術追求卓越發展計畫」，為期四年。

- 民 89 至 91 年，國科會為有效整合運用國內相關研究資源，並將學術研究落實於教育實務層面，乃邀請教育部相關單位，包括國教司、中教司、高教司、技職司、顧問室、電算中心及環保小組，針對國內科學教育重要問題，共同規劃推動「目標導向研究計畫」。

- 民 90 年，教育部推動「中小學資訊教育總藍圖」，對中小學資訊教育提

出長遠的整體規劃，以勾勒出未來資訊教育「資訊隨手得，主動學習樂；合作創新意，知識伴終身」的願景。

- 民90學年，教育部開始推動實施「九年一貫課程」，將資訊科技融入各學習領域教學中。
- 民90年，台北市制訂第二期資訊教育白皮書。
- 民91年，教育部、台灣師範大學及英特爾公司共同推動「英特爾e教師計畫」，鼓勵在學教師進修電腦將電腦應用於教學的課程。
- 民91年，依據行政院「挑戰2008──E世代人才培育計畫」，教育部開始推動「縮短中小學城鄉數位落差計畫」。
- 民91年，數位學習品質認證中心正式營運，推動國內數位學習教材的品質認證。
- 民91年11月，「數位典藏國家型科技計畫」成立，承襲國科會「數位博物館計畫」、「國家典藏數位化計畫」及「國際數位圖書館合作計畫」等三個計畫的經驗，根據國家整體發展的需要，重新規劃而成。
- 民92年，行政院責成國科會推動第一期「數位學習國家型科技計畫」，為期五年，並規劃各部會配合其政策之推動進行數位學習相關計畫，到96年執行完成。五年內投注40億元，分七項（全民數位學習、縮短數位落差、行動學習載具與輔具、數位學習網路科學園區、前瞻數位學習技術研發、數位學習之學習與認知基礎研究、政策引導與人才培育）推動國家發展數位學習。
- 民92年，國科會與教育部合作的目標導向研究計畫。
- 民92年起，國科會每年規劃不同的研究重點，公開徵求研究計畫。五年中共提出七項研究重點，包括：教育軟體開放程式碼設計計畫、數位學習前瞻及基礎研究計畫、數位學習內容研究計畫、數位內容產學合作研究計畫、前瞻及基礎研究──卓越研究團隊計畫、對外華語文數位學習推動計畫、通識課程數位學習推動計畫。
- 民92年10月，北市教育局擬定「台北市政府教育局推動網路線上學習三年計畫」，並成立「網路線上學習推動委員會」，作為推動數位學習

的諮詢與督導組織。

- 民 93 年，台南師範學院成立資訊教育研究所博士班。
- 民 93 年，行政院國家科學委員會、數位學習國家型計畫辦公室與經濟部工業局由資訊工業策進會出版「2004 數位學習白皮書」。
- 民 93 年 6 月，台北市教育局建立「台北市數位學習網」，正式啟用對外服務。
- 民 94 年，國科會科教處特別徵求「卓越研究團隊計畫」。
- 民 94 年，高雄市政府教育局規劃第二期「高雄市資訊教育白皮書」（94 至 97 年）。
- 民 95 年，行政院國家科學委員會、數位學習國家型計畫辦公室，與經濟部工業局由資訊工業策進會出版「2005、2006 數位學習」白皮書。
- 民 96 年 12 月，台灣數位學習領域的相關發表在學術研究上，論文刊登在 SSCI 六大數位學習核心期刊總數，居世界第三位。
- 民 97 年，「數位學習國家型科技計畫」與「數位典藏國家型科技計畫」合併為「數位典藏與數位學習國家型科技計畫」。
- 民 97 年，數位典藏與數位學習國家型科技計畫依典藏內容、技術研發、核心平台、學術與社會應用推廣及授權、產業發展與推動、教育、語文教學、國際合作之範疇，分別設置「拓展台灣數位典藏計畫」、「數位技術研發與整合計畫」、「數位核心平台計畫」、「數位典藏與學習之學術與社會應用推廣計畫」、「數位典藏與學習之產業發展與推動計畫」、「數位教育與網路學習計畫」、「語文數位教學計畫」、「數位典藏與學習之海外推展暨國際合作計畫」八個分項計畫。
- 民 97 年，數位典藏與數位學習國家型科技計畫中的分項計畫──數位教育與網路學習計畫下，又分成數位人才培育與學習、高中職資訊融入教學、發展大專校院數位學習課程、數位典藏內容融入教學、勞工數位學習、公務人員數位學習及藝文網路學習發展共七項的子計畫，目的為擴大及深化數位教育與網路學習在正規教育及終身學習上的應用，讓人才及人力資源能更適切有效地培育與運用。

• 民 97 年，「數位典藏與數位學習國家型科技計畫」中，規劃「數位學習環境與工具開發」子計畫（分屬於數位技術研發與整合計畫中），以建立國內大型研究團隊及中心，並成立特殊研究領域研究工作小組，以達到鞏固並提升台灣數位學習在國際上的學術及科技領導地位、帶動對國內外數位學習跨領域之學術合作與發展、強化數位學習基礎研究及研究人才培育、研發前瞻數位學習策略及關鍵技術、建立前瞻數位學習環境及工具及促進國內數位學習產業升級及發展等目標。

國家圖書館出版品預行編目資料

我國資訊教育發展／吳鐵雄作. --初版. --
臺北市：心理，2009.11
面；　公分
含參考書目
ISBN 978-986-191-313-1（平裝）

1. 資訊教育　2. 教育發展　3. 中小學教育

523.38　　　　　　　　　　　　98019455

教育基礎系列 41210

我國資訊教育發展

作　　　者：吳鐵雄

著作財產權人：嘉南藥理科技大學

執行編輯：高碧嶸

總　編　輯：林敬堯

發　行　人：洪有義

出　版　者：心理出版社股份有限公司

地　　　址：台北市大安區和平東路一段 180 號 7 樓

電　　　話：(02) 23671490

傳　　　真：(02) 23671457

郵撥帳號：19293172　心理出版社股份有限公司

網　　　址：http://www.psy.com.tw

電子信箱：psychoco@ms15.hinet.net

駐美代表：Lisa Wu　（Tel：973 546-5845）

排　版　者：臻圓打字印刷有限公司

印　刷　者：正恆實業有限公司

初版一刷：2009 年 11 月

Ｉ Ｓ Ｂ Ｎ：978-986-191-313-1

定　　　價：新台幣 480 元（含光碟）